Ciudad y escritura

Ciudad y escritura
Imaginario de la ciudad latinoamericana
a las puertas del siglo XXI

Nanne Timmer (Ed.)

CONSEJO EDITORIAL

Luisa Campuzano   Waldo Pérez Cino
Adriana Churampi   Juan Carlos Quintero Herencia
Stephanie Decante   José Ramón Ruisánchez
Gabriel Giorgi   Julio Ramos
Gustavo Guerrero   Enrico Mario Santí
Francisco Morán   Nanne Timmer

Primera edición, 2013 (Leiden: Leiden University Press)

© Nanne Timmer
© Almenara, 2016

www.almenarapress.com
info@almenarapress.com

Leiden, The Netherlands

ISBN 978-94-92260-13-0

Imagen de cubierta: mapa de la Ciudad de México, *circa* 1909

All rights reserved. Without limiting the rights under copyright reserved above, no part of this book may be reproduced, stored in or introduced into a retrieval system, or transmitted, in any form or by any means (electronic, mechanical, photocopying, recording or otherwise) without the written permission of both the copyright owner and the author of the book.

ÍNDICE

Pensar la ciudad: caos y pertenencia 7
Nanne Timmer

I. Paisajes imaginarios: la ciudad póstuma

Releer la Ciudad de México desde el Memorial del 68 17
José Ramón Ruisánchez

Fernando Vallejo: la violencia urbana
y las ruinas de la ciudad letrada 43
Diana Klinger

Habana póstuma: pasaje y paisaje en Guillermo Cabrera Infante 61
Waldo Pérez Cino

II. Lejos del centro: las cloacas del grotesco

«Parquecito» de la escritora dominicana Aurora Arias,
una cronotopía subversiva 77
Rita De Maeseneer

Ciudad, escritura y violencia
en la narrativa de Francisco Font Acevedo 95
Salvador Mercado Rodríguez

Distopía social con fondo de ciudad:
Managua, Salsa City (¡Devórame otra vez!), de Franz Galich 117
Magdalena Perkowska

El Guachimán, la epopeya chicha de la gran Lima 137
Adriana Churampi Ramírez

III. El cuerpo ciudadano: la inscripción de la carne

En los bordes internos de San Pablo:
una lectura de *Paranoia* de Roberto Piva 159
Mario Cámara

Los ritmos de la megalópolis: la poesía en voz alta
en la Ciudad de México y en Spanish Harlem, Nueva York 175
Cornelia Grabner

Mariconaje guerrero. Ciudad, Cuerpo
y Performatividad en las Yeguas del Apocalipsis 195
Ángeles Mateo del Pino

Ficciones de ciudad: Diamela Eltit
o el territorio del desviacionismo 225
Lizabel Mónica

IV. Paisajes imaginarios: la ciudad que viene

Al borde de las imágenes.
Imaginación virtual en Bioy Casares y Juan Carlos Onetti 241
Gabriel Inzaurralde

Cadáveres «fuera de lugar»: anonimia y comunidad 267
Gabriel Giorgi

La Habana virtual: internet
y la transformación espacial de la ciudad letrada 289
Nanne Timmer

Autores 307

Pensar la ciudad: caos y pertenencia

Nanne Timmer
Universiteit Leiden

En la crítica cultural latinoamericana el espacio ha sido, desde siempre, fundamental objeto de reflexión en relación con el desarrollo de una Modernidad periférica. Ya desde la época colonial se observa la preocupación por una conquista del espacio; Ángel Rama es referencia esencial si se habla del paralelo entre la organización espacial y el discurso. La imposición de una lengua, una escritura y un plano de la ciudad ideal tuvo por consecuencia un proceso inverso de urbanización en América Latina y con ello el surgimiento de su doble vida. Ahora bien, las observaciones de Rama en *La ciudad letrada* (1984) sirven como punto de partida para este libro, pero al mismo tiempo se ajustan a un contexto distinto al que nos enfrentamos a finales del siglo xx e inicios del xxi. En las ciudades caóticas y múltiples de la época postindustrial que tratamos aquí, el ideal de orden se ha fragmentado, y los muros de la ciudad letrada se han vuelto porosos. Se forman desde múltiples lugares nuevas constelaciones que sustituyen a los antiguos letrados y a la ciudad, y que funcionan como nuevos actores en el campo de producción cultural. Ya no se puede dibujar un mapa con una visión desde arriba, si seguimos el pensamiento de Michel De Certeau, sino que son las múltiples rutas urbanas que se superponen, se cruzan, se fusionan o se chocan entre sí las que escriben la ciudad postmoderna de la que nos ocupamos aquí. Son más bien conjuntos de rutas reales y virtuales de comunicación y mass media que subrayan el aceleramiento del crecimiento demográfico, la multiplicación de imágenes de la realidad virtual, en fin, de ciudades que no se dejan representar por un único mapa urbano.

Todos los textos en este libro tratan un entretejido múltiple de lo social, el cambio permanente de sentido de la sociedad contemporánea, y piensan la comunidad urbana en su actualidad. Y si bien algunos textos se centran en los brotes del estado actual en los escritos de la vanguardia o en el arte performativo de los sesenta, la preocupación siempre es el presente y el devenir. Para ello recurren a nuevas visiones de la ciudad desde una gama tan amplia y diversa como Marc Augé, Jean Franco, Josefina Ludmer, Saskia Sassen, Doreen Massey y Giorgio Agamben.

La primera sección de este libro la componen un conjunto de ensayos que ofrecen un imaginario póstumo, un retrato o construcción del pasado que actualiza o legitima el presente. José Ramón Ruisánchez ve cómo el paisaje urbano actual de México D.F. da espacio a la historia mexicana y a un evento tan traumático como Tlatelolco 1968. Los escenarios de la literatura narco –tratada por Diana Klinger– lanzan preguntas sobre el orden de la antigua ciudad letrada. Waldo Pérez Cino analiza cómo en la construcción de una Habana ficcional se condensa la Historia en un tiempo mesiánico.

José Ramón Ruisánchez ofrece una lectura de la Ciudad de México desde el Memorial del 68 que se inauguró en 2007 con la presencia de Elena Poniatowska. Ruisánchez compara el museo con el libro de Poniatowska y lee el Memorial en términos de su situación en una ciudad en medio de un proceso de restauración y revitalización del Centro Histórico. Siguiendo las teorías de Michel De Certeau, el investigador lee las maneras en que el Memorial del 68 transforma la ciudad y en que la restauración tiene que ver con la marginalización de ciertas prácticas discursivas. La explicación curatorial y las fotografías resuenan con el carácter testimonial del libro de Poniatowska, pero muestran divergencias importantes. Más que el Memorial, Ruisánchez destaca la creación de un tercer espacio a través de la marcha del 2 de octubre en la que se ve «un ejercicio donde la memoria se transmite y se utiliza como un punto privilegiado para refutar las narrativas hegemónicas del presente».

Diana Klinger trata el desencuentro entre la ciudad letrada y la ciudad real. Hoy en día, señala, son más bien las ciudades las que están en guerra, y no las naciones. Esto es visible en urbes como Medellín, Rio de Janeiro, Buenos Aires y México D.F., donde se pone de manifiesto que «el sueño de un orden quedó sepultado». Klinger señala que las favelas o comunas son «territorios ocupados sin escritura donde el poder del Estado, de la ley y de la letra son prácticamente nulos». En su lectura de *La virgen de los sicarios*, la escritura y la oralidad se entrecruzan y exponen la oposición entre los mitos identitarios del boom y la autoficción contemporánea. En esta lectura la figura del «gramático» traductor de la ciudad real es el eje de la lectura, en un contexto postliterario y postutópico.

Pocas ciudades tantas veces imaginadas como La Habana, como deja ver Waldo Pérez Cino en su estudio de los procedimientos ficcionales de Guillermo Cabrera Infante. Centrándose en la trilogía que constituyen *La Habana para un Infante difunto*, *La ninfa inconstante* y *Cuerpos divinos*, Pérez Cino analiza el tránsito que va del paisaje imaginario de la ciudad a su constitución como pasaje narrativo, atendiendo sobre todo a su relevancia para la ilación misma del discurso y su articulación en motivos que devienen, en virtud de ese proceso de ficcionalización que hace de la descripción diégesis, el sustrato de un lenguaje particular. La relación entre el imaginario referencial de la ciudad y su articulación en cuerpo narrativo, viene a decirnos Pérez Cino, se encuentra estrechamente ligada en la escritura de Cabrera Infante a su tratamiento del tiempo mesiánico, en sus dos acepciones de suspensión del presente y dilación póstuma de su cumplimiento: la única redención posible de la Historia tiene lugar entre el tiempo del fin, *todavía* por llegar, y un tiempo *después* del presente, el tiempo de esa Habana póstuma que recorre –y sostiene narrativamente– la trilogía de Guillermo Cabrera Infante.

La segunda sección del libro se ocupa del centro, las márgenes y sus campos de batalla cuando se activan los procedimientos de inclusión y exclusión de todo discurso. Rita de Maeseneer sigue el recorrido urbano textual de una novela actual dominicana desde la visión de unos personajes marginales que dialogan con la Historia oficial. Es también el orden lo que se cuestiona en la narrativa puertorriqueña actual, que exhibe la violencia sufrida, como muestra el ensayo de Salvador Mercado Rodríguez. Una Managua nocturna, sin centro y caótica, también muy distante de la utopía del orden y la ley, es tema central en el ensayo de Magdalena Perkowska. Y es precisamente en las grietas del antiguo orden experimentado por la élite de la ciudad donde se ve lo que el migrante experimenta con la creación de nuevos oficios, lugares, y nuevas formas culturales, como muestra el texto de Adriana Churampi.

Rita De Maeseneer pone la cuentística de Aurora Arias dentro del contexto sociohistórico de la República Dominicana y establece relaciones con otras escrituras de la isla y de América Latina. Describe cómo Aurora Arias vincula espacio a tiempo en cartografías y cronotopías subversivas. De Maeseneer muestra en el análisis de la obra *Emoticons* (2007) cómo la escritura de Arias hace dialogar los barrios marginales y los lugares de paso con los grandes símbolos y monumentos de la nación. La ciudad que produce Arias añade otros mapas que lanzan preguntas sobre la Historia oficial, cuestiones que muestran «una desorientación profunda» y «una visión de historia crítica que ataca la imagen idealizante y heroica del pasado».

Salvador Mercado Rodríguez se ocupa de la narrativa de Francisco Font Acevedo a través de una red textual de cuentos, una novela, posts y fotos en un blog del autor. Hay, por lo tanto, un acercamiento a lo urbano a través de una red de relatos interconectados. El investigador señala una doble actitud: la de construir un orden a través de la escritura, y la de una resistencia a la imposición de un orden. Así el autor muestra que en la escritura de Font Acevedo hay una exhibición del cuerpo mutilado como evidencia de la violencia sufrida, una presencia de letrados que tienen problemas con el orden, y estructuras narrativas que lo cuestionan. Mercado Rodríguez sugiere el reverso de una lectura letrada, y tal vez la posibilidad de un orden distinto.

Magdalena Perkowska ofrece un análisis de la novela de Franz Galich, escritor guatemalteco residente en Managua, y retoma el término de «costumbrismo de la globalización» de Jean Franco para situar la obra dentro de una corriente de textos que representan nuevas formas de violencia en las ciudades latinoamericanas. Como contexto de la obra menciona el fin del guerrillerismo en los noventa, la crisis de las instituciones del Estado, la corrupción política y social, el aumento en el tráfico de drogas y la violencia callejera. La idea de Perkowska es que *Managua, Salsa City* conforma «la visión de una nación disfuncional y una sociedad distópica», en la cual la noche y la música configuran el ambiente. Perkowska muestra que el texto cuestiona la idealización del imaginario liberal de la ciudad, retratándola como espacio de transgresión y alteridad. Y como corresponde con las ciudades contemporáneas, también la Managua del texto que comenta Perkowska, es una ciudad sin centro y caótica –un complejo entramado de bares, carreteras y burdeles– muy distante de la utopía de orden y ley de la ciudad letrada, donde interactúan personajes que en el pasado pertenecieron a las Fuerzas revolucionarias o a la Contra.

Adriana Churampi centra su análisis de «El Guachimán», el relato de Luis Nieto Degregori, en la problematización de la dicotomía campo/ciudad. En el Perú dicha dicotomía ha connotado oposiciones entre construcciones identitarias de tipo étnico y sociocultural. Lima es una muestra de las características de las transformaciones en las sociedades andinas. La migración, la transculturación y la globalización llevan a un escenario urbano cambiante en el que nuevos oficios como el vigilante surgen «de la mano con el crecimiento de una sociedad fuertemente estratificada». El racismo y los dilemas de la construcción de la autoimagen son temas que atraviesan el relato, tal como la despectivamente llamada «cultura chicha». Churampi señala cómo la ideología racista se entrelaza con la lógica del mercado que constituye el contexto social en el que el protagonista del relato analizado va reelaborando el significado del imaginario denominado «chicha» y la nueva mentalidad de las masas de jóvenes habitantes de la gran ciudad.

En la tercera parte de este libro profundizamos en la relación entre la polis y la intervención en ella a través de escrituras performáticas, como las escrituras del cuerpo de poetas brasileños de los sesenta que hacen emerger una ciudad subterránea, como señala Mario Cámara. Esto se muestra también en la intervención a través de la enunciación como respuesta a los ritmos de la megalópolis de México D.F., en el ensayo de Cornelia Graebner. Las acciones performáticas chilenas de finales de siglo XX también muestran una parecida y problemática relación entre polis y pertenencia de cuerpos, tal como indican Ángeles Mateo del Pino y Lizabel Mónica. Son escrituras y *performances* que no sólo funcionan como denuncia social y reivindican lo diferente, sino que también subvierten los mecanismos de control de la polis sobre el cuerpo/ciudad.

Mario Cámara se acerca a la ciudad a través del análisis de textos que Roberto Piva publicó en San Pablo en los sesenta, como el Manifiesto «Los que se transforman en esqueleto» y su primer libro, *Paranoia* (1963). En él, el papel del cuerpo y el trabajo de la polis son elementos centrales para mostrar el cuestionamiento de los modelos historiográficos de la modernidad brasileña. El autor establece una relación con otros «rebeldes poéticos» como la *beat generation*, también opuesta a la idea de «orden». Así constata que hay «un principio libertario en el que no tienen lugar las formas de organización política tradicionales». La axiología urbana que traza Piva corresponde a una oposición entre el centro degradado de la ciudad y los barrios burgueses, y hace emerger un paisaje urbano subterráneo.

Cornelia Graebner analiza la poesía en voz alta y compara la *performance* de Rodrigo Solís con la de Willie Perdomo. Para ello relaciona la enunciación de la palabra con la creación del espacio urbano, apoyándose en las teorías de De Certeau y de Canclini. Analiza en eso la interacción y la fricción entre el lugar que es la ciudad y la construcción del espacio urbano a través de la palabra enunciada. Uno de los poetas muestra la apropiación del espacio a través del movimiento y la experiencia del tránsito, y el otro hace confluir el espacio íntimo y el público donde las fronteras se hacen permeables en el desorden metropolitano. El énfasis se pone en las contemporáneas prácticas cotidianas como «resistencia a un orden panóptico» como «estrategia de supervivencia en la megaciudad».

Ángeles Mateo del Pino estudia cómo las intervenciones públicas a mediados de los ochenta politizaron ciertas problemáticas existentes en Santiago de Chile. Es en ese sentido que comenta las *performances* de Las Yeguas del Apocalipsis (Pedro Lemebel y Francisco Casas) y señala que estas recorren una ciudad-cuerpo torturada, «instalando su mirada impúdica para así testimoniar una época». Así muestra cómo a través de la *performance*, el travestismo, la instalación, la fotografía, el video y el manifiesto se crea un activismo necesario que trata problemas sociales como la homosexualidad, no mencionada en el proceso de democratización, el SIDA, la violación de los derechos humanos y la represión.

Lizabel Mónica toma la ciudad como lugar donde hoy tiene lugar la pugna política y centra su análisis en la narrativa de Diamela Eltit y su cuestionamiento de las diferentes subjetivizaciones ciudadanas. Apoyándose en *La ciudad mundial*, de Doreen Massey, expone que lo global es producido en lugares locales –nódulos específicos dentro de una dinámica de poder más amplia–. Y es precisamente en el binomio ciudad/ciudadano donde Lizabel Mónica centra el análisis de *La ciudad vigilada* en Eltit y señala «una intención de trascender los límites de la literatura instituida» que es terreno impuesto por la historia. A lo largo de la lectura de *Lumpérica* y de *performances* en lugares marginales de la ciudad, Mónica observa una «re-inscripción que trata de develar una ciudad otra, cuyos códigos se muestren diferentes a las ficciones del orden, aquellas que protegen/controlan/organizan». La autora pone a Eltit en diálogo con la ficción de la plaza, con el relato de ciudad, y a través de la noción de sacrificio, autoviolencia o herida autoinfligida muestra cómo sus textos «subvierten las disposiciones de control sobre el cuerpo como maquinaria productiva».

Por último, la sección final del libro contiene tres ensayos que desde ángulos muy diferentes muestran algunos perfiles de la ciudad que viene. Las secciones anteriores han ido preparando la noción de esta comunidad futura como un entre-lugar donde se desestabilizan las nociones de pertenencia, origen y lugar fijo. Gabriel Inzaurralde relee textos de hace casi un siglo para ver cómo se prepara ya en aquel entonces una imaginación del espacio virtual. También se ve la dislocación de la comunidad imaginada donde los cadáveres marcan el adentro y el afuera de ella en la crisis de pertenencia y el anonimato en el texto de Gabriel Giorgi. La desterritorialización y la lógica de redes muestra además la transformación del espacio (virtual), la intervención y la función de la ciudad letrada dentro del campo intelectual cubano en el texto de Nanne Timmer.

El eje central del ensayo de Gabriel Inzaurralde es la ciudad contemporánea como espacio globalizado y mediatizado. La posibilidad reciente de transitar literalmente por un espacio virtual «transforma nuestra noción del habitar». A la luz de la opacidad de las imágenes, las fronteras y los límites del espacio, Inzaurralde mira hacia atrás, a la literatura de los años treinta del siglo pasado, y analiza *La invención de Morel*, de Bioy Casares y «Un sueño realizado» de Juan Carlos Onetti. En la novela de Bioy Casares la invención de «un proyector de realidad tridimensional que usa la vida biológica como material para las imágenes» dialoga con las preocupaciones contemporáneas sobre la imagen y la ausencia corporal en el ciberespacio. En el cuento de Onetti también aparece un espacio virtual, pero ambos tienen otras funciones. Inzaurralde dibuja así una «prehistoria de la virtualidad que la literatura del Río de la Plata ofrece» que «nos dice algo de nuestra actualidad mediática» donde «lo virtual no es necesariamente lo irreal», sino que puede provocar «tanto la anulación de lo sensible (una caída en las imágenes) como la constitución de un saber subversivo».

Gabriel Giorgi aborda la ciudad desde otro ámbito. Más que una noción fija de lugar, la asume como comunidad imaginada creada por los cuerpos que la habitan, y su texto se teje precisamente sobre el espacio de la no-pertenencia, la dislocación, un cierto entre-lugar. En su análisis de los textos *Cadáveres,* de Néstor Perlongher, y *2666*, de Roberto Bolaño, analiza esa comunidad a partir del «cadáver» como topos de lo social. Muestra cómo estos restos corporales inscriben topografías sociales que marcan dislocaciones y distinguen el adentro y el afuera de una comunidad, apoyándose en reflexiones de Giorgio Agamben. En una comparación con la «pulsión de lo ausente» de Perlongher, el autor constata que en Bolaño se trata más bien de una hipervisibilidad donde los cadáveres iluminan un paisaje de abandono, «una suerte de revés de la topografía de la modernidad latinoamericana».

Nanne Timmer aborda la ciudad como espacio que se crea a través de las interrelaciones en internet. A partir de esa premisa, analiza cómo se diversifica La Habana virtual en sus crónicas en la red y cómo ese espacio abre el campo estático de la ciudad oficial. El ensayo se propone dibujar una genealogía de revistas culturales alternativas, en su mayoría surgidas en papel en los noventa, y que resuenan, continúan o se desplazan en la red en el siglo XXI. Central en su análisis es cómo esas revistas, blogs y poemas cambian el espacio urbano y *letrado* con respecto a ideas de la representación y de la lógica de redes, y los cambios consiguientes con relación al papel del intelectual.

El libro reúne catorce ensayos acerca de la producción cultural –principalmente literaria– de la ciudad latinoamericana, que en las últimas décadas devino aceleradamente megalópolis. El fenómeno estuvo acompañado por la migración y diversos procesos de transculturación y globalización; los *mass media* y las nuevas tecnologías, a su vez, jugaron un papel fundamental en el cambio de la construcción simbólica de la ciudad. Además del propio espacio urbano, también ha cambiado la experiencia y la percepción que de él se tiene. Es precisamente de su representación simbólica y de los modos que ésta adopta de lo que se ocupan estos ensayos. La pregunta de cómo la comunidad que viene busca darse un sentido en medio de un tiempo incierto en cuanto a pertenencias, y con el ideal de orden en crisis, es la que nos acompaña a lo largo de un recorrido que se interesa en topografías otras de la modernidad latinoamericana.

I. Paisajes imaginarios: la ciudad póstuma

Releer la Ciudad de México desde el Memorial del 68

José Ramón Ruisánchez
University of Houston

A pesar de que la masacre del 2 de octubre de 1968 es un hecho histórico bien establecido, nunca hubo una condena judicial contra sus autores intelectuales o materiales. Pasaron tres décadas antes de que el Estado abriera sus archivos a la investigación. Y casi una década más antes de que se inaugurara el Memorial del 68 en el lugar de la masacre, lo que permite cierto grado de reconocimiento estatal a la importancia del movimiento, aún cuando éste siga sin aparecer, por ejemplo, en los libros de texto oficiales.

La manera más fácil de llegar a la antigua Secretaría de Relaciones Exteriores (SRE), que hoy se ha convertido en el Centro Cultural Universitario Tlatelolco, es desde el metro Tlatelolco, en el corazón del multifamiliar epónimo, construido en los años sesenta y que, se suponía, iba a ser la solución para los problemas de hacinamiento de la Ciudad de México: el conjunto incluía escuelas, áreas verdes, farmacias, tiendas, servicios médicos; estaba planeado como una isla autosuficiente en medio de la megalópolis que había creado la industrialización posrevolucionaria. No poco tienen en común la torre y el multifamiliar. Los prados podrían ser más verdes, las fachadas podrían estar menos deterioradas, las tiendas más prósperas[1]. Por su parte, la torre –de la

---

[1] No se debe olvidar que el descuido y la interrupción de los subsidios necesarios para mantener un proyecto habitacional como Tlatelolco, costaron el derrumbe del edificio Nuevo

que ninguna indicación para encontrarla ayuda al visitante del museo– está visiblemente inclinada. De hecho, antes de mudarse a su nueva sede en la Alameda Central, la SRE tuvo que desalojar varios de los pisos superiores, pues ya no se podían utilizar sin riesgo.

Después de un largo período de especulación sobre si era posible reciclarlos sin riesgo, la torre y los edificios accesorios se entregaron a la UNAM y tras una remodelación intensiva, se convirtieron en el pequeño Centro Cultural que alberga el Memorial del 68 y la colección Blanstein. Se ha decidido remodelar incluso la torre principal, a fin de convertirla en un centro de trabajo académico de dimensiones considerables.

La inauguración del Memorial del 68 se llevó a cabo el 22 de octubre del 2007[2], con una presencia que al parecer no sólo sancionaba sino casi bendecía este lugar de memoria: entre los oradores se encontraba Elena Poniatowska, quien escribió la narración hegemónica sobre el movimiento estudiantil y la masacre que lo mutiló. *La noche de Tlatelolco* (1971: 2000) ha agotado más de 60 ediciones en un país donde el tiraje total de un libro difícilmente rebasa los 2000 ejemplares. Dado su éxito, no resulta sorprendente que la museografía del Memorial intente replicar su textura dialógica, un tejido de diferentes voces que actúan desde un amplio espectro de posiciones contrahegemónicas frente a la discursividad monolítica del Estado.

De ese modo, la presencia de Poniatowska no sólo era importante sino que resultaba crucial. No obstante estos esfuerzos y la evidente buena fe de este intento de conmemorar el hecho más importante de la segunda mitad del siglo xx mexicano con un museo de sitio, el Memorial del 68 recibe pocas visitas, tanto de quienes vivieron el movimiento como de los miembros de las generaciones siguientes.

Siguiendo la historia del Memorial, resulta interesante constatar que, fuera del mes de octubre del 2008, este lugar de memoria haya sido marginado tanto por la cartelera cultural del Consejo Nacional para la Cultura y las Artes como por la de la Secretaría de Cultura de la Ciudad de México. En el primer caso la explicación es más sencilla, pues ya que el CNCA es un organismo federal depende directamente de las decisiones del PAN (el Partido Acción Nacional),

---

León en el terremoto de 1985; lo que irónicamente trazó un destino confluyente entre el multifamiliar y las antiguas vecindades que en teoría iba a reemplazar.

[2] Creo que cabe por qué no se esperó al 40 aniversario de la masacre para inaugurar el memorial. La respuesta tiene que ver con el rectorado de Juan Ramón de la Fuente, quien evidentemente deseaba inaugurar el conjunto antes de ceder su puesto.

católico y de derecha, que desde luego no tiene ningún interés en subrayar la importancia de la izquierda como el origen de las mayores figuras intelectuales del último cuarto del siglo xx.

No obstante, la ausencia del Memorial del 68 y sus actividades en una cartelera como la de la Secretaría de Cultura, controlada por el PRD (Partido de la Revolución Democrática, prácticamente el único representante de la izquierda en México) ha sido exactamente la misma. Sorprende especialmente dado que el PRD, aunque originado directamente en los movimientos civiles que derivan del terremoto de 1985, hunde sus raíces en el corazón del movimiento estudiantil de 1968: los fenómenos sociales más importantes de 1985 –la solidaridad, las brigadas aparentemente espontáneas y la manera en que ante la parálisis del Estado impotente ante la crisis el espacio público se ocupa y se reorganiza– muestran pautas de comportamiento derivadas del éxito de la pedagogía del movimiento estudiantil de 1968.

Acaso parte de la explicación radique en las divisiones crónicas que fracturan el partido. Pero me parece que existe una posibilidad mucho más inquietante: las carteleras de la Secretaría de Cultura tienden a una concentración geográfica de su oferta en el área renovada del Centro Histórico. El Munal (Museo Nacional de Arte), San Ildefonso (la antigua Preparatoria Nacional) y el Palacio de Bellas Artes comparten el espacio con los conciertos y exposiciones gratuitas en el Zócalo[3], así como información sobre programas de televisión y radio que el gobierno local patrocina.

Me parece que existe una relación entre el silenciamiento del Memorial del 68 y la enorme inversión para renovar el Centro Histórico de la Ciudad de México –Tlatelolco, vale la pena recordarlo, no es parte del perímetro revaluado– y del nuevo mapa de la ciudad que su gobierno propone.

En buena medida el futuro del museo, la posibilidad de escapar a su condición marginal, depende de qué tan pronto su equipo entienda que su lectura de *La noche de Tlatelolco* ha sido errónea. Por lo que primero que nada procederé a leer el Memorial del 68 en términos de una cierta activación del libro de Poniatowska, y, desde luego, de lo que se le escapa a ésta. Una comparación entre el museo y el libro muestra que el Memorial del 68 ofrece una versión limitada de las intervenciones historiográficas menos obvias con relación a su modelo textual. Creo que aunque esta omisión se produce de manera inadvertida es

---

[3] Un buen ejemplo de este tipo de exposición masiva fue la de las fotografías de Gregory Colbert, durante los primeros meses del 2008. Para una aguda crítica ver Barrios 2008.

sumamente grave, ya que la parte omitida es precisamente la que agrupa las operaciones más radicales y más interesantes del libro.

Bienes culturales y bienes raíces

Antes de analizar el Memorial en sí, resulta esencial leerlo en términos de su situación en una ciudad en plena metamorfosis. Comencemos con las nuevas oficinas de la SRE, el impresionante edificio diseñado por Legorreta + Legorreta Arquitectos, que domina la Plaza Juárez, frente a la Alameda Central; en el corazón del corredor que comienza con el hotel Sheraton, incluye los departamentos de lujo del edificio Puerta Alameda con gimnasio y alberca techada, y que termina con las oficinas de Sears de México, propiedad de Carlos Slim.

La mención de Slim, uno de los hombres más ricos del mundo, es desde luego intencional. El «rescate» del Centro Histórico se debe, en buena medida, a la inversiones que Slim ha realizado durante la última década en bienes raíces en la zona, en conjunto con los esfuerzos que el gobierno local para «limpiar» las calles de comercio ambulante y disminuir los índices locales de criminalidad. Por supuesto, esta reconversión ha multiplicado el valor de las propiedades de Slim.

Por supuesto, el proceso de restauración y revitalización del Centro Histórico, indudablemente la zona de más valor histórico y arquitectónico de la ciudad, es importante en muchos niveles; además de su significado en términos artísticos, resulta crucial para frenar el ritmo de expansión de la mancha urbana. Sin embargo, la manera en que esta revitalización ha afectado a los habitantes de la zona es problemática por decir lo menos. La prohibición del comercio ambulante requiere de un análisis más a fondo, especialmente en la medida en que puede ser leída en conjunto con el lugar secundario del Memorial del 68 en la ciudad y con su notorio silenciamiento, y ambas, como síntomas desde los cuales es posible reevaluar de manera amplia el cambio en la composición del tejido urbano.

Marcelo Ebrard, jefe del gobierno (alcalde) del Distrito Federal, anunció con meses de anticipación que a partir del 12 de octubre del 2007 quedaría prohibido el comercio ambulante en las calles del «primer perímetro» que definen las avenidas principales del área del Centro Histórico así como el Zócalo (Plaza Mayor) mismo. La operación contó con un nutrido apoyo policial pero en realidad no resultó violenta, en buena medida gracias a que de manera simultánea a la prohibición se entregaron las nuevas «Plazas»:

modestos centros comerciales distribuidos a lo ancho del Centro Histórico donde se invitó a instalarse a los «ambulantes». Debe recordarse, empero, que este tipo de medidas ya se habían intentado años atrás, y los resultados están lejos de estimular la esperanza: los anteriores esfuerzos de «guardar» a los ambulantes no lograron evitar que calles enteras se convirtieran en mercados donde incluso había puestos con terminales electrónicas de pago con tarjeta de crédito o débito. En 2007, las plazas se ocuparon, claro, pero a los pocos meses después los puestos callejeros reaparecieron. La novedad es que ahora los vendedores salen equipados con *walkie-talkies* para evitar las redadas de la policía, lo que sugiere claramente que o bien no todos lograron conseguir espacio en las plazas comerciales o que éstas no resultan tan efectivas para el comercio informal como la calle.

En última instancia, la idea tras la «limpieza» de las calles del Centro Histórico no es únicamente la de regularizar el comercio sino, claramente, la de ejercer una presión sobre la población tradicional para orillarlos a vender sus amplios departamentos a firmas que los restaurarán, y de ese modo crear nuevas zonas de afluencia inmobiliaria en barrios que habían ido sufriendo un progresivo empobrecimiento a partir de los procesos de descentramiento de la ciudad. La contrafaz de este proceso necesita sin duda de una lectura detallada, debido a que crea nuevos márgenes hacia los que se fuerza la migración de los ciudadanos y los negocios menos gratos. Una vez más, esto tiene que ver con la marginalización de ciertas discursividades de la ciudad y del la historia del país, como la contenida en el Memorial del 68.

En su texto clásico Michel de Certeau (1999) nos guía en la dirección correcta con claridad meridiana. De Certeau distingue entre *lugar* y *espacio*. *Lugar* es un nicho fijo donde se ordena de manera permanente a sujetos y cosas, de acuerdo a un plan inmutable; el *espacio*, en cambio, implica desplazamientos: el *espacio* es siempre el *uso del espacio*, incluyendo, claro, todo tipo de abusos, que a su vez fundan nuevos potenciales espaciales y que permanentemente propone nuevas topologías[4]. A partir de esta distinción elemental, se siguen dos operaciones interrelacionadas: la representación *dentro del museo* de la modificación topológica del espacio ciudadano y la modificación espacial que

---

[4] Pienso topología en oposición a cartografía. Con la primera me refiero a un espacio que *incluye* al *yo* que lo explora-describe y cuya presencia en el espacio es desde siempre la condición de su perpetua metamorfosis; la segunda en cambio es una representación de un lugar que se caracteriza por la exterioridad del ojo que lo mira, su totalidad y su inmutabilidad.

el museo opera *al exterior de sus puertas*, esto es: las maneras en que el Memorial del 68 transforma la ciudad.

Por supuesto, la re-espacialización que ocurre en 1968 puede leerse como un fenómeno que meramente condujo al encarcelamiento de la mayoría de los líderes y el regreso al espacio privado de la casa familiar del resto de los manifestantes, así como a la celebración nacionalista de las victorias y derrotas colectivas en los juegos olímpicos[5]. Pero puede y *debe* leerse también como el inicio de nuevas libertades, de una proliferación de manifestaciones culturales, de una cultura de mucha mayor libertad sexual y, poco más de una década y media después, del movimiento de la sociedad civil que comienza en 1985.

Teniendo esto en mente, me gustaría analizar en cierto detalle la textura museográfica del Memorial del 68 de manera sutil, para lo cual resulta imperativo regresar a *La noche de Tlatelolco*, y ante todo a las prácticas espaciales necesarias para la acumulación archivística que más tarde se convirtió en el libro delicadamente articulado que hoy conocemos. Mi aproximación al texto de Poniatowska se debe en buena medida a las contribuciones teóricas de Lessie Joe Frazier y Deborah Cohen (2003), quienes han realizado una muy inteligente relectura del movimiento en términos de espacio y género. Esto les permite señalar Lecumberri (la cárcel más importante de la capital, desde el porfiriato) no sólo como el *locus* desde el que *los* líderes del movimiento enuncian sus memorias, sino también como el sitio que marca el trabajo de memoria y, aun más importante, sobredetermina este corpus al reconfigurar a *los* líderes como voceros de toda una generación de activistas. De este modo, el espacio del movimiento se colapsa en el lugar de la memoria en la medida que *los* líderes se convierten en los (inmóviles) protagonistas históricos del movimiento (Frazier 2003: 627).

No obstante, pasan por alto lo que resulta absolutamente único del libro de Poniatowska, que a fin de cuentas es el trabajo de una mujer. El espacio femenino durante 1968 fue la calle (Frazier 2003: 637-651), acaso por primera vez desde los momentos álgidos de la Revolución, y esto abre un mapa mucho más amplio de la ciudad, así como un censo más robusto de participantes.

---

[5] La inauguración del Metro en 1969 marca, por ejemplo una clara separación respeco a la primacía de los autobuses, que permitía que los estudiantes los usaran como medios de transporte, como superficies de inscripción escritural y como barricadas, y aunque los autobuses siguieron circulando en la mayoría de las rutas, la imposibilidad de desviar las vías del metro es un signo claro de esta reterritorialización posterior al movimiento estudiantil (Ruisánchez Serra 2007: 9-13).

Para preparar *La noche de Tlatelolco*, Poniatowska visitó la prisión, un gesto que para Frazier y Cohen ratifica la centralidad de *los* líderes. Ahora bien, hizo dos cosas que refutan esta simplificación: si bien es cierto que en ocasiones el testimonio de los líderes se presenta como verdaderamente representativo de lo que le sucedió al resto de la gente, el mismo testimonio puede ser leído como una crítica corrosiva del Consejo Nacional de Huelga (CNH). Así mismo, hay un balance entre Lecumberri y las casas de familia, las calles, en tanto campos de una batalla de versiones, con los espacios (hasta poco antes) sagrados que reclama ahora la ciudadanía llana de la unidad habitacional y la vecindad como parte del hallazgo de una importancia recién descubierta (o exigida): el Zócalo, sede de los poderes estatales, la Catedral, la Universidad. Poniatowska incluye en su espacio textual tanto las reuniones de cúpula donde la *intelligentsia* determinaba las estrategias y metas del movimiento, como las brigadas nimias, donde la teoría tenía que probarse a la dura luz de la realidad demótica y, casi siempre, fracasaba si no lograba una modificación que la hiciera audible e importante en un medio popular. Poniatowska, gracias a su decisión de escribir una historia topológica, permite que su libro suba a los autobuses, entre a las fábricas, discuta en los mercados; los espacios en que el mensaje urgente, pero con frecuencia excesivamente abstracto, del Consejo Nacional de Huelga no sólo fue repetido y leído, sino actuado, traducido, explicado y, acaso lo más importante, *discutido* por el pueblo al que supuestamente se dirigía. El libro de Poniatowska se apodera con tanta efectividad de la ciudad precisamente porque su autora asume una actividad topológica en busca de testimonios.

En efecto, Poniatowska logra incorporar a su libro las voces y las prácticas que excluye la historiografía vertical, y en esta categoría incluyo tanto las contrahistoriografías individuales producidas por *los* líderes del movimiento y, como se verá, la de la curaduría del Memorial del 68. A diferencia de los modelos verticales, el de *La noche de Tlatelolco* crea las condiciones de posibilidad para leer más allá de lo abierta y evidentemente político, para politizar más. Así, cimienta el entendimiento de los efectos más duraderos del 68, no sólo en términos de nación sino de subjetividad, cambios que logran permear no sólo Palacio Nacional sino también las casas del resto de la ciudadanía, reconfigurando el tejido de lo familiar, lo que a su vez subvierte mediante prácticas espaciales la posibilidad misma de poner las cosas en su lugar.

Contra la verticalidad monolítica de la Voz que encarna en el presidente Gustavo Díaz Ordaz –la voz que justifica la violencia contra los estudiantes, sus simpatizantes e incluso los testigos inocentes, en términos de la necesidad histórica de erradicar el comunismo, continuar el progreso económico, lograr la calma para los juegos olímpicos y mostrarle el «milagro mexicano» al mundo (desarrollado)– hormiguea la contrahistoriografía que practica Poniatowska: itinerante y policéntrica, a veces contradictoria y casi siempre ambigua, capaz de preservar zonas de opacidad sin la necesidad maniquea de aclararlas. En lugar de reducir la historia a un modelo de explicación lineal, esta práctica permite la proliferación de una miríada de registros y de comprensiones parciales. Esta contrahistoriografía no sólo combate el modelo vertical del Estado presidencial, de enfrentamiento maniqueo (eco claro de la política de la enemistad de la Guerra Fría) sino también invita a una reflexión sobre sus microfísicas en el hogar. Hugo Hiriart lo describe con ácida brevedad: «en las mesas mexicanas antes del 68 la soberanía de la casa residía en el padre de familia, el pintoresco autócrata de la doble moral (una para él y otra para los demás), el vociferante macho categórico» (1988: 18).

Dada la importancia de esta práctica escritural, vale la pena explorar su arqueología. Dos herramientas nos ayudan a pensarla. La primera son las numerosas entrevistas que ha respondido Poniatowska y que iluminan la situación de la ciudad tras el dos de octubre, revelando que el hecho de cruzar barrios y clases sociales era ya en sí una resistencia a la represión del Estado.

El segundo es la notable reflexión que hacen Frazier y Cohen en cuanto a la porosidad del espacio como una consecuencia de su división por géneros sexuales durante y después del 68 en México, lo que a su vez explica que las prácticas espaciales de Poniatowska le hubiesen resultado imposibles de no haber sido mujer. Comencemos con la exploración del fuerte nexo entre el silenciamiento y la invisibilidad de las mujeres con ciertos espacios denominados femeninos por el aparato patriarcal. El nexo ha sido rigurosa y repetidamente establecido por el pensamiento feminista, sin embargo, su especificidad mexicana merece ser citada. Sobre los meses del movimiento Frazier y Cohen nos dicen:

> Las mismas actitudes [machistas] que inhibían a las mujeres y les impedían el acceso total a la agencia política fueron, en cambio, una ventaja en otros momentos, como [aquellos en que] las mujeres pusieron en juego los estereotipos de género a favor del movimiento. Debido a que se les definía como apolíticas, y por lo tanto no se les percibía como una amenaza al Estado, las mujeres podían penetrar espacios vetados para sus compañeros. (2003: 645; todas las traducciones de Frazier y Cohen son mías)

Resulta interesante que esta capacidad de penetrar, unir, transportar e irrumpir no fuera cancelada por la masacre y encarcelamiento de los líderes del movimiento. Tras el dos de octubre, las mujeres seguían siendo capaces de moverse por la ciudad e incluso de penetrar el «Palacio Negro» de Lecumberri. Esta penetración del espacio carcelario (masculino) por parte de las mujeres ha sido narrada con maestría insuperable por José Revueltas en su novela corta y claustrofóbica *El apando* (1969), donde la madre de un prisionero adicto logra llevarle droga en su vagina. Podría resultar poco claro por qué se permitió el contacto entre la esfera de la institución penal y la pública. Una vez más, Frazier y Cohen resultan relevantes:

> Dada la incapacidad crónica del Estado mexicano para financiar un «sistema penal moderno», tanto los prisioneros como el estado se apoyaron en el trabajo no remunerado [de las mujeres]. Ya que eran las familias, en vez del estado, quienes asumieron el costo de alimentar y vestir a los presos, la labor de las mujeres se convirtió en un recurso crítico tanto para el estado como para los mismos presos (2003: 649n).

Esto explica cómo Poniatowska logró visitar Lecumberri. Cuenta en una entrevista de 1988: «Yo iba a la cárcel casi todos los domingos [...] Me interesaban los testimonios de todos los muchachos, y me los contaban sin grabadora, sin maldita la cosa, sin pluma ni papel, porque al entrar revisaban todo, así que cuando regresaba a mi casa reconstruía lo que me habían dicho» (Aguilar Camín & Bellinghausen 1988: 248). La capacidad de romper espacialmente con el nicho de silencio donde se colocaban los discursos es crucial para la producción de un texto polifónico y contrahegemónico.

Como veremos más adelante, estas prácticas espaciales, esta política de lo topológico ha sido pasada por alto en el Memorial del 68 y por lo tanto, parece ignorar cómo su existencia misma puede interpretarse como la reterritorialización más inteligente del 68: un uso del lugar en el sentido cabal que le da de Certeau. Lo que está en su lugar no inquieta, deja de circular, queda en paz. Alguien *más* en *otro lugar* llevó a cabo el trabajo de conmemoración y, por lo tanto, los demás podemos seguir con lo importante, como la expulsión de pobres del Centro Histórico.

En el mismo sentido en que se «limpian» las calles de aquellos que podrían frenar el libre flujo de capitales al Centro Histórico, los revolucionarios trasnochados de los sesenta se concentran y, en el mismo plumazo, se relegan al pasado; se les da su lugar en un museo en el triste barrio de Tlatelolco del mismo modo que a los «ambulantes» se les da el suyo en las ordenadas (y sumamente discretas) plazas comerciales.

Es precisamente en este contexto de expulsión tanto de habitantes de bajo poder adquisitivo como de zonas incómodas de la historia reciente que debemos recordar cómo, en los meses inmediatamente posteriores a la masacre, cuando el Estado intentaba recobrar el control de los flujos de personas, al mismo tiempo sabía que era imposible bloquear ciertas porosidades. La práctica de Poniatowska contribuyó a reconstituir el tejido social de la ciudad, uniendo historias que, aisladas, se hubieran perdido. Aunque *La noche de Tlatelolco* está lejos de ser una vindicación del heroísmo de Poniatowska, creo que ha llegado el momento de leerlo como parte de su textura, de leerlo como parte esencial de los materiales memorísticos del archivo para cierto tipo diferente de historiografía. Si logramos leer su movimiento individual como consecuencia o, mejor, como una continuación del movimiento estudiantil, activamos el tropo crítico correcto porque nos dejamos escuchar a todos y no sólo a la Voz; logramos explorar alternativas al «orden reestablecido». Pensar cómo se escribió el libro nos prepara para una relectura mucho más aguda, y así nos permite leer de manera crítica el museo y su posibilidad de actuar sobre la ciudad que lo rodea.

El museo

El exterior del museo está decorado por una serie de fotografías en blanco y negro de jóvenes manifestantes con peinados y anteojos que inevitablemente nos remiten a los años sesenta, y que contrastan con las coloridas reproducciones de las obras de la escuela mexicana de pintura que atesora la colección Blanstein. Una vez dentro, pasada la taquilla, se abre un patio pavimentado con piedra volcánica negra cruzado en su eje longitudinal por una silenciosa fuente rectangular, también pavimentada en negro. Sobre el pórtico de acceso, aparecen dos grandes fotografías: la primera es una toma frontal de una marcha donde un grupo de jóvenes sonrientes avanzan hacia el espectador, en la segunda vemos un mitin donde gente de diferentes edades, de perfil, levanta los brazos y protesta con energía. Es como si los manifestantes avanzaran hacia el patio que conmemora su muerte. El efecto, empero, es parcialmente derrotado por la música que se cuela desde el interior del museo: la obviedad de los Doors no es idónea para la preparación umbral que sugiere la arquitectura.

El texto explicativo que sirve como marco a la exposición afirma que el museo alberga los múltiples testimonios de los participantes en el movimiento estudiantil, y por ende, la historia que cuenta necesita de la intervención del espectador para negociar las diferentes versiones. Tanto la explicación curatorial como las fotografías resuenan de manera evidente con *La noche de Tlatelolco*: el libro de Poniatowska abre con una serie de fotografías francamente emocionantes del movimiento del 68, fotografías que logran capturar mucho del espíritu de la época, que muestra a la colectividad organizándose, cristalizando una diferencia crucial respecto a los dóciles desfiles del Día del Trabajo el primero de mayo o el aniversario de la Revolución el 20 de noviembre, que mostraban con su movimiento la obediencia a la interpelación del Estado.

Inmediatamente después de las fotografías y tras el título *La noche de Tlatelolco*, aparece el subtítulo «Testimonios de historia oral», del que hay que destacar el plural que lo diferencia de su uso habitual en singular, y que, en la obra de Poniatowska, lo aparta de su trabajo anterior, *Hasta no verte, Jesús mío* (1969), que se describía como «Novela testimonial». La diferencia es importante ya que en el testimonio, en singular, se asume una cierta ejemplaridad del testimoniante, que lo convierte en un tipo capaz de representar una clase en una época. El testimonio múltiple, en cambio, invita a las voces a ocupar un espacio textual haciendo explícita la necesidad de su diferencia. Así el texto mismo se convierte en una red de tensiones dialógicas, donde el lector se ve obligado por la indecidibilidad de lo que oye a leer de modo que haga eco de la renarración que se presenta en el texto. Las otras voces no sólo están implícitas de manera tácita, como aquellas que silencian la voz del testimonio, sino que, en este caso, se citan (se dan cita) y se yuxtaponen. Aquí hablan tanto los participantes de todos los bandos como los testigos incidentales cuya opinión apenas está cristalizando.

Es precisamente aquí donde el museo y el libro comienzan a mostrar divergencias importantes. El recorrido del Memorial del 68 se divide en cinco partes: antecedentes (1958-1967), que incluye desde la represión a los ferrocarrileros, la Revolución Cubana, los movimientos en Checoslovaquia, Francia y los Estados Unidos; las tres secciones centrales dedicadas al movimiento estudiantil propiamente dicho; y, finalmente, una sección que llega hasta 1973 e incluye un epílogo.

Básicamente las piezas pueden clasificarse en las siguientes categorías:

a) Diagramas, dioramas y esquemas didácticos que intentan mostrar los hechos de manera objetiva. Aunque la información sobre el papel del Estado es notablemente suave, sobre todo dado el hecho de que los archivos sobre la represión del movimiento estudiantil llevan más de diez años abiertos.

b) Artefactos de 1968, incluyendo los pósters que protestan contra la violencia de Estado, y recortes de periódico, incluyendo material de promoción sobre Tlatelolco, la «ciudad dentro de la ciudad».

c) Varias obras de arte contemporáneas cuyo tema es, naturalmente, el movimiento estudiantil. El medio preferido por la mayoría es el video, lo que las integra en exceso con d).

d) La instalación más importante: una larga serie de entrevistas realizadas por Nicolás Echeverría[6]. Éstas se muestran tanto en pantallas individuales como en grandes cuartos de proyección, donde distintos ángulos de la misma entrevista ocupan pantallas convergentes; en otras ocasiones, una de las pantallas se usa para proyectar fotografías o para mostrar metraje filmado originalmente en las marchas o incluso durante el mitin del dos de octubre.

Quiero comenzar pensando precisamente las entrevistas, ya que constituyen la parte medular de lo expuesto en el Memorial. El tipo de montaje propuesto, en el que se corta entre diferentes sesentaiocheros (cuarenta años después) con la esperanza de crear un efecto de negociación dialógica, resulta claro. Sin embargo, al final es precisamente sólo un efecto, un mecanismo que repite gestos meramente formales pero que bloquea el acceso a una verdadera discusión.

Aquí aparece en toda su importancia el error de lectura de las operaciones textuales más radicales de *La noche de Tlatelolco*. El problema es que el censo de los testimoniantes es bastante sospechoso en el caso del Memorial. La vasta mayoría de las voces incluidas provienen de personalidades prominentes en la esfera política o cultural, frecuentemente en ambas: desde Monsiváis y Poniatowska, a Pino (hoy, un importante miembro del PRD), pasando por el famoso pianista Mario Lavista, el célebre pintor José Luis Cuevas o el operador cultural Gerardo Estrada.

La contrahistoriografía de Poniatowska crea su autoridad mediante una práctica de inclusión horizontal en un mismo espacio textual. Esto permite que tanto las voces tradicionalmente autorizadas como aquellas que permanecen silenciadas de manera crónica cohabiten en la misma página, voces de ambos

---

[6] Echeverría es un documentalista que ha hecho cine de ficción como *Cabeza de Vaca* (1991) y más tarde *Vivir mata* (2002). Había proyectado un largometraje sobre 1968. Al final el proyecto acabó convirtiéndose en una serie que sólo transmitió TV UNAM, un canal que no cuenta con señal abierta. La serie no causó prácticamente ninguna reacción pública.

lados del conflicto (o de ninguno), voces que (con)funden el claro corte del maniqueísmo en una serie de diferencias sutiles: «Un teniente del Cuerpo de Paracaidistas» (243), «Luz Vértiz de López, madre de familia» (190), «Claudia Cortés González, estudiante de Ciencias Políticas de la UNAM» (40), «Roberta Avendaño, *Tita*, delegada de la Facultad de Leyes ante el CNH, presa en la Cárcel de Mujeres» (62), «Margarita Isabel, actriz» (95), «Coro en manifestaciones» (188), «José Carlos Becerra» (245), «Cecilia Carrasco de Luna, habitante de Tlatelolco» (242), y en el grado cero: «Una voz» (197).

Hay dos aspectos que deben subrayarse en la selección de voces que realiza Poniatowska. Primero que nada: su generosidad, que es mucho mayor. En segundo, hay que recordar, una vez más, su actividad de recopilación anterior, necesaria para producir este testimonio múltiple. En el momento mismo en que se le ordena al pueblo quedarse en casa, Poniatowska sale a la calle y comienza a trabajar sin pausa para re-unir la ciudad, para oponer al intento por parte del Estado de atomizar a la ciudadanía una renarración inclusiva. Estas acciones, unidas a la confluencia de voces diversas que puebla las páginas de *La noche de Tlatelolco*, contrasta con el estudio único donde se filmaron las entrevistas del Memorial. Lo geográfico no es un aspecto subordinado a lo sociológico sino, como se vio antes, un aspecto central: la re-espacialización de la ciudad es tan importante como la amplia gama de voces que produjo.

En Poniatowska no sólo aparecen las actitudes más obvias –los reaccionarios de las clases altas, los jóvenes libertarios– sino también que precisamente lo obvio es siempre una simplificación que margina la complejidad de lo que en realidad pasó. Por ejemplo que un policía o militar tengan opiniones críticas acerca de lo que el Estado les ordena hacer, o cómo una estructura de sentimiento emerge y más tarde se cristaliza en una sociedad. Puede que sea obvio que una selección más amplia de voces permite entender de manera más compleja un proceso histórico, pero lo que demuestra *La noche de Tlatelolco* es que esta complejidad *no* implica una desventaja estratégica cuando se compara con la versión simplificada que ofrece la historia oficial masculinista, cimentada en las narrativas paranoides de la Guerra Fría[7]. En su lugar, funda algo

---

[7] A finales de los sesenta –y me temo que la situación no haya cambiado mucho– se enseñaba una historia masculinista poblada de héroes fálicos que luchaban por causas heroicas como la Independencia o la Revolución. Estas batallas se caracterizaban en términos maniqueos: el bien contra el mal. Así, por ejemplo, Cuauhtémoc era bueno y Hernán Cortés malo, Miguel Hidalgo y José María Morelos merecieron monumentos, mientras que los tres siglos entre la caída de Tenochtitlán y la consumación de la guerra de independencia son una pérdida de

completamente distinto: una práctica que refresca la historiografía en todos los sentidos que he discutido en los párrafos anteriores.

Esto no significa que el museo sea totalmente decepcionante. A la mitad de la visita, la cronología se interrumpe al final de agosto de 1968, para invitar al visitante a descender al sótano. La emoción es inevitable, pues la escalera está tenuemente iluminada y desemboca en un espacio más obscuro que sugiere lo críptico-funerario: se presienten desde archivos inaccesibles hasta lugares donde se pudo haber practicado la tortura.

Abajo, los visitantes se enfrentan a las imágenes de la marcha silenciosa del trece de septiembre y al metraje de la masacre del dos de octubre. Estas imágenes retienen su cualidad aureática, no sólo por lo que nosotros, en el siglo XXI, sabemos del destino del movimiento, sino sobre todo por la dignidad y orgullo que muestran quienes marchan y entonan propuestas y respuestas. Hoy esta pureza parece irremediablemente perdida y duele. No sólo se perdieron vidas como mera existencia, sino que cierta textura de la intersubjetividad política también se extinguió. En un último análisis el brillo de la memoria recobrada, junto con la entrega —esa convicción aparentemente irrecuperable que emana de los rostros, de esos cuerpos que reclaman el espacio público— crea desde esta sorpresa un nexo afectivo sumamente poderoso entre el presente y un pasado que parecía demasiado conocido.

Sin embargo, difícilmente volvemos a encontrar esta cualidad en el resto de los objetos en exhibición. Por ejemplo, el hecho de que hubiera copias de los carteles exhibidos para que el público se los llevara a casa de manera gratuita subraya la reproductibilidad de los artefactos exhibidos: parecen inmediata e ilimitadamente recuperables, ya que los carteles de la pared y los que yacían

---

tiempo. Esta maniqueísmo histórico se intensifica mediante la hipermasculinidad obligatoria en la «novela de la revolución» —la producción ficcional hegemónica durante al menos tres décadas— que aunque hoy puede leerse provechosamente desde otras ópticas, tradicionalmente se oponía a la producción del «afeminado» cosmopolitismo de la revista *Contemporáneos*. Esto, a su vez, se reforzaba con la cultura popular: en el cine y el radio, en revistas masivas como *Selecciones*, en casi toda la prensa diaria y más tarde en la todopoderosa televisión. Todos estos medios impusieron la misma matriz bien contra mal (y hombres hiper-masculinos contra mujeres hiper-femeninas) que combinaba los lugares comunes de la Guerra Fría con los del machismo autóctono. Hasta el 68, además, la propaganda de derecha se contestaba con propaganda de izquierda donde parecía imposible renunciar al planteamiento binario nosotros/ellos. Sin embargo, el éxito del complejo texto de Poniatowska muestra que esta posición enunciativa no era la única feliz en términos estratégicos.

abandonados en los rincones del museo son idénticos[8]. Estos carteles no sólo reproducen los rasgos más banales del 68 –la iconografía iguala soldados y gorilas, otro muestra un tanque, otro una paloma de la paz martirizada– borrando las huellas del trauma social bajo el peso de un archivo pop donde más que la memoria, importa el lugar creado por la repetición mediática de una simplificada «era hippie». Lo que quiero decir es que incluso cuando no se cobran, los carteles se incorporan al circuito del fetichismo de la mercancía *rétro*, ya que parecen contener un valor que emana del objeto mismo; el objeto obvia el *trabajo* de la memoria, recuerda *en lugar* de quien lo posee. No es éste el caso de las imágenes de la marcha silenciosa o el metraje de la masacre, pues no hay manera de llevar a casa aquello que está más allá de sus medios. Si los carteles reproducidos hacen del pasado una mercancía, reemplazando el esfuerzo de recordar (o el dolor de no haber vivido aquello que se conmemora, como en mi caso), las imágenes del sótano subrayan que el pasado es irreducible, descubren el trauma que funda un proyecto social vivo y cuyo valor es inconmensurable con moneda alguna.

Es posible aclarar los efectos de la facilidad de hacerse de los carteles cuando los comparamos con el destino inicial de *La noche de Tlatelolco*. Después de ser publicada, se le otorgó el prestigioso premio Xavier Villaurrutia «de escritores para escritores», que Poniatowska, en un acto célebre, rechazó. Sus palabras –«y a los muertos quién les va a dar el premio»– rechazan cualquier complicidad con el gobierno del presidente Luis Echeverría Álvarez (1970-1976), el secretario de gobernación (ministro del interior) durante el movimiento, y acaso el responsable directo de la masacre del dos de octubre (Chevigny 1985: 49-62). La declaración de Poniatowska subraya que su homenaje a los muertos (y a los vivos) es inconmensurable con cualquier final de duelo, con el cierre, con el hecho de que las cosas *ya están en su lugar*. De manera similar, la falta de una distancia mínima entre la mercancía y los objetos en exhibición colapsa el respeto necesario implicado en el hecho de que el 68 no está cerrado ni resuelto, y que, por lo tanto, permanece vivo: la accesibilidad de esos objetos los elimina como signos de una lucha por la justicia histórica y social que continúa[9].

---

[8] Debo añadir que en mis visitas más recientes al Memorial del 68, estos carteles para el público dejaron de estar disponibles. Acaso debido a la falta de presupuesto, acaso a una atinada corrección museográfica.

[9] Es esa la diferencia entre estas copias y los grafitos que exclamaban: «El dos de octubre no se olvida», omnipresentes en la Ciudad de México de mi infancia. Al intervenir en el

De manera semejante, la mediocridad de las obras de arte que se exhiben en el museo se debe leer precisamente desde su incapacidad para preservar un grado mínimo de *diferencia* respecto al pasado. Paradójicamente esta impotencia se origina en su incapacidad para producir una presencia en el presente, *desde el presente*; no logran aprovechar su posición en un mirador distinto que vuelva el pasado más claro *y al mismo tiempo* inaccesible. Más bien caen en la definición más banal del monumento: (re)presentan el acontecimiento sin incorporar al trabajo la conciencia del fracaso, parcial *pero inevitable*, de la representación.

Antes de leer las dos obras que me parecen escapar a este patrón, creo que debo volver al libro de Poniatowska y a otras fuentes textuales sobre el 68 que me permiten enfatizar la importancia de los límites de la representación en este contexto. Esto es crucial no sólo para comprender qué falta en las obras de arte que se exhiben en el Memorial sino porque logra una lectura diferente de *La noche de Tlatlelolco*. La mayor parte del trabajo crítico sobre esta obra subraya que el libro de Poniatowska comparte muchas de las ambiciones de los relatos de *los* líderes del movimiento así como las de los libros publicados en el vigésimo y sobre todo trigésimo aniversario del movimiento, cuando finalmente se abren los archivos del Estado. Paradójicamente es esta euforia archivística, combinada con la ortodoxia masculinista –no sólo como forma de escritura sino *sobre todo como pedagogía de la lectura*– y sumadas a la necesidad de explicar la victoria de la democracia en el 2000 como producto, al menos parcial, del 68, lo que ha marginado (una vez más) los aspectos cruciales del texto, los no-monumentales[10].

Sigue resultando imperativo leer con una actitud más abierta pasajes como éste, donde una estudiante de literatura de la Universidad Iberoamericana describe sus sentimientos:

> Lo vi como nunca antes. Vi sus manos muy blancas, como de cera, con las venas azules, su barba de candado que siempre le pedí que se dejara: «¡Déjatela, déjatela!», porque lo hacía verse mayor que sus veintiún años, vi sus ojos azules muy sumidos en sus cuencas (él siempre ha tenido una expresión triste) y sentí su

---

espacio público, el grafiti en lugar de servir como *souvenir* (aquello que recuerda [*souviens*] *en lugar nuestro*) preserva la cualidad de lo inconmensurable, de lo irresuelto, de lo intempestivo.

[10] No uso el término «antimonumento» aquí porque sería impreciso: los pequeños triunfos se celebran textualmente no de manera épica sino en tono lírico, que se ajusta mejor a su esencia no abiertamente política.

cuerpo tibio junto al mío. Los dos estábamos empapados por la lluvia y porque nos tiramos al suelo tantas veces en el agua, y sin embargo yo sentía su brazo cálido sobre mis hombros. Entonces, por primera vez desde que andamos juntos, le dije que sí, que cuando nos dejaran salir los soldados que me llevara con él, que al cabo y al fin nos íbamos a morir, sí, tarde o temprano, y que yo quería vivir, y que ahora sí, le decía que sí, sí, sí quiero, sí te quiero, sí, lo que tú quieras, yo también quiero, sí, sí, ahora yo soy la que quiero, sí (226-27).

Aquí, la intertextualidad joyceana sirve como vehículo para transportar los afectos a un futuro de mayor libertad sexual, un futuro que incluye por ejemplo la «Ley de sociedades de convivencia» y la posibilidad de matrimonio y adopción para parejas del mismo sexo.

El derrumbe de los prejuicios de la clase media en la esfera de lo íntimo coincide con la revelación de la verdad sobre el Estado, así como la posibilidad de una nueva esfera pública. Además, el cuerpo reaparece, se convierte en uno de los mediadores cruciales de estos procesos: no sólo es el cuerpo político de la nación modificada sino el cuerpo humano, el cuerpo de los ciudadanos ejerciendo nuevas libertades reales y otras que no por virtuales resultaban menos importantes. Una vez que estos cuerpos se sacan de las calles y se colocan en las pantallas de un pequeño museo, sus libertades se narran como algo que pertenece al pasado: la libertad de una era clausurada.

La capacidad de transmitir el exitoso cambio personal, familiar y local me parece mucho más importante que la obvia lucha por el *locus* enunciativo de la Revolución y por el poder institucional, que desde luego estaba muy lejos de los poderes del movimiento estudiantil, pero que son los lugares comunes de la crítica habitual. Hay que privilegiar el hecho de que por años no se haya leído el cambio personal que se llevó a cabo debajo o junto a lo político-institucional (o aun peor: que se haya leído y abandonado por creer que carecen de importancia). Hay que pensarlo justamente porque estos temas son imprescindibles en la textura del libro más importante en la bibliografía de una autora que se destaca por su capacidad de prestar atención justamente los aspectos silenciados de la sociedad. En el caso del Memorial del 68, donde una parte crucial de lo que debería recordarse es precisamente el cambio en las sensibilidades y sensorialidades, este apego a la ortodoxia más miope se vuelve especialmente inaceptable.

El siguiente pasaje de *La toma de la palabra* de Michel de Certeau, su libro sobre el 68 francés, nos ayuda a discernir ciertos aspectos que han hecho de *La noche de Tlatelolco* un libro absolutamente decisivo para la comprensión del movimiento *y sus consecuencias en décadas posteriores*. La potencia del pasaje hace que valga la pena citarlo de manera amplia:

> Lo que se vivió positivamente sólo puede enunciarse negativamente. La experiencia era la toma de la palabra. Lo que se dijo resultaba una impugnación que, al repudiar el sistema entero, sólo podía traicionarse por parte de toda organización existente, todo procedimiento político o toda institución renovada. Un movimiento, masivo, nacido desde abajo, escapó a las estructuras y a los marcos preexistentes; pero por eso mismo le faltaba todo programa y todo lenguaje. Dentro de esta sociedad que denunciaba, sólo podía expresarse marginalmente, pese a que ya constituía una experiencia de sociedad. Su propio «rechazo» también traicionaba la realidad, puesto que marcaba una frontera sin decir o que era el territorio interior: esa experiencia misma. Por razones tácticas, la impugnación disimulaba también la disparidad de experiencias para reunirlas en la unidad de una misma contraofensiva [...] Toda negación se contenta, por lo demás, con invertir los términos de la afirmación que contradice; es la víctima [...] Pero el problema capital de hoy está planteado por la disparidad entre una experiencia fundamental y el déficit de su lenguaje, entre la «positividad» de un hecho vivido y la «negatividad» de una expresión que, bajo la forma de un rechazo, parece el síntoma más que la elaboración de la realidad que señala (1995: 42-43)

Lo que ha querido decir durante cuarenta años es que en buena medida la experiencia del 68 no logró incorporarse a su textualización, ya sea porque fue marginado debido a una aparente ilegibilidad o se perdió en el esfuerzo por traducirlo al lenguaje de la Revolución, saturado por la terminología de las ciencias sociales. La ausencia de obras de arte más radicales en el Memorial socava su proyecto museográfico, ya que precisamente estos artefactos podrían ayudar a recuperar las opacidades de entonces que resultan, hoy, esenciales como herencia del movimiento. La lectura (equivocada) de *La noche de Tlatelolco* no se apropia de las discursividades que han revelado su importancia a través de la insistencia en el hecho de que lo personal pertenece a la política, y que lo leen como fuente de imaginación política.

A partir de estas carencias, saltan a la vista las obras excepcionales del museo. La primera es la bóveda de seguridad que resguarda las fotografías de los detenidos el dos de octubre. La enorme puerta de acero, el techo bajo y las rejas que en ocasiones cierran el paso al recinto resaltan las expresiones de los detenidos. Muchos están en ropa interior, otros visiblemente manchados de sangre; en todos los casos su miedo, su juventud, su fragilidad confieren a la antigua oficina de gobierno un aire ominoso. Este tipo de uso del espacio, contra la neutralidad de buena parte del recorrido, restaura la especificidad y la importancia del Memorial como un museo de sitio, lo que subraya la tensión entre pasado y presente y la herida que los separa.

La otra obra que me interesa es la excepcionalmente divertida e inteligente de Francis Aÿlis: un video en que el artista mismo ronda el asta bandera del Zócalo, primero solo y luego, con cada circuito completado, seguido por un rebaño de borregos que se incrementa y que, después, va disminuyendo hasta completar el ciclo y recomenzar. Esta videoinstalación se refiere de manera directa a la «re-consagración» de la bandera, a la que los burócratas fueron obligados a asistir. Incapaces de mostrar su desacuerdo de otra manera, marcharon balando, lo que significaba que no iban *motu proprio* sino obedeciendo a una interpelación del Estado. El video está grabado en blanco y negro y en un emplazamiento abierto que nunca cambia de foco. Se puede pensar que el video nos ofrece la mirada del Estado, ya que el Zócalo está flanqueado por las sedes tradicionales del poder: Catedral, Palacio Nacional, las sedes del poder local de la ciudad y las de sus primeras instituciones financieras. El redoble de una campana –que implica no sólo la «re-consagración» sino el papel que jugó la Iglesia como agente del *status quo*– es la única banda sonora. En suma, el video es a un tiempo una experiencia hipnótica y provocativa, que crea una reinterpretación de los hechos históricos donde la firma del artista es claramente una parte del trabajo y abre el espacio topológico de una renarración acerca de las energías creativas desatadas en 1968.

El regreso a planta principal, que lleva al final de la visita, es inevitablemente anticlimático a pesar de la última sala, donde se narra la liberación de los presos. Esta sala incluye un video epilógico donde hay algunos destellos de la importancia *actual* del 68. Entre los entrevistados está, por ejemplo, José Woldenberg, acaso la figura central para la creación del Instituto Federal Electoral[11]. A pesar de la buena intención, el esfuerzo es insuficiente.

Tras esta última sala, el visitante mira las ruinas del siglo XV y los famosos poemas de Rosario Castellanos y Octavio Paz sobre la masacre en el ventanal y en la pared opuesta. El único espacio restante es una «sala de estudio» donde

---

[11] La transformación del IFE de un organismo autónomo, controlado por la ciudadanía en la elección del 2000 a una dependencia estatal en las reñidísima del 2006, donde se le otorgó –parece claro que injustamente– un segundo sexenio de poder ejecutivo al PAN, sería otro aspecto a discutir desde los miradores culturales que ofrece este ensayo.

se pueden leer algunos libros (encadenados a la mesa) o utilizar algunas entrevistas en estaciones de video[12] o jugar con alguna de las computadoras que ofrecen más información sobre el memorial del 68. Todos los muebles tiene un diseño de la «era espacial», que retrotrae a los sesenta aunque no es ideal para el estudio. Uno no puede sino preguntarse por qué los vastos archivos sobre el 68 no están aquí para posibilitar la producción ulterior de conocimiento.

El examen del libro de visitas revela algunos hechos sobre los visitantes, al menos sobre los que gustan de dejar huellas autógrafas: la mayor parte de los jóvenes viene del bachillerato público, aunque parece haber pocas visitas institucionales. A los jóvenes parece gustarles el uso intensivo de la tecnología aunque se quejan del volumen excesivo de información y señalan la necesidad de un guía. La posibilidad de un diálogo intergeneracional fructífero cuando el guía es un participante del movimiento ha sido ampliamente demostrado en espacios de memoria del Cono Sur, como la ESMA en Buenos Aires. La generación intermedia recibe la información con mucho más gusto. De hecho las entradas más entusiastas provienen de este grupo: personas a quienes «les habían lavado la cabeza» acerca del 68 y que «finalmente se dan cuenta de qué es lo que pasó en realidad» y se sienten agradecidos. Existen algunos comentarios de antiguos sesentaiocheros, quienes parecen coincidir en su empatía con el museo y no parecen resentir la ausencia de los menos famosos en los videos. Finalmente la mayor parte de los visitantes extranjeros –cuyo número es bastante limitado– coincide en la misma queja: «por qué no hacen publicidad». Aunque en mayo del 2008 se presentó una guía del museo y los visitantes preguntan por el precio de los DVDs (no están a la venta), la tienda del museo abre –y cito a los guardias del museo– sólo «en ocasiones especiales».

En el análisis de los actos por el 40 aniversario de la masacre, resuenan los mismos patrones antes discutidos. Como sucede cada año, el dos de octubre del 2008 se marchó desde la Plaza de las Tres Culturas en Tlatelolco hasta el Zócalo. En el momento en que se inició la movilización, había unas 40 000 personas y varios miles más llegaron directamente al Zócalo. Resulta notable la indiferencia del Memorial con respecto a lo que se suponía que conmemoraba: operó normalmente, pero no creó nexo alguno entre lo que sucedía fuera de sus puertas y el interior. Triste y obedientemente el Memorial siguió en *su* lugar: confinado a un barrio marginal en lugar de extender su discurso hacia el Centro

---

[12] Es interesante que estos videos no están montados con la misma edición mixta, sino que se ofrecen en entrevistas individuales.

Histórico en plena transformación. Entre tanto, estudiantes universitarios y de bachillerato, jóvenes punks, hijos y padres de desaparecidos, maestros de la ciudad y de todo el país, mostraban que preferían aunar su memoria al espacio como práctica y no al lugar de memoria. Los cuerpos se alejaron del Memorial que, al menos en este primer año, careció de la imaginación espacial y afectiva para integrarse al mapa de la memoria viva de su ciudad.

CONCLUSIONES

En las páginas anteriores he tratado de mostrar lo que quedó fuera del museo, y que por consiguiente se ha perdido en el proceso de reterritorialización del movimiento del 68, convirtiéndolo en algo localizado e inmóvil, a la vez en el pasado y en los márgenes de una ciudad renovada que se reparte como botín entre los «triunfadores» del México post-TLC. Paradójicamente, esto se ha logrado haciendo uso del modelo del Memorial: *La noche de Tlatelolco* de Poniatowska.

En primer lugar, la historia de la ocupación de espacios públicos de forma creativa y con patrones que cambian continuamente, incluyendo las calles de la ciudad –fundamental en todo el proceso del 68– se ha relegado a un lúgubre rincón de la ciudad, donde todo se ha ordenado de forma que se puedan realizar visitas dirigidas. Dado que las exposiciones temporales no han sabido conversar con el Memorial y con su memoria, dado que la antigua torre de la SRE aún no reabre sus puertas como centro de investigación y la ausencia de talleres museográficos e historiográficos[13] en el Memorial, a pesar de las buenas intenciones en el libro de visitas, es poco probable que la gente vuelva. Nadie ha escrito: «Ésta es mi segunda visita».

En segundo lugar, la capacidad, o mejor dicho, la *necesidad* de crear un diálogo se simula a través de los monólogos atomizados del Memorial. A pesar de que este trabajo se filmó en la primera década del siglo XXI, ofrece muy poco de nuevo, ya sea en términos de continuidad con el pasado o haciendo uso de una versión reexaminada de 1968 desde el México presente como un

---

[13] Es desalentador y también muy revelador que los únicos talleres que se ofrecen de forma regular en la llamada unidad académica del museo sean Inglés y Computación básica: precisamente las herramientas que se necesitan para dejar atrás al mundo pre-global del 68 y unirse a las fuerzas trabajadoras como un peón del capitalismo trasnacional.

punto privilegiado para la reflexión de lo que se ha logrado, lo que sigue siendo virtual, y lo que nunca se logró.

En tercer lugar y más importante, no hay un enlace entre las piezas de arte que se exhiben y el hecho de que en muchas formas los eventos del 68 hicieron posible su existencia. Lo mismo se aplica a casi todo lo que se obtuvo gracias al 68. A pesar de que el lugar es un memorial, y como tal, conmemora una pérdida, desplaza o más bien *impide* las articulaciones más afortunadas en términos de cultura y afecto, especialmente el movimiento estudiantil y las elaboraciones subsecuentes que los intelectuales del 68 y posteriores han logrado. Pienso, por ejemplo, en escritores, desde Héctor Manjarrez y Paloma Villegas —los narradores más destacados en cuanto a las estructuras sentimentales que tuvieron lugar en la década de los setenta— hasta Juan Villoro, Jorge Volpi y Fabrizio Mejía Madrid, los más talentosos novelistas y cronistas del México presente y sus articulaciones sociopolíticas.

Además, el uso del espacio, su ocupación creativa, el dialogismo y la conceptualización del 68 como acontecimiento que abre una rica serie de libertades había sido ya articulado en *La noche de Tlatelolco,* el texto que fungió como modelo de discurso para el Memorial del 68. El problema es que, si el museo toma *La noche de Tlatelolco* como modelo, lo hace únicamente de acuerdo a la menos potente de sus lecturas. Pensar que esto tiene poca importancia sería hacer una segunda mala lectura, cuyas consecuencias son aun peores, ya que aceptar al museo e implícitamente rechazar el resto del legado del 68 nos ciega a uno de los archivos más importantes, concebidos en el México contemporáneo en términos del uso del espacio, en términos de afectividad y en términos de renarración. Esto permitiría que el proceso de aburguesamiento prosiguiera de manera acrítica, a espaldas de la ciudadanía, en lugar de abrir una discusión de los términos y los silencios de su proceder. El Memorial podría y debería ser un importante lugar de reflexión acerca de los proyectos de la ciudad, siendo que Tlatelolco mismo fue una vez una «solución».

Afortunadamente, hay otras formas de apropiación tanto del 68 como de la intersubjetividad creada durante el movimiento estudiantil. Estas apropiaciones hacen hincapié en lo que Arjun Appadurai (2006) llama tercer espacio: formaciones sociales cuyo interés principal no es ni el Mercado ni el Estado. Un ejemplo conmovedor es la marcha del 2 de octubre, donde viejos sesentaiocheros y jóvenes nacidos después del 68, algunos incluso décadas después, se mezclan y atraviesan la ciudad, marcando con su presencia a muchos de los vecindarios ya aburguesados. La marcha es dialógica, no sólo en el sentido intergeneracional, pues es también un medio para declarar nuevos descontentos, y para relacionar viejas injusticias a las nuevas. La marcha no es sólo una repetición de los movimientos pioneros del pasado, sino también un ejercicio donde la memoria –revisada desde el presente– se transmite y se utiliza como un punto privilegiado para refutar las narrativas hegemónicas del presente. Un buen ejemplo sería el debate acerca de las indemnizaciones para las víctimas de la guerra sucia; otro, que la masacre en Tlatelolco no forma parte de los libros de texto oficiales. Un tema importante en la marcha del 2008 era la complicidad entre el presidente Felipe Calderón y la permanente jefa del sindicato de maestros, «la maestra» Elba Esther Gordillo, la cual ha permitido el deterioro de la educación pública y, por lo tanto, una creciente brecha entre los estudiantes de escuelas públicas y los que asisten a escuelas privadas.

Otro resultado de la energía creativa originada por el 68 es un proyecto en el Centro Histórico: la galería/taller/guardería/editorial Casa Vecina, que trata de acercar a los actuales habitantes de la zona, especialmente a los hijos de los vendedores ambulantes, al entendimiento y la producción de cultura. Pero incluso este proyecto tiene un punto débil, ya que inevitablemente sus esfuerzos abren la zona a lo que George Yúdice llama «economía cultural» (2003: 16-21). Paradójicamente, el éxito de Casa Vecina, al crear un barrio más artístico, acelera el proceso de aburguesamiento que tarde o temprano ahuyentará a sus habitantes actuales. De hecho, Antonio Calera-Grobet, su director fundador, ha abandonado el proyecto pues Fundación Slim ha dejado de financiarlos.

Sin embargo, vale la pena averiguar si proyectos utópicos como Casa Vecina podrían ofrecer formas de reurbanización alternativas, produciendo barrios habitados por gente de distintas clases sociales, donde actividades correlacionadas incorporen actores con bagajes distintos para generar un diálogo en términos de la textura política y cultural de la ciudad. Creo que, dada una historización inteligente de las condiciones y posibilidades, la respuesta podría ser un cauto sí, a pesar del brutal aprovechamiento capitalista de estos apoyos «filantrópicos».

Mientras más nos acerquemos al momento que Beatriz Sarlo explora en su *Tiempo pasado* –cuando ya no se trata de los testigos de un hecho sino cada vez más de sus hijos y nietos, quienes portan la memoria o, mejor, las historias que conforman la Historia (2006: 125-57)– las decisiones que afectan el destino de la memoria pública del movimiento del 68 evolucionarán hacia un pacto diferente, aunque muy importante, de intersubjetividad. La decisión de si este evento crucial a favor de la libertad será relegado al oscuro rincón de la ciudad en que terminó oficialmente o si continuará como una fuerza que instiga pactos entre clases y generaciones y tal vez, incluso, solidaridad internacional, deberá ser tomada por las generaciones subsecuentes; la mía y las que siguen.

De acuerdo con esta articulación del aspecto cronológico del pacto ofrecido por la activación radical de 1968, debemos reflexionar en las consecuencias económicas de *no* articular con mayor profundidad sus implicaciones espaciales. Cómo, por ejemplo, en el enorme tianguis en el Centro Histórico –ahora aparentemente en vías de extinción, o exiliado a sectores menos atractivos de la ciudad– los bienes con mayor demanda son las copias piratas de CDs, películas, programas de computadora, así como ropa con prestigiosos logos que se han incorporado a las prendas seguramente de forma ilegal, para atraer así a los compradores que de otra forma no podrían costear jamás los talismanes del capitalismo mundial. Entre las consecuencias espaciales de este proceso de aburguesamiento, que ocurre sin una discusión ciudadana amplia, está la inmigración de aquellos que ocupan un escalón más alto en el mismo proceso de consumo cultural, gracias al éxodo de las personas de un estrato más bajo, y sin que quede un espacio común para el diálogo o la reflexión. A fin de cuentas, sin libertad para maniobrar fuera de las estrictas líneas del fatalismo económico, todo permanece en su lugar y no parece que haya posibilidades para nuevas actividades espaciales.

Y volviendo al Memorial, debemos pensar acerca de cómo esta misma sustitución, originada por la repartición de los sectores de la ciudad, es análoga a la contracción de una historia formada explícitamente con historias, movimiento, la unión de muchas voces, de algo que no es rigurosamente Historia en el sentido que Sarlo exige de las narrativas de segundas generaciones. Sarlo pide un producto vigoroso de un diálogo previo mejorado en un segundo momento por el rigor del método, tamizado ya por un grado de duda razonable que hubiera sido inaceptable tanto por razones tácticas como éticas, al momento de la primer puesta en común de la memoria. El problema es que el producto que se exhibe en el Memorial del 68 no es una historia aceptada por todos, es más bien un despliegue tecnológico que no busca un estatus científico ni origina un diálogo, y por lo tanto carece del poder para crear una discusión real sobre el 68 o, acaso lo que resulta más urgente, sobre la posibilidad de crear alternativas al mesianismo financiero que prevalece hoy en día en la toma de decisiones en la Ciudad de México.

Al final, lo que está en juego es el núcleo mismo del recuerdo: el recuerdo antes de convertirse en una mercancía, y con él, *la posibilidad de una memoria del proceso de comercialización de la memoria*, la posibilidad de recordar de forma activa lo que ocurre *ahora*, pensar acerca y *desde* las consecuencias del lado más oscuro de la derrota del 68. Preservar la condición de posibilidad de ese tipo de memoria hace que valga la pena ir a una marcha, releer y desde luego escribir.

BIBLIOGRAFÍA

AGUILAR CAMÍN, Héctor & BELLINGHAUSEN, Hermann (1988): *Pensar el 68*. México, D.F.: Cal y Arena.
APPADURAI, Arjun (2006): *Fear of Small Numbers*. Durham: Duke University Press.
BARRIOS, José Luis (2008): «El museo nómada: una mentira disfrazada de arte». En *El Universal* 26.01. En <http://www.eluniversal.com.mx/graficos/confabulario/nota-26-enero08.htm> (consultado el 20.06.2010).
CERTEAU, Michel de (1995): *La Toma de la palabra y otros escritos políticos*. México: UIA-ITESO.
— (1999): *La invención de lo cotidiano*. México: UIA-ITESO.
CHEVIGNY, Bell Gale (1985): «The Transformation of Privilege in the Work of Elena Poniatowska». En *Latin American Literary Review* 13 (26). 49-62.
FRAZIER, Lessie Jo & COHEN, Deborah (2003): «Mexico '68: Defining the Space of the Movement, Heroic Masculinity in the Prison, and 'Women' in the Streets». En *HAHR* 83 (4). 617-60.
HIRIART, Hugo (1988): «La revuelta antiautoritaria». En Aguilar Camín & Bellinghausen (ed.): *Pensar el 68*. México, D.F.: Cal y Arena.
PONIATOWSKA, Elena (2000): *La noche de Tlatelolco*. México: Era.
— (2001). *Hasta no verte, Jesús mío*. México: Era.
REVUELTAS, José (1969): *El apando*. México: ERA.
RUISÁNCHEZ SERRA, José Ramón (2007): «Historias que regresan: Topología y renarración en la segunda mitad del siglo XX mexicano». PhD, College Park: University of Maryland.
SARLO, Beatriz (2006): *Tiempo pasado*. Buenos Aires: Siglo XXI.
YÚDICE, George (2003): *The Expediency of Culture: Uses of Culture in the Global Era (Post-Contemporary Interventions)*. Durham: Duke University Press.

Fernando Vallejo: la violencia urbana y las ruinas de la ciudad letrada

Diana Klinger
Universidade do Estado do Rio de Janeiro

Noticias de una guerra particular[1]

Noviembre de 2009. Escribo desde una ciudad en guerra. No estoy en Medio Oriente, sino en una ciudad del Cono Sur. La guerra comenzó hace varias décadas, pero solo muy recientemente fue reconocida como tal. Pocos días después de que el país festejara la elección de Río de Janeiro como ciudad sede de las próximas olimpíadas de 2016, en un intenso enfrentamiento entre cuadrillas, narcotraficantes derribaron un helicóptero de la Policía Federal, que sobrevolaba la «favela dos Macacos», causando la muerte de dos policías. El secretario de seguridad del estado, José Mariano Beltrame, que al día siguiente iba a dar una charla sobre las UPP («Unidades de Polícia Pacificadora» en las «favelas»[2]) se vio obligado a cambiar el tema de la pacificación de las comunidades para hablar, en cambio, sobre «la guerra». Dijo Beltrame:

---

[1] Es el título de un documental de João Moreira Salles y Katia Lund (1999), sobre los habitantes y traficantes del morro de Dona Marta, en Rio de Janeiro.

[2] Las UPP, «Unidade de Policiamento Pacificadora», comenzaron a ser implementadas por el Gobierno del Estado de Rio de Janeiro en diciembre de 2008, con el objetivo de recuperar territorios ocupados hace décadas por traficantes y recientemente por las llamadas «milicias», así como para promover la ciudadanía y la inclusión social a la población de las «favelas».

> solo en Río existe fusil y rifle. Solo en Río existe ametralladora antiaérea. Entonces, todo el país debe saber que, para enfrentar fusiles 762 y 556, es necesario que haya una nivelación de las fuerzas de combate, es necesario que haya paridad. Necesitamos redimensionar el armamento y los recursos de las fuerzas del orden. Es necesario que entre dinero. Pero, ¿de qué sirve que me den R$ 10 millones o R$ 100 millones si no puedo administrar esos recursos? ¿Es para llenar los estantes con armas no letales? ¿Sólo puedo equipar a mis policías con spray de pimienta? Quise comprar tanques blindados de Israel y de África del Sur, incluso hice el pedido. Ah no se puede, porque esos vehículos tienen características de guerra. ¿Y esto que vivimos en Río qué es? (en: Aquino 2009).

Lo que sorprendía era el hecho de que un funcionario público, el propio Ministro de Seguridad del Estado, se refiriera a «la guerra», y lo hiciera sin eufemismos. Una guerra que no es entre naciones, sino que se confina a la ciudad. Y si no fuera porque ya lo hemos naturalizado, debería sorprendernos también el gigantesco arsenal que involucra. Lo cierto es que uno se acostumbra a vivir en una ciudad en guerra, se acostumbra a ver pasar los «caveroes» –«calaberones», como le dicen en Brasil a los tanques blindados– del BOP (Batallón de Operaciones Especiales), de la Policía Federal y de la Policía Militar, con las ametralladoras saliendo por las ventanillas del vehículo, apuntadas hacia afuera. Salvo eso, que ya es parte del folclore urbano, el único contacto que tengo con esa guerra –que ocurre en los «morros»– es a través de la prensa y la televisión. Así, mientras todo eso sucede en la «capital do sangue quente do Brasil», como dice la canción de Fernanda Abreu, mi vida académica (*la* vida académica), continúa *como si nada*. Releo por estos días *La virgen de los sicarios* (1994), de Fernando Vallejo, que transcurre en Medellín y que perfectamente podría transcurrir en esta ciudad. Lo que pasa en Medellín, centro internacional del narcotráfico, es más o menos igual a lo que pasa en Río de Janeiro. De hecho, Colombia y Brasil son dos países cuyos niveles de violencia son muy superiores a los del resto del continente[3] y donde el tema de la violencia y del narcotráfico está presente permanentemente en la televisión, en la prensa, en las conversaciones cotidianas, además del cine, la música popular y la literatura.

---

[3] La tasa de homicidios en promedio de los últimos veinte años en Colombia es de 7.3 por diez mil habitantes, más del doble que la de Brasil, el segundo país más violento de América Latina (cuya tasa desde 2004 es de 2.9). Véase para Colombia Camacho Guizado 1995 y para Brasil Ramos & Paiva 2007.

Vallejo ha escrito las páginas más cínicas de la literatura latinoamericana sobre el narcotráfico. Releyendo la novela de Vallejo al mismo tiempo que leo las noticias sobre la guerra en Río de Janeiro pienso permanentemente en uno de los ensayos más interesantes de la historia de América Latina, *La ciudad letrada* (1984), el libro póstumo de Ángel Rama, que comienza así:

> Desde la remodelación de Tenochtitlan, luego de su destrucción por Hernán Cortés en 1521, hasta la inauguración en 1960 del más fabuloso sueño de urbe de que han sido capaces los americanos, la Brasilia de Lucio Costa y Oscar Niemeyer, la ciudad latinoamericana viene siendo básicamente un parto de la inteligencia, pues quedó inscripta en un ciclo de la cultura universal en el que la ciudad pasó a ser *el sueño de un orden* y encontró en las tierras del nuevo continente el único sitio propicio para encarnar (Rama 1984: 1; itálica mía).

La ciudad letrada es un análisis de la conquista y la dominación que la clase letrada ejerció en América Latina, pero también de sus transformaciones a lo largo de la historia hasta las primeras décadas del siglo XX; del desafío a ese poder por parte de los sectores incorporados a la cultura letrada desde fines del siglo XIX, a través de la educación pública. De los «encuentros y desencuentros entre la ciudad letrada y la ciudad real, entre la sociedad como un todo y su elenco intelectual dirigente» (Rama 1984: 37).

Hoy en día, Río de Janeiro, Medellín, pero también las metrópolis «más europeas» de América Latina, como Buenos Aires o ciudad de México, son escenarios de violencia, miedo y guerras entre narcos. En estas y en tantas otras ciudades del continente «el sueño de un orden» hace mucho quedó sepultado. Las «favelas» o «comunas» son territorios ocupados, invadidos y apropiados sin contratos, sin «escrituras» y donde el poder del Estado, de la ley y de la letra son prácticamente nulos: «rodaderos, basureros, barrancas, cañadas, quebradas: eso son las comunas. Y el laberinto de calles ciegas de construcciones caóticas, vívida prueba de cómo nacieron: como barrios de «invasión» o «piratas», sin planificación urbana, levantadas las casas de prisa sobre terrenos robados...», dice «Fernando», el narrador de *La virgen de los sicarios* (Vallejo 1994: 84).

Esto, se podría decir, es parte de un paisaje urbano contemporáneo que corresponde a la «decadencia y caída de la ciudad letrada», para decirlo con el título de un interesante ensayo de Jean Franco que, retomando la historia donde la había dejado Rama, analiza el campo intelectual latinoamericano a partir de la guerra fría.

El orden ideal que había hecho de la ciudad un símbolo tan potente de la comunidad nacional y de la conducta cívica, aun cuando nunca coincidió realmente con la ciudad real, es ahora imposible de reclamar (Franco 2003: 248).

Las fracasadas tentativas de construir muros de «contención» de las *favelas*, tanto en Río de Janeiro como en Buenos Aires, no son sino un comentario irónico de esa imposibilidad. En este contexto, desde las últimas décadas del siglo XX, el lugar del intelectual se ha alterado radicalmente. Contribuyen para ello muchos factores, como señala Graciela Montaldo:

> pérdida del prestigio de la letra escrita frente a la cultura audiovisual; amenaza a la institución estética por la estética de los medios y de la industria cultural; globalización económica que reviste al mercado de una autoridad casi plena para legislar cualquier tipo de producción, incluso la literaria; reacomodamiento de identidades y fronteras entre los discursos y prácticas; profesionalización de los intelectuales, inserción cada vez mayor en las instituciones y lento abandono de su intervención crítica (2001: 65).

Si hasta la década del sesenta e inicios de los setenta aun era viable, para los intelectuales, sostener un «sueño de un orden» para la ciudad latinoamericana, un orden basado –aunque indirectamente– en el poder y el prestigio de la letra, las dictaduras primero, el neoliberalismo después y ahora –a pesar de la confluencia histórica de gobiernos «progresistas» en América del Sur– la violencia de las grandes ciudades y la presencia insoslayable del narcotráfico han hecho imposible ese *sueño letrado*. Además, para las grandes masas de población marginalizada, la alfabetización ya no significa en estos días la promesa de una posibilidad de ascenso social, como significó desde el siglo XIX y hasta avanzado el siglo XX. Como señaló Jean Franco, en este incipiente siglo XXI el papel pedagógico de la ciudad letrada pertenece al pasado. En la novela de Vallejo, estas circunstancias aparecen de manera compleja y contradictoria. Para el narrador de la novela, «el sueño de un orden» aun existía en un pasado no tan remoto, el pasado de su infancia; hoy, en cambio, Medellín aparece como un aglomerado caótico de gentío, miseria, ruido, violencia y muerte. Pero por otro lado, es precisamente de ese caos violento que emerge lo único que aun puede interesarle en la vida: los jóvenes sicarios.

Medellín, «ciudad maldita», «capital del odio»

«Fernando», el narrador de *La virgen de los sicarios*[4], comparte con el autor el nombre y los rasgos biográficos: es un escritor –«el último de los gramáticos colombianos», como se presenta a sí mismo– que, ya viejo, vuelve a su Colombia natal «para morir» y termina involucrándose en una relación amorosa primero con Alexis, luego con Wilmar, dos sicarios o «muchachitos que matan por encargo» (10). Con ellos recorre las calles de Medellín, una ciudad que a sus ojos se ha transformado en un infierno por la música ensordecedora de la radio, las calles llenas de baches, los pobres mendigando, los asaltos, los asesinatos, la violencia. Así, pasa a convivir con el mundo marginal de los adolescentes de las «comunas», con la falta de sentido en las que transitan sus vidas, con la muerte, que es para ellos algo tan banal como la vida.

En una entrevista realizada en ocasión del estreno de la película basada en la novela, dirigida por el cineasta francés Barbet Schroeder, Fernando Vallejo dijo que su novela no es «sociológica», sino que se trata de una «historia de amor autobiográfica»[5]. En realidad, todas sus novelas componen una gran saga autobiográfica, que narra desde su infancia hasta la adultez, incluyendo sus relaciones amorosas y la historia de su familia y sus vínculos con la política (su padre fue congresista, constituyente y ministro por el Partido Conservador y su hermano Carlos fue alcalde de Támesis, Antioquia). Vallejo se refiere a su narrativa como «auto-ficción» y cita el libro-manifiesto de Cristophe Donner *Contra la imaginación* (2000), en el que Donner aboga por una literatura experiencial, escasamente ficcionalizada. Los escritores recurren a la imaginación «para esconder aquello que verdaderamente importa», dice Donner, y la literatura actual sólo puede ser escrita por un yo «que consiga librarse de esa peste que es la imaginación» (citado por Fernando Vallejo en Cristoff 2004). Y es lo que hace, o al menos dice hacer Fernando Vallejo. Por ejemplo, respecto de *El desbarrancadero,* novela en la que cuenta la agonía y muerte de su hermano Darío enfermo de SIDA, comenta:

> en mis libros no les cambio los nombres a la gente, ni a los pueblos, ni a las ciudades por manía, por atenerme a la verdad y porque cada uno se llama como

---

[4] En este caso y en adelante, «Fernando» se refiere al narrador de la novela y Vallejo o Fernando Vallejo (sin comillas) al escritor.

[5] Fuente: Diario *El colombiano*. Disponible en <http://www.elcolombiano.terra.com.co/proyectos/virgendelossicarios/reacciones.htm>.

se tiene que llamar; mi hermano Darío, el que está conmigo en la foto y quien ya murió según se cuenta en ese libro, sólo se podía haber llamado de ese modo, no lo puedo imaginar con otro nombre (Vallejo en Cristoff 2004).

La diferencia con sus otras novelas es que en *La virgen de los sicarios* el narrador no habla de sí mismo o de su familia, sino sobre todo de Medellín y del mundo de esos adolescentes marginales, un mundo por el cual él expresa al mismo tiempo fascinación y desprecio. «Fernando» se interna en un contexto cultural marginal donde es un extranjero y su narrativa surge de ese choque cultural. El relato de un letrado sobre el mundo pobre, periférico o marginal no es, evidentemente, ninguna novedad en la literatura latinoamericana, sino todo lo contrario; como sostiene Roberto Gonzalez Echeverría, «la narrativa latinoamericana se ocupará obsesivamente de ese Otro Interno que puede ser el origen de todo, es decir, el origen violento de la diferencia que distingue a América Latina y, en consecuencia, la hace original» (1998: 143). La *diferencia* es constitutiva de la identidad latinoamericana, lo que varía son las valoraciones que el «otro» fue recibiendo a lo largo de la historia: «bárbaro» (para Sarmiento y Esteban Echeverría), «puro» (para José de Alencar), «auténtico» y «libre» (para el modernismo brasileño), «víctima» (para Jorge Amado y los novelistas del nordeste), «sujeto de una transformación social» (para la novela de la revolución)… La particularidad de la escritura de Vallejo está en que él se distancia de todas esas posiciones y, sobre todo, de la doxa «políticamente correcta». Vallejo no habla en nombre del otro, ni tampoco deja a los personajes hablar «por sí mismos». «Fernando» habla del mundo marginal a partir de su primera persona, de una mirada intensamente subjetiva –y esto es un dato fundamental de su narrativa, tanto estético como político, como veremos más adelante–. De hecho, Vallejo enuncia esto como programa: «Yo resolví hablar en nombre propio porque no me puedo meter en las mentes ajenas» (en: Villoro 2002). También el narrador hace referencias a esta opción:

> Dicen los sociólogos que los sicarios le piden a María Auxiliadora que no les vaya a fallar, que les afine la puntería cuando disparen y que les salga bien el negocio. ¿Cómo lo supieron? ¿Acaso son Dostoievsky o Dios padre para meterse en la mente de otros? (20).

Además de hacer explícita la subjetividad de su visión, el narrador también deja claro que escribe desde y para el mundo letrado: «Ha de saber usted y si no lo sabe vaya tomando nota, que cristiano común y corriente como usted o yo no puede subir a esos barrios sin la escolta de un batallón: lo "bajan"» (43). Así, el narrador establece una complicidad con su lector, con el que sabe compartir los mismos presupuestos de clase. Pero por otro lado él cuenta con un *plus* de conocimiento que sus lectores no tienen, un conocimiento cultural y lingüístico sobre «las comunas» que le permite actuar como traductor del lenguaje y la cultura marginal, cosa que hace permanentemente. Por ejemplo: «Gonorrea es el insulto máximo en las barriadas de las comunas, y comunas después explico qué son» (16). De manera que Vallejo se rehúsa a ofrecer una representación del *otro* marginal, iletrado, entregando en cambio un discurso que reconoce y explicita relaciones de poder.

En la novela, la escritura y la oralidad se entrecruzan, la norma culta del narrador entra en choque con la jerga de los sicarios, y con ellas se expresan dos visiones del mundo. Una es la de un hombre maduro, culto, nihilista y crítico a ultranza, nostálgico por un tiempo que se fue, una ciudad que ya no es la misma, un pasado idílico que corresponde al tiempo de su infancia.

> Había, en las afueras de Medellín, un pueblo silencioso y apacible que se llamaba Sabaneta. Bien que lo conocí porque allí cerca [...] transcurrió mi infancia. Claro que lo conocí. Estaba al final de esa carretera, en el fin del mundo. Más allá no había nada, ahí el mundo empezaba a bajar, a redondearse, a dar la vuelta (7).

Entre ese mundo idílico y el presente hay un hiato, un vacío que coincide con los años de exilio del narrador:

> Las comunas cuando yo nací ni existían. Ni siquiera en mi juventud, cuando me fui (39).

> Cuando regresé a Colombia [...] Sabaneta había dejado de ser un pueblo y se había convertido en un barrio de Medellín, la ciudad la había alcanzado, se la había tragado; y Colombia entre tanto, se nos había ido de las manos. Éramos, y de lejos, el país más criminal de la tierra, y Medellín la capital del odio (12).

La otra visión es la de los adolescentes marginales, también nihilistas, pero cuyo valor central es el consumo.

> Le pedí [a Wilmar] que anotara, en una servilleta de papel, lo que esperaba de esta vida. Con su letra arrevesada y mi bolígrafo escribió: Que quería unos tenis marca Reebock, y unos jeans Paco Ravanne. Camisas Ocean Pacific y ropa interior

Kelvin Klein. Una moto Honda, un jeep Mazda, un equipo de sonido láser y una nevera para la mamá (131).

A cambio de las aventuras eróticas, el narrador le ofrece a sus amantes «todo lo que esperan de la vida»: zapatillas, jeans, televisores, heladeras, equipos de música. Y es que estos adolescentes viven, dice «Fernando», impulsados por un «vacío esencial» (46), que llenan «agarrando de la televisión» cualquier cosa: «telenovelas, partidos de fútbol, conjuntos de rock...». «Fernando» lee la degradación de la existencia en la del lenguaje: «cualquier sociólogo chambón de esos que andan por ahí analizando en las 'consejerías para la paz', concluiría de esto que al desquiciamiento de una sociedad se sigue el del idioma» (56). Así, no pierde oportunidad, a lo largo de toda la novela, de traducir la jerga que usa «el niño» para el lector.

[Alexis] no habla español, habla en argot o jerga. En la jerga de las comunas o argot comunero que está formado en esencia de un viejo fondo de idioma local de Antioquia, que fue el que más hablé yo cuando vivo (Cristo el arameo), más una que otra supervivencia del malevo antiguo del barrio de Guayaquil, ya demolido, que hablaron sus cuchilleros, ya muertos; y en fin, de una serie de vocablos y giros nuevos, feos, para designar ciertos conceptos viejos: matar, morir, el muerto, el revolver, la policía... Un ejemplo: «¿Entonces qué, parece, vientos o maletas?» ¿Qué dijo? Dijo: «Hola, hijo de puta». Es un saludo de rufianes (31)

O:

«El pelao debió de entregarle las llaves a la pinta esa», comentó Alexis, mi niño, cuando le conté el suceso. O mejor dicho no comentó: diagnosticó, como un conocedor, al que hay que creerle. Y yo me quedé enredado en su frase soñando, divagando, pensando en Don Rufino Cuervo y lo mucho de agua que desde entonces había arrastrado el río. con «el pelao» mi niño significaba el muchacho; con «la pinta esa» el atracador; y con «debió de» significaba «debió» a secas: tenía que entregarle las llaves (27).

Como muestra Ángel Rama en *La ciudad letrada*, las novelas costumbristas o regionalistas también apelaban al uso de glosarios lexicales, porque se dirigían al potencial público peninsular (1984: 51). Esa es la misma razón, dice Rama, por la cual para Carpentier la lengua literaria americana debía ser *necesariamente barroca*. Decía Carpentier: «la palabra *pino* basta para mostrarnos el pino [...]

pero la palabra *ceiba* –nombre de un árbol americano al que los negros cubanos llaman «la madre de los árboles»– no basta para que las gentes de otras latitudes vea el aspecto de columna rostral de ese árbol gigantesco» (Carpentier citado por Rama 1984: 51). Pero el efecto «glosario», las permanentes traducciones de la jerga que hace el narrador, tienen otras implicancias en la prosa de Vallejo. No se trata de hacer comprensible el léxico para un público extranjero sino, sobre todo, de exponer una tensión en el interior de la cultura nacional, de demarcar el territorio letrado al que él mismo pertenece y oponerlo al caótico mundo de las clases iletradas, que son, para él, «máquinas de reproducirse y matar». Entre la jerga marginal y la «norma culta», entre la oralidad y la escritura, la traducción se transforma en una operación más que lingüística, cultural e ideológica. Sólo que aquí la traducción es un procedimiento ambiguo, que desvía el relato del lugar común y del consenso políticamente correcto, como veremos enseguida.

Contra la patria y contra la imaginación

Vallejo, cuyo primer libro es *Una gramática del lenguaje literario* (1983), ha dicho en cierta entrevista: «amo a los gramáticos, de este idioma y de todos: […] A los compiladores de diccionarios ociosos […] Y a los honorables miembros de la Real Academia Española de la Lengua […] y demás académicos correspondientes hispanoamericanos de las Academias [de Letras]» (en: Guëmes 2003). También «Fernando», el narrador de *La virgen de los sicarios* hace permanentes referencias a la gramática correcta, corrige la sintaxis del habla juvenil y profiere una fuerte crítica a la cultura de masas, remitiendo así al papel de exclusión social que la gramática históricamente cumplió en Colombia. En la historia colombiana, gramáticos y escritores tuvieron una notable presencia en el poder en lo que se llamó República Conservadora, entre 1884 e 1934[6]. La pureza de la lengua fue uno de los pilares que se defendían a la par que se creaba el Estado nación. Miguel Antonio Caro, filólogo, periodista y escritor, fue la principal figura del movimiento denominado «Regeneración», que estableció las bases de la nación colombiana moderna y redactó la constitución de 1886, que permaneció vigente en Colombia a lo largo de más de un siglo. En 1872, Caro fundó la Academia Colombiana de Letras –la primera del continente

---

[6] Miguel Antonio Caro, Jorge Nuñez, José Manuel Marroquín y Marco Fidel Suarez fueron escritores, filólogos y presidentes de la República.

americano– de acuerdo con los moldes de la academia española. Consideraba la institución como parte fundamental de la conducción de la Nación: la tradición española y católica debería permanecer en América Latina «pura e incontaminada» como la lengua, a la que le impuso normas y restricciones. Junto con Rufino José Cuervo establecieron cuál era el castellano que se debía hablar; mostraron cuáles eran los errores y los «desvíos» que alejaban a miles de colombianos del buen uso de la lengua.

Como muestra Jesús Martín-Barbero, «en pocos países la violencia del letrado producirá relatos tan largamente excluyentes –en el tiempo y en el territorio– como en Colombia» (Barbero 2000: 148), donde, señala el historiador Malcom Deas, «la gramática, el dominio de las leyes y los misterios de la lengua fueron componente muy importante de la hegemonía conservadora que duró desde 1885 hasta 1930, y cuyos efectos persistieron hasta tiempos mucho más recientes». Así, la gramática se torna moral de Estado, imponiendo su orden al servicio de la exclusión social. Buscando el significado de esa preocupación por el idioma, Malcom Deas considera que «el interés radicaba en que la lengua permitía la conexión con el pasado español, lo que definía la clase de república que estos humanistas querían» (Deas en Barbero 2000: 148).

Pues bien, también en *La virgen...* «Fernando» afirma una lengua culta, asociada a un pasado incontaminado y opuesta a una oralidad marginalizada. Sin embargo, no olvidemos que el sujeto de ese habla marginal, ese «otro», abyecto, parte de esa cultura de masas que el narrador desprecia, es también –y sobre todo– su objeto de deseo. «Ese angelito tenía la propiedad de desencadenarme todos mis demonios interiores» (35). Así, la «dominación» lingüística encuentra su reverso en la relación sexual, en la que se invierten los papeles y el narrador pasa a ser «dominado» por «el niño»: «¿Tenía una compensación ese tormento a que *me sometía* Alexis, mi éxodo diurno por las calles huyendo del ruido y metido en él? Sí, nuestro amor nocturno» (33). La «violencia de la letra», que desprecia y corrige el lenguaje marginal, encuentra su reverso en la fascinación erótica del narrador por esos adolescentes «marginales». Las comunas son, para él, no sólo espacios de violencia, sino también de deseos: «de las comunas de Medellín la nororiental es *la más excitante*. No sé por qué, pero se me metió en la cabeza. Tal vez porque de allí, creo yo, *son los sicarios más bellos*» (64, itálica mía). Esa fascinación, que se va convirtiendo en una relación amorosa que Fernando establece con su «niño», se traduce, hacia el final de la novela, en una mimetización de su lenguaje con el de su amante-sicario: «*D'iaí*, del bus, nos seguimos *pal* barrio de Boston, a que conociera Wílmar la casa donde nací» (149, itálicas mías), dice «Fernando».

En realidad, esa mimetización con el lenguaje del otro y el distanciamiento de lo que él mismo considera como «culto» o «refinado» puede leerse a lo largo de toda la novela, que tiene el ritmo y la dinámica de la conversación; es breve, rápida, concisa y, como el cine de Hollywood, está llena de violencia y de *acción*. Las escenas se suceden rápidamente, el hilo de la historia se ve interrumpido por múltiples digresiones, que parecen surgir según el desorden propio del flujo de pensamiento. La escritura de Vallejo está repleta de marcas de oralidad, de interpelaciones al lector, simulando una simultaneidad entre escritura y vivencia, y entre escritura y lectura, como si el lector estuviera presente en el propio momento de enunciación («¿Pero qué les estaba diciendo del globo, de Sabaneta?» (8)). El lenguaje que el narrador utiliza es «correcto», pero el ritmo de su narrativa no corresponde al de la recepción culta, silenciosa, de la gran tradición de la novela hispanoamericana del siglo XX. Como dice Reinaldo Laddaga, la obra literaria moderna, la de Rulfo, Borges, Onetti o Lezama, suponía un lector «capaz de responder a presentaciones particularmente densas de lenguaje [...], que desea sustraerse del entorno de acciones y comunicaciones ordinarias para confinarse en la confrontación solitaria con un artefacto de lenguaje» (2007: 20). Ese trabajo con el lenguaje, que se encuentra en muchísimos otros autores, como Miguel Ángel Asturias o João Guimarães Rosa, en los escritores del *boom* (Gabriel García Marquez, Carlos Fuentes, Mario Vargas Llosa, Julio Cortázar) y los neobarrocos (el ya citado José Lezama Lima, Severo Sarduy o Reinaldo Arenas) suponía una diferenciación de la práctica literaria con otras prácticas comunicativas. Subyacía una concepción de la literatura fundada en la noción de autonomía, es decir, en la idea de literatura (y del arte en general) como una esfera regida por leyes propias, en la que cualquier relación exterior (con el autor, con el mundo) era un dato secundario. A partir de esa noción de literatura (y de arte) como universo autónomo y diferenciado, la novela producía una interpretación histórica, que contribuía a la formación de los mitos de identidad nacional. La narrativa definía una relación específica entre «la Historia» y «la literatura»: «la ficción era la realidad histórica [política y social] pasada [o formateada] por un mito, una fábula, un árbol genealógico, un símbolo, una subjetividad o una densidad verbal» (Ludmer 2007: en línea).

Pues son precisamente los mitos de la identidad nacional los que están en crisis en el presente, y explícitamente en la escritura de Vallejo. Exceptuando el amor (y sólo el amor homosexual, el que impide la posibilidad de la reproducción de la humanidad), todo lo demás es despreciado por el narrador, empezando por la Nación. «¿Pero qué me preocupa a mí Colombia si ya no es mía, es ajena?» […] «yo no soy de aquí, me avergüenzo de esta raza limosnera» (19); «Colombia cambia pero sigue igual, son nuevas caras de un viejo desastre» (15); «La ley de Colombia es la impunidad y nuestro primer delincuente impune es el presidente» (26), dice «Fernando». Según Josefina Ludmer, Vallejo, como el brasilero Diogo Mainardi y el salvadoreño Horacio Castellanos Moya, registran las voces contemporáneas anti-nacionales y las ponen en escena, «las performancean». Y lo hacen «con un ritmo, un tono y una repetición tal que reproducen en negativo las voces de la constitución de la nación y su historia» (2007: 80). Lo que estos textos de los años noventa muestran, dice Ludmer, es que la constitución nación y su destitución tienen las mismas reglas y siguen una misma retórica.

Pues bien, la operación de Vallejo implica una forma de escribir *contra la nación,* pero también contra una determinada tradición literaria. Pues la retórica de la profanación de la nación, cuyo centro es la lengua, toca también el límite de lo literario; se sitúa en una etapa pos-literaria «después del fin de las ilusiones modernas: después del fin de la autonomía y del carácter "alto", "estético" de la literatura» (Ludmer 2007: 84). El gesto de Vallejo, escribir contra la patria y «contra la imaginación» (como dice Vallejo citando a Cristophe Donner) puede ser leído también como una forma parricida: escribir contra el «padre» literario, o sea, contra García Márquez y contra «Macondo» como fábula de identidad nacional (y latinoamericana) que de alguna manera representa la operación ideológica del *boom* de los años sesenta y setenta. Casi todas las novelas del *boom* crearon una visión mítica de la realidad, una «realidad latinoamericana» que encontraría su correlato formal en el realismo mágico, considerado como forma «auténticamente latinoamericana», e inclusive «expresión natural» de una región en la cual «la propia realidad es maravillosa», como decía Alejo Carpentier (1980: 12). Por esa razón, Macondo se convirtió en un lugar mítico latinoamericano, «un sitio que contiene todos los sitios», según Carlos Fuentes (1972: 66). En la lectura de los contemporáneos al *boom*, el relato de la fundación de Macondo representa el relato de la fundación del continente latinoamericano, incluyendo todo lo «real» documentado, y también las leyendas y fábulas orales, «para decirnos que no debemos contentarnos con la historia oficial, documentada» (Fuentes 1972: 62). Macondo sería la metáfora de lo misterioso, de lo mágico real de América Latina, su esencia in-nominable por las categorías de la razón y por la cartografía política y científica. La ficción del *boom,* «atravesada de una desbordante alegría vital» (Halperin Donghi 1982: 154), asume así el clima optimista de los años sesenta, años del triunfo de la revolución cubana y de la consecuente euforia sobre el futuro del continente, que recién será demolida hacia el final de esa década, con las dictaduras militares.

En la visión ufanista de los autores del *boom* y de sus críticos, la literatura participa de una «gesta heroica», construyendo una versión no eurocéntrica de la historia latinoamericana y, al mismo tiempo, conquistando la universalidad mediante la modernización en la técnica narrativa, incorporándose definitivamente al canon occidental. En la visión que en la época tenía Carlos Fuentes, la novela ocupa el lugar de la *utopía:*

> Creo que se escriben y se seguirán escribiendo novelas en Hispanoamérica para que, en el momento de ganar esa conciencia, contemos con las armas indispensables para beber el agua y comer los frutos de nuestra verdadera identidad. Entonces esas obras, esos *Pasos Perdidos,* esas *Rayuelas,* esos *Cien años de Soledad,* esas *Casas Verdes,* esas *Señas de Identidad,* esos *Jardines de Senderos que se bifurcan,* esos *Laberintos de la soledad,* esos *Cantos Generales,* aparecerán como 'las mitologías sin nombre' [...] que anuncian nuestro porvenir (1972: 98).

Hoy, más de treinta años después, una lectura retrospectiva del *boom* no puede dejar de señalar sus contradicciones. En este sentido, es muy interesante la evaluación que hace el crítico brasileño Idelber Avelar, que considera que el *boom*

> [...] más que el momento en que la literatura latinoamericana «alcanzó su madurez» o «encontró su identidad» («un continente que encuentra su voz» fue la consigna fono-etno-logocéntrica repetida hasta la saciedad en aquel entonces) puede definirse como el momento en que la literatura latinoamericana, al incorporarse al canon occidental, formula una compensación imaginaria por una identidad perdida (Avelar 2000: 53).

El tono celebratorio de la crítica del período sería una operación substitutiva que intenta compensar no sólo el subdesarrollo social, sino también la pérdida del estatuto aurático del objeto literario. Y esa voluntad compensatoria, dice Avelar, es propia tanto de la crítica como de las novelas del *boom: Cien Años de Soledad, Los pasos perdidos* y *La casa verde* coinciden en presentar alegorías de una fundación –a través de la escritura– que opera más allá de las determinaciones sociales. Según Avelar, la insistente tematización de la escritura en estas novelas cumplía una operación retórico-política: parecen retornar a un momento prístino en el que la escritura inaugura la Historia, en que nombrar las cosas equivale a hacerlas existir; es decir, se trata de una reivindicación de la escritura literaria dentro de una modernización que cada vez más prescinde de ella. En la mitología del *boom*, la literatura significaba la posibilidad de reinscribir las fábulas de identidad (de un tiempo mítico premoderno) en el interior de una teleología de la modernización. Pero esa posibilidad encuentra su fin con las dictaduras militares, que producen un vaciamiento del contenido progresista de la modernización. La «función sustitutiva» de la literatura (la de la escritura literaria como entrada épica en el primer mundo) estaba destinada a desaparecer.

Frente a esta *mitología* del *boom*, Vallejo adopta una postura cínica, que se manifiesta en dos frentes. Por un lado, la novela está escrita, como señalábamos más arriba, con marcas de un lenguaje oral y de un ritmo mediático, con escenas rápidas, breves, con violencia y «acción». Se trata de una propuesta que abandona la idea redentora de la literatura como un universo estético elevado y diferenciado de la cultura de masas. De esta forma, la escritura de Vallejo pone en escena una «derrota de la literatura», de su capacidad restitutiva, de su diferencial redentor. Evidentemente, esto se revierte irónicamente sobre la figura del narrador, que es un escritor.

Por otro lado, su escritura –post-literaria, como diría Ludmer– es post-utópica: manifiesta también la «derrota política», la derrota de las utopías de desarrollo para América Latina. Y más aun, señala el fin de cualquier visión romantizada del otro y de la identidad nacional: «Fernando» considera a los campesinos, los marginales y los pobres como personas de una condición infrahumana, como hordas que no hacen otra cosa que reproducirse para engrosar los cinturones de la miseria: «esa gentusa agresiva, abyecta, esa raza depravada y sub-humana» (65). «No hay plaga mayor sobre el planeta que el campesino colombiano, no hay alimaña más dañina, más mala. Parir y pedir, matar y morir, tal su miserable sino» (84). «Mi fórmula para acabar con la pobreza no es hacerle casa a los que la padecen y se empeñan en no ser ricos: es cianurarles de una vez por todas y listo» (68). «Mis conciudadanos padecen de una vileza congénita, crónica. Ésta es una raza ventajosa, envidiosa, rencorosa, embustera, traicionera, ladrona: la peste humana en su más extrema ruindad. ¿La solución para acabar con la juventud delincuente? Exterminen la niñez» (38).

Leídas superficialmente, esas expresiones no pueden sino espantar al lector. «A menos que atribuyamos al relato una intención irónica, el punto de vista es misógino y racista», dice Jean Franco (2003: 293). Y es que, precisamente, me parece imposible no atribuirle al relato una intención irónica. Si es correcto afirmar que estamos ante una manifestación literaria «post-autónoma», significa que debemos leer la novela dentro de su contexto de producción, esto es, en relación con el *personaje-escritor* «Fernando Vallejo», que el autor viene construyendo en todas sus novelas y en todas sus intervenciones públicas, es decir, tanto dentro de la ficción como en la vida misma. En su enorme saga autobiográfica, Vallejo se dedicó a moldear el personaje cínico, arrogante e irreverente que iría a encarnar en la «vida real» (si es que hay algo que pueda considerarse como tal, entendiendo que esta es ya una actuación): aquel personaje que permanentemente hace declaraciones públicas provocadoras y que ha protagonizado innumerables escándalos, que parten de sus ataques constantes a Colombia, al Papa, a la Iglesia, a los pobres, a los políticos y a las mujeres. Uno de estos escándalos ocurrió cuando donó los cien mil dólares del Premio Rómulo Gallegos, que recibió por su novela *El desbarrancadero,* a una institución que cuida de los perros callejeros; otro escándalo tuvo que ver con el proceso que enfrentó en la justicia por un texto en el que proponía una nueva lectura de los Evangelios[7]. Pero el cinismo de su narrativa quizás se comprenda mejor a partir de otro episodio escandaloso, cuando en 2007 renuncia a la nacionalidad colombiana: «Colombia, la mala patria que me cupo en suerte», decía en su texto de renuncia:

> desde niño sabía que Colombia era un país asesino, el más asesino de la tierra, encabezando año tras año, imbatible, las estadísticas de la infamia. Después, por experiencia propia, fui entendiendo que además de asesino era atropellador y mezquino[8].

Así, el narrador de *La virgen de los sicarios* se identifica con ese personaje-autor, que adopta como propio el punto de vista del prejuicio social, el desprecio por los pobres, los marginales y por la patria como forma de provocación. Lejos del realismo mágico, de las mitologías identitarias del continente que la

---

[7] «La pasión de Alejandra Alzcárate». <En http://www.soho.com.co/wf_InfoArticulo.aspx?IdArt=3217>.

[8] El discurso de renuncia a la nacionalidad colombiana se encuentra disponible en <http://www.arquitrave.com/periodico/periodico_vallejo.html>.

literatura era capaz de producir de forma encantatoria, la operación de Vallejo consiste en volverse, al mismo tiempo, contra la degradación producida por la cultura de masas y contra las utopías compensatorias de la literatura. Como bien señala Gonzalo Aguilar, «en su recorrido hacia el pasado, las novelas de Vallejo no tienden a construir una épica, a fundar ningún orden social imaginario ni a entregarnos *ningún mito compensatorio*. Los mitos con los que se cruza en su camino reciben su sorna y su mordacidad desmesurada». Dice Gonzalo Aguilar: «las fundaciones narrativas de la nacionalidad que entregó el boom latinoamericano no son ni siquiera parodiadas en Vallejo. Aparecen más bien como quimeras ridículas a las que es mejor olvidar.» (2003: en línea). En su escritura coexisten la nostalgia por la ciudad de la infancia y los valores del pasado con la mímesis del lenguaje mediático que corresponde a la degradación cultural contemporánea. Una corrección lingüística alineada con la tradición nacional de filólogos y una crítica a la Nación que ellos fundaron. Al mismo tiempo un desprecio y una fascinación con los marginales de la sociedad. De ahí la fuerte ironía de su narrativa.

En contraste con la tradición latinoamericana que va del modernismo hasta el *boom* –una tradición, como decía más arriba, basada en la autonomía literaria, la «densidad lingüística» y la interpretación histórica– la escritura de Fernando Vallejo responde a un proyecto volcado a construir un personaje-autor (como lo hacen también Cesar Aira o Mario Bellatín, entre otros). Lejos de los mitos de la nación y la identidad, estos autores se inventan a sí mismos en sus ficciones, escriben sus propios mitos. Parece posible pensar que el cambio de los mitos identitarios latinoamericanos por el *mito del autor* tiene que ver, entre otras cosas, con la crisis de la ciudad letrada. Pues si por un lado las mitologías identitarias nacionales parecen cada vez más inverosímiles, por otro lado la situación actual lleva a un cuestionamiento sobre el propio lugar del escritor. «La amenaza a la fortaleza letrada que la modernización, el crecimiento de la industria cultural, el periodismo, la creciente alfabetización estaban trayendo a América Latina en el *fin-de-siècle,* altera la relación de los escritores con la 'poesía', con la estética, con la escritura en general junto con los alcances de su discurso y su propia identidad» (Montaldo 2001: 65) ¿Qué lugar ocupan hoy el escritor y la literatura en el campo de la cultura? Puesto que los autores contemporáneos escriben desde un escenario de crisis de la «alta cultura» y crisis de las identidades históricas, ya no pueden pensar la literatura en el lugar de la redención o de la aspiración a la totalidad. Pero además, las periferias (y hasta los centros) de las grandes ciudades latinoamericanas han crecido de una manera informe y caótica y se han transformado en escenarios de una violencia tal que han hecho, del viejo sueño de un orden, una quimera absurda. Estas transformaciones de la ciudad son, entre otras cosas, metáforas de las ruinas incorpóreas de la ciudad letrada.

Bibliografía

Aguilar, Gonzalo (2003): «El color de la violencia». En *Clarín* 18.01. En <http://old.clarin.com/suplementos/cultura/2003/01/18/u-00201.htm> (consultado el 18.04.2010).

Aquino, Ruth de (2009): «Guerra e paz no Rio». En *Revista Época* 20.10. En <http://www.iets.org.br/paraimpressao.php3?id_article=1454> (consultado el 18.04.2010).

Avelar, Idelber (2000): *Alegorias da derrota*. Santiago de Chile: Cuarto Propio.

Barbero, Jesús Martín (2000): «Dislocaciones del tiempo y nuevas topografías de la memoria». En H.B. Hollanda & B. Resende (eds.): *Artelatina*. Rio de Janeiro: Aeroplano/ MAM.

Camacho Guizado, Álvaro (1995): «Prólogo». En Luis Alberto Álvarez & Jorge Orlando Melo González (eds.): *Colombia hoy: perspectivas hacia el siglo XXI*. Bogotá: Tercer Mundo.

Carpentier, Alejo (1980): «Prólogo». En *El reino de este mundo*. Buenos Aires: Librería del Colegio.

Cristoff, María Sonia (2004): «Entrevista con Fernando Vallejo». En *La Nación* 06.06.

Donner, Cristophe (2000): *Contra la imaginación*. Madrid: Espasa.

Franco, Jean (2003): *Decadencia y caída de la ciudad letrada. La literatura latinoamericana durante la Guerra Fría*. Barcelona: Debate.

Fuentes, Carlos (1972): *La nueva novela hispanoamericana*. México: Cuadernos de Joaquím Mortiz.

González Echevarría, Roberto (1998): *Mito y archivo. Una teoría de la narrativa latinoamericana*. México: Fondo de Cultura Económica.

Güemes, César (2003): «Entrevista con Fernando Vallejo». En *La jornada* 09.01.

Halperin Donghi, T. (1982): «Nueva narrativa y ciencias sociales hispanoamericanas en la década del sesenta». En D. Viñas (ed.): *Más allá del boom: literatura y mercado*. México: Marcha Editores.

Laddaga, Reinaldo (2007): *Espectáculos de realidad. Ensayo sobre la narrativa latinoamericana de las últimas dos décadas*. Rosario: Beatriz Viterbo.

Ludmer, Josefina (2007): «Literaturas postautónomas 2.0». En *Z Ensaios* IV (1). En <http://www.pacc.ufrj.br/z/ano4/1/josefinaludmer.htm> (consultado el 15.04.2010).

Montaldo, Graciela (2001): «Intelectuales, autoridad y autoritarismo: Argentina en los 60 y en los 90». En Javier Asarte Valcárcel (ed.): *Territorios intelectuales. Pensamiento y cultura en América Latina*. Caracas: La nave va.
Rama, Ángel (1984): *La ciudad letrada*. Hanover: Ediciones del Norte.
Ramos, Silvia & Paiva, Anabela (2007): *Mídia e violência. Novas tendências na cobertura de criminalidade e segurança no Brasil*. Rio de Janeiro: IUPERJ.
Vallejo, Fernando (1983): *Logoi. Una gramática del lenguaje literario*. México: Fondo de Cultura Económica.
— (1994): *La virgen de los sicarios*. Bogotá: Alfaguara.
Villoro, Juan (2002): «Literatura e Infierno. Entrevista a Fernando Vallejo». En *Babelia Digital* 06.01. En <http://www.trazegnies.arrakis.es/fvallejo.html>.

Habana póstuma: pasaje y paisaje en Guillermo Cabrera Infante

Waldo Pérez Cino
Universiteit Antwerpen

> [...] ya iba a decírselo cuando recordé que yo estaba mudo y no recobraría la voz hasta mucho más tarde.
>
> GCI

Postrimería

Hay por lo menos dos autores en español cuyos textos póstumos, aparecidos en la última década, añaden a todas luces peso al conjunto de su obra, ya de por sí compleja y brillante. Uno es Roberto Bolaño y sobre él no nos detendremos aquí: únicamente conviene hacer notar que la aparición de los suyos –*2666, El tercer Reich, El secreto del mal, La universidad desconocida, El gaucho insufrible, Los sinsabores del verdadero policía*– ha sido seguida con entusiasmo o incluso justificada euforia por parte de los lectores y de la crítica y que, a diferencia de obras exhumadas tiempo después de la muerte de su autor, en su caso la publicación tiene todos los visos de lo natural, esto es, que responde o parece responder a la continuidad previsible de la obra de un autor en activo cuya muerte, poco antes de que Bolaño finalizara *2666*, habría dejado un buen número de títulos a mano en la medida en que estos eran, sobre todo, entonces *work in progress*: su publicación obedece a una inercia natural, similar a la de un cuerpo que todavía se mueve porque continúa su impulso. Y no sólo eso, sino que además esa existencia o prolongación más allá de su autor estaba, por así decir, incluso programada, prevista en su escenario: es éste el caso de *2666*, cuya publicación póstuma había sido calculada al detalle de lo práctico por el propio Bolaño, pero no el único.

El otro, que es el que aquí nos interesa, es Guillermo Cabrera Infante, tal vez el autor de los últimos cincuenta años que haya dejado la obra más controvertida y compleja y, paradójicamente, menos proporcionalmente estudiada[1] de la narrativa cubana. A diferencia de los de Bolaño, los textos póstumos de Cabrera Infante tienen una visibilidad mucho menor; su condición póstuma, en esta primera acepción literal, se parece más al rescate o la exhumación que a esa inercia natural a la que parecen responder los del chileno –su condición postrera, quiero decir, debe más al hallazgo arqueológico que a la continuidad de un *work in progress*. El adjetivo arqueológico no es casual: ambos libros, *La ninfa inconstante* (2008) y *Cuerpos divinos* (2010), entroncan directamente con el Cabrera Infante de *La Habana para un infante difunto* (1979) y son, por así decir, su prolongación por otros medios.

Y lo son no sólo por la ciudad, La Habana, en la que se sitúan y que constituye en alguna medida su centro, o por el momento histórico en que tiene lugar lo que narran, sino sobre todo porque ambos, y es eso lo que interesa analizar aquí, repiten el expediente narrativo de aquel libro de 1979, al punto

---

[1] El trabajo crítico sobre la obra de Cabrera Infante es relativamente escaso, sobre todo si se atiende a la desproporción entre la importancia de su obra y la atención que ésta ha recibido, y por regla general hace énfasis en aspectos referenciales o biográficos asociados bien a su rememoración de La Habana anterior al 59 (y se la reduce así a una suerte de costumbrismo), bien a su dimensión o resonancia política o testifical en ese sentido preciso (y se la reduce a una militancia). Esa escasez salta a la vista si se compara en volumen con el dedicado a los textos de, pongamos por caso, Carpentier o Lezama Lima, o al aprovechamiento académico de Sarduy. A ello viene a sumarse, para colmo, una suerte de consenso o tópico crítico según el cual *Tres tristes tigres* sería su obra mayor y el resto, en cambio, literatura menor, meros «refritos» prescindibles. Así despacha, por ejemplo, González Echevarría –quien en cambio ha hecho (2001) una lúcida lectura de «Meta-final» y su alcance en el panorama literario hispanoamericano– la importancia del resto de su obra con relación a *TTT*, refiriéndose a su inclusión en un cierto canon cubano: «Guillermo Cabrera Infante por *Tres tristes tigres*, pero nada más, porque son casi todos refritos» (2004: 13). O algo más adelante: «Esa novela es inmune a las bromas, los pujos de su autor, que tienden a reducirla al humorismo y a la trivialidad. La obra sobrevive también el impulso central de la estética de Cabrera Infante, que en sus producciones menores y refritos tiene un efecto devastador: el melodrama social y su expresión como mueca lingüística, como juego de palabras» (2004: 14-15).

que bien puede vérselos, a los tres en conjunto, como una trilogía de la ciudad[2], con una unidad propia y aliento común. Ese aliento común viene dado por los procedimientos ficcionales que sostienen e impulsan el relato y por una peculiar forma del tiempo narrativo que, como veremos, el propio autor tematiza y que marcan la escritura al punto de constituirla, de dotarla de un sesgo particular. De lo que se trata, entonces –decir que La Habana está presente en todos los textos de GCI sería, está claro, una obviedad–, es de la manera común en que se construye el relato en esos tres libros; una manera muy distinta, por ejemplo, a la que sostiene *Tres tristes tigres* o incluso títulos como *Vista del amanecer en el trópico*.

De hecho, y sobre todo si comparamos la trilogía con *Tres tristes tigres*, esa manera resulta no sólo distinta sino en buena medida también antinómica; aun cuando muchas veces se aborde lo mismo, el procedimiento es inversamente simétrico. La fragmentación, como bien ha hecho notar la crítica, configura el sustrato narrativo de *TTT*, un inmenso *collage* que tiende a lo expansivo, lo centrífugo, y que tiene su centro en la representación y la problematización del estatuto ontológico del lenguaje y en lo escritural[3] como núcleo que encarna y da cuenta, en infinita expansión, de un continuo todo el tiempo separado, fragmentado, escindido en elementos discretos cuya entidad toma cuerpo en el texto como fragmento. Y que se contagia no sólo a la forma propia del texto, sino también a sus secuelas y, cabría añadir, sus omisiones (una lógica del fragmento abre siempre la puerta a los fragmentos posibles que no fueron, a la ausencia como valor constitutivo). Como bien dice González Echevarría, a propósito de esas secuelas y versiones:

> La fragmentación textual del libro como producto, en el sentido más concreto y tangible, es reflejo de su fragmentaria estructura interna, compuesta de textos diversos y variados que van desde la transcripción de cintas magnetofónicas,

---

[2] Novela topográfica, propone Merrim (1982) sobre *La Habana para un infante difunto*, lo cual en buena medida resulta extensivo a la trilogía. A esa particularidad espacial habría que agregar una particularidad temporal que la completa y que en cierto sentido la hace posible, precisamente lo que propongo en este trabajo.

[3] Uso escritural en sentido similar a Magnarelli (1976), quien define «the «Writerly»» a partir de la escisión entre representación y consciencia de la representación (focalizada, según Magnarelli, en el personaje de Bustrófedon). Lo que tiene de metalenguaje el lenguaje de *Tres tristes tigres* trasciende la mímesis escritural e involucra cuestiones asociadas a una apocalíptica, de las que en buena medida muchos de los atributos del lenguaje (y de lo «escritural») son consecuencia natural. Sobre el lenguaje en *TTT*, véase también Merrim 1980.

presuntamente grabadas por un personaje llamado Bustrófedon, a las sesiones de una mujer con su psicoanalista, diálogos, listas, dibujos y cosas por el estilo. La fragmentación es, desde luego, parte de la profunda meditación que contiene el libro sobre la naturaleza del lenguaje, la literatura y la cultura en un sentido más amplio (2001: 225).

Algo bien distinto de lo que ocurre en la trilogía que nos ocupa, donde lejos de proceder por fragmentación tiene lugar en el texto una condensación, una contracción del tiempo, del espacio y del lenguaje que los pone en evidencia, que opera en varios niveles narrativos y determina –sella, por así decir– el carácter mismo de la escritura.

Pero vayamos por partes. En una segunda acepción, bastante menos literal pero referida a lo que tratamos aquí y que entronca directamente con el título de este trabajo, lo póstumo se refiere no tanto a lo que tiene lugar luego de la muerte de alguien (reconocimiento o publicación póstuma, condecorado póstumamente, etc) sino a lo que tiene lugar de manera vicaria o retrospectiva, en un *después* que se perpetúa como rememoración o como pérdida en presente pero que no constituye, en sí mismo, presente real más allá de su enunciación en el lenguaje. Rama, en *La ciudad letrada*, describe con precisión esas escrituras póstumas de la ciudad latinoamericana, en su doble vertiente de «recuperación» y construcción de sentido:

> De las *Tradiciones peruanas* de Ricardo Palma a *La gran aldea* del argentino Lucio V. López, de los *Recuerdos del pasado* del chileno Pérez Rosales al *México en cinco siglos* de V. Riva Palacios, durante el período modernizado asistimos a una superproducción de libros que cuentan cómo era la ciudad *antes de la mutación*. Es en apariencia una simple reconstrucción nostálgica de lo que fue y ya no es, la reposición de un escenario y unas costumbres que se han desvanecido y que son registradas «para que no mueran», la aplicación de una insignia goetheana según la cual «sólo es nuestro lo que hemos perdido para siempre» (Rama 1984: 97-98).

Antes de la mutación, escribe Rama (las cursivas son mías), y se refiere allí al tránsito a la modernidad y a los discursos que, desde la ciudad letrada, legitiman o amparan o cuestionan ese estado de cosas. Pero para La Habana de Cabrera Infante, en cambio, y sobre todo para La Habana que está presente en la trilogía que nos ocupa, ese *antes* (y por consiguiente, su *después*) de la mutación puede definirse con mucha mayor precisión, puede datarse casi como hace el propio CGI cuando fecha su adolescencia en un día concreto[4]. Es un antes y un después que, como veremos, está directamente vinculado a la irrupción de la Historia y a la pérdida del presente, a un tiempo que se contrae y carga de significado por la propia imposibilidad del presente que trae aparejada la carga mesiánica. Lo póstumo, en esta acepción precisa, entronca a su vez con la reproducción retrospectiva del trauma, con la pervivencia de un conflicto que, en tanto separación de sí, se reproduce en esa temporalidad separada del presente: «This is an upending and dizzyng form of time, not without its additional affinities to what Freud has termed *Nachtraglichkeit*, a kind of uncanny repetition, the trauma that is only experienced belatedly and retrospectively once it is finally repeated, but in slightly new fashion» (Kaufman 2008: 47).

Ese tiempo imposible, que como se verá no es otro que el tiempo mesiánico, cobra cuerpo en el espacio de una ciudad cuyo paisaje deviene, por virtud de su representación escritural *póstuma*, pasaje, ficción. Si algo comparte esa Habana póstuma con las evocaciones de la ciudad que menciona Rama, es precisamente esa voluntad de hacer presente lo que irremisiblemente ya no puede serlo *después* de la mutación. En efecto: «no hay texto que no esté determinado por una situación de presente y cuyas perspectivas estructurantes no partan de las condiciones específicas de esa situación» (Rama 1984: 98). Es por eso que

> Su fundamental mensaje no se encontrará en los datos evocativos sino en la organización del discurso, en los diagramas que hacen la transmisión ideológica [...], en el tenaz esfuerzo de significación de que es capaz la literatura. Pues ésta –conviene no olvidarlo– no está sometida a la prueba de la verdad, sus proposiciones no pueden ser enfrentadas con los hechos externos; sólo pueden ser juzgadas interiormente, relacionando unas con otras dentro del texto y por lo tanto registrando su coherencia más que su exactitud histórica. (Rama 1984: 99-100).

Esa coherencia, que en la trilogía de GCI lleva al extremo la puesta en escena de un tiempo contraído, inoperante[5], se construye textualmente sobre

---

[4] «Muchas personas hablan de su adolescencia, sueñan con ella, escriben sobre ella, pero pocos pueden señalar el día el que comenzó la niñez extendiéndose mientras la adolescencia se contrae –o al revés. Pero yo puedo decir con exactitud que el 25 de julio de 1941 comenzó mi adolescencia» (Cabrera Infante 1979: 11).

[5] Lo escatológico –en el sentido apocalíptico del término, que adopta derivaciones propias en lo mesiánico– recorre toda la novelística de Cabrera Infante, si bien la manera en que toma cuerpo en *Tres tristes tigres* es radicalmente distinta a la de las novelas posteriores. Dicho rápido y mal, *Tres tristes tigres* vendría a ser a la trilogía que nos ocupa lo que el *Apocalipsis*

un escenario, sobre la topografía de lo que aquí hemos llamado paisaje. Veámoslo en detalle.

Del paisaje al pasaje

La ninfa inconstante y *Cuerpos divinos* comienzan narrando el mismo evento, un encuentro fortuito en La Habana (de hecho, la fábula de *La ninfa* es el desarrollo, hasta sus últimas consecuencias, de ese encuentro, mientras que en *Cuerpos* lo que allí y entonces acontece deja luego espacio a otros eventos sucesivos). Es el encuentro del narrador con Estela (*La ninfa*) o Elena (*Cuerpos*), un encuentro casual que aparece con algunas variaciones en uno y otro texto pero sigue, en ambos, el mismo recorrido. Recorrido, nunca mejor dicho: en efecto, se trata de un recorrido en el paisaje, lo topográfico, el espacio de la urbe. Acaso la figura que mejor lo describe es la *ékfrasis*, esto es, la descripción narrativa de un objeto –en este caso, los objetos de un paisaje– a través de la cual avanza la narración y se dispone en el texto una determinada temporalidad. Y aquí conviene detenerse un momento, porque la relación entre lo espacial, lo narrativo y el tiempo que ponen es escena es central para lo que nos ocupa. Como es sabido, la *ékfrasis* clásica suspende, detiene provisionalmente, por así decir, el tiempo lineal del relato. Como bien apunta Putnam a propósito del estudio de Krieger (1992),

> the ideal, but unrealizable goal of *ekphrasis* is to stop time, to place narrative *momentum* in a subservient position to the object under scruting, which we are meant to grasp in a flash of comprehension, just as we could react when first seeing a painting or a piece of sculpture in a museum. (Putnam 1998: 22)

Y justo de eso se trata, en la trilogía de Cabrera Infante: de una *ékfrasis* topográfica permanente que deviene, por eso, narración, y que está a su vez, como veremos, ligada a una suspensión especial del presente, a la representación de una detención del tiempo. La *ékfrasis*, por su propia condición un *fabulari ex re*, tiene en ese paso permanente del paisaje al pasaje, y viceversa –el paisaje construye el pasaje tanto como el pasaje nos lo devuelve en memoria de la ciu-

---

de San Juan a *La epístola a los romanos* de San Pablo. Dos aproximaciones distintas, pero que abordan esa dimensión particular de la escritura de CGI pueden encontrarse en Siemens 1975 y González Echevarría 2001. Sobre la diferencia esencial entre lo apocalíptico y lo mesiánico abundaremos más adelante.

dad, lo restituye al objeto en que transcurre–, su mejor concreción narrativa, a la vez que responde a una necesidad del todo congruente con la representación de ese tiempo mesiánico donde el presente ha quedado detenido, secuestrado, en el intervalo mesiánico entre dos instantes –porque su cumplimiento no es posible en el *ahora*, sino únicamente en el milenio que está por llegar pero *todavía no*.

Quizá uno de los fragmentos que mejor ilustre ese tránsito del paisaje al pasaje, del lugar al acontecimiento narrativo –*fabulari ex re topologica*, en este caso– es el que figura, con alguna diferencia, al inicio de ambos textos. El narrador adelanta las circunstancias que hacen posible el encuentro: un café en el Wakamba –«la cafetería de moda adosada al cine La Rampa» (2008: 25)– con Branly, Raudol en el otro libro, y continúa:

> No salimos por la calle O sino que atravesamos la cafetería para subir siete escalones y salir por la puerta del fondo que da a la rampa interior del cine tautológico llamado –¿qué otra cosa?– La Rampa. La decisión se aprobó por minoría. La cafetería, el pasadizo y la entrada al cine estaban limitados por paredes de bronce y cristal que se abrían por un mando mecánico, pero reflejaban, desde lo oscuro, el brillante sol afuera como si fuera una galería de espejos múltiples que inducía, momentáneamente, a confusión. Más allá estaba la calle deslumbrante y la acera como una faja de luz. Hasta ahora todo era topografía, pero comenzaba, sin saberlo, el verano de mi contento. Salí del cine sin haber entrado. (2008: 26-27)

En *Cuerpos divinos*, con alguna variación, se refiere lo mismo, pero en ambos es ese pasillo (ese recorrido topográfico) lo que posibilita el encuentro y, por tanto, lo narrativo:

> Creo que yo la vi primero. Puede ser que Raudol me diera un codazo, advirtiéndome. Salíamos de merendar y de hacer un dúo de donjuanes de pacotilla en la cafetería que está debajo del cine La Rampa. Cogimos por el pasillo que sube y entra al cine y sale a la calle 23 y por el desvío (¿por qué no salimos directamente a la calle?) atravesando el pasadizo lleno de fotos de estrellas de cine y frío de aire acondicionado y tufo a cine, que es uno de los olores (junto al vaho de gasolina, el hedor del carbón de piedra ardiendo y el perfume de la tinta de imprenta) que más me gustan, *esa maniobra casual puede llamarse destino*. No recuerdo más que sus ojos mirándome extrañada, burlona siempre, sin siquiera oír mi piropo, preguntándome algo, dándome cuenta yo de que buscaba alguna cosa que nunca había perdido, pidiéndome una dirección. Se la di, la hallé y se la di. ¿Se sonrió o

fue una mueca de burla o me agradeció realmente que buscara, que casi creara los números de la calle para ella? Por poco no lo sé jamás. (2010: 8)

Lo que dice CGI sobre la historia que cuenta *La ninfa* y sobre ese encuentro en la esquina de 23 y O es del todo aplicable al modelo diegético que sostiene toda la trilogía, y en su propia reflexión metaficcional se condensan las dos coordenadas que involucra, lo topográfico en la ciudad y la manera especial que asume el tiempo en el relato:

> Esta historia no pudo ocurrir cinco años antes. Entonces la calle 23 terminaba en L, y La Rampa no había sido construida todavía. Al fondo, paralelas con el Malecón, estaban las líneas del tranvía y, a veces, se veía venir un tranvía cuyas vías terminaban poco antes del infinito. Por supuesto el Hotel Nacional estaba ahí ya encaramado en un parapeto, pero donde hoy está el Hotel Hilton había una hondonada con un fondo plano de arcilla en que alguna vez vine a jugar a la pelota. Desapareció el campo de juego donde no gané una batalla, para hacerse ese campo de Venus, no de Marte, donde me fue mejor –aparentemente. (2008: 21-22)

La historia, esa historia en concreto y cualquiera de las que relatan los libros de la trilogía, es posible como *pasaje* narrativo en virtud de que existe (y se representa, se refiere permanentemente) el espacio –el paisaje– que les da lugar: su posibilidad narrativa viene dada, por así decir, porque ese espacio está ahí para permitir que vengan a cuento, y su continuo estar referido es el que hace posible, a fin de cuentas, la *ékfrasis* permanente de la que ellas forman parte, el movimiento narrativo que sostiene los tres libros.

Ahora bien, ¿qué pasa entonces con el tiempo en que transcurre esa *ékfrasis*, cómo condiciona ese tránsito del paisaje al pasaje el tiempo que pone en escena la escritura de Cabrera Infante en la trilogía y que está indisolublemente imbricado con ella? ¿Cuál es el tiempo de la trilogía?

Suspensión y cumplimiento

«Es en pasado cuando vemos el tiempo como si fuera el espacio», dice CGI, subrayando él mismo esa condición póstuma de La Habana que narra (2008: 17). Ahora bien, el tiempo de la trilogía –el tiempo en que se narra, transcurre, el tiempo que representa la escritura de la trilogía– tiene poco o nada que ver con el pasado a secas o con una concepción lineal del tiempo. También al inicio de *La ninfa inconstante*, el propio texto reflexiona sobre su particular condición temporal: avisa lo que viene. Hay pocos textos en prosa, al menos en la literatura cubana, que condensen tanto significado en tan pocas líneas para referirse a sí mismos:

> Esta narración está siempre en el presente a pesar del tiempo de los verbos, que no son más que auxilios para crear o hacer creer en el pasado. Una página, una página llena de palabras y de signos, hay que recorrerla y ese recorrido se hace siempre ahora, en el mismo momento en que escribo la palabra ahora que se va a leer enseguida. Pero la escritura trata de forzar la lectura a crear un pasado, a creer en ese pasado –mientras ese pasado narrado va hacia el futuro. No quiero que el lector crea en ese futuro, fruto de lo que escribo, sino que lo crea en el pasado que lee. Son estas convenciones –escritura, lectura– lo que nos permite, a ti y a mí, testigo, volver a ver mis culpas, revisar, si puedo, la persona que fui por un momento. Ese momento está escrito en este libro: queda inscrito. (2008: 12)

¿Cuál sería, entonces, ese tiempo particular cuya representación viene a ser el centro de las tres novelas?

Más que un tiempo particular, cronológico, se trata de esa particular condensación y suspensión del tiempo que constituye el tiempo mesiánico: no *chronos* sino *kairós*.

Es difícil que la cita anterior de Cabrera Infante no resuene en lo que, a propósito de Pablo y la epístola a los romanos, subraya Agamben:

> el tiempo mesiánico no es en Pablo un tercer eón entre dos tiempos; más bien es una cesura que divide la división misma entre los tiempos, introduciendo entre ellos un resto, una zona de indiferencia indistinguible, en la cual el pasado queda trasladado al presente y el presente extendido en el pasado. (2006: 78)

De hecho, las conexiones entre ambos textos –el de Pablo y de Cabrera Infante– van más allá de la cuestión del tiempo mesiánico. Como mismo el griego neotestamentario de Pablo, una suerte de *yiddish* con relación al griego (véase Agamben 2006: 15-16), el texto de GCI está no sólo escrito en cubano o más bien en habanero –en esa misma acepción, un *yiddish* del castellano– sino además en una tesitura que reproduce, precisamente, su particularidad por el expediente de mostrar su intensidad, de poner de relieve la dimensión significante de todo lenguaje. Pero centrémonos mejor en lo que aquí nos interesa.

¿Cuál es la peculiar la forma interna del tiempo mesiánico, en qué consiste –más allá de una u otra lectura sobre la propiedad o impropiedad de su condición[6]– la estructura sobre la que se funda su excepcionalidad?

Si seguimos el recorrido que hace Agamben en *El tiempo que resta*, esa condición estructural se sitúa sobre todo en una aporía, en una división que hace inoperante y, por eso mismo, condensa, contrae el tiempo presente: en cierto sentido, lo vuelve irreparablemente póstumo. Quizá una de las formulaciones más objetivas de ese tipo de división –en tanto es ajena a toda *klésis* mesiánica– es la conocida aporía de Zenón: Aquiles, el de los pies ligeros, no podrá nunca alcanzar a la tortuga, porque para recuperar la ventaja que le ha dado ha de recorrer primero la mitad de esa distancia, y antes la mitad de la mitad, y antes aún la mitad de la mitad de la mitad, etcétera. Ahora bien, la aporía de Zenón –que tensa la fricción entre realidad y formulación de lo real– no da cuenta, por supuesto, de la peculiar condición del tiempo mesiánico: sencillamente, puede ayudarnos a entender mejor el tipo de división que lo constituye como resto. Esa condición de resto, como se verá, resulta aquí esencial. En palabras de Agamben:

> Este «resto» no es algo así como una porción numérica o un recuerdo sustancialmente positivo, del todo homogéneo con respecto a las divisiones precedentes, sino que tiene en sí mismo –aunque no se sabe cómo– la capacidad de superar las diferencias. Desde un punto de vista epistemológico, se trata más bien de escindir la partición bipolar judío/no judío, para pasar de este modo a otra partición lógica de tipo intuitivo, o mejor, del tipo utilizado por Nicolás de Cusa en su obra *De non aliud*, en la cual la oposición A/no A admite una tercera, que tiene la forma de una doble negación: no no A. (2006: 56-57)

---

[6] La reflexión sobre la condición mesiánica, enfocada desde una u otra perspectiva, reaparece como tema de interés y actualidad recurrente en varios de los trabajos filosóficos más importantes o más visibles de las últimas dos décadas. Como bien hace notar Kaufman (2008: 37), las visiones más encontradas probablemente sean las de Agamben –la reflexión sobre lo mesiánico recorre toda la obra de Agamben, no únicamente *El tiempo que resta*– y la vindicación militante de Badiou (1997), pero no son las únicas. Véanse también, por ejemplo, las actualizaciones de Derrida (1994), el excelente libro de Taubes (2004) o los acercamientos de Žižek (2003 y 2010). Si a ello sumamos las lecturas que a modo de actualización crítica o rescate hacen cada uno de ellos del tratamiento del tema en Benjamin, Scholem, Hegel, Kojeve, Heidegger, Derrida o Deleuze, y las lecturas que sobre esas lecturas y los respectivos posicionamientos hace a su vez la academia, se entiende que Milbank *et alia* (2010) hablen de un *Paul's New Moment*.

Algo similar opera en el presente suspendido y, a su vez, contraído, póstumo, propio del tiempo mesiánico: después de la llamada, de la *klésis* –después de la irrupción de la Historia que propone un cumplimiento– el pasado ya no está, no es, pero el cumplimiento de su presente no ha llegado aún, es futuro. Y el presente se contrae en la medida en que, dividiendo la división, deja de existir como experiencia: la oposición entre presente y no presente se resuelve, entonces, en ese no *no* presente de la narración –«siempre en el presente a pesar del tiempo de los verbos»– que tan bien describe Cabrera Infante en las páginas iniciales de *La ninfa inconstante*.

En efecto: la antinomia mesiánica implica, entonces, con respecto a su peculiar relación con un pasado que ya no está y un futuro que no ha llegado, una «vida vivida en el aplazamiento» –*Leben im Aufschub*, en palabras de Scholem–, en la cual nada puede llevarse a cumplimiento pleno. En esa suerte de *Nachtraglichkeit* narrativa de la trilogía, el aplazamiento –ese no *no* presente– toma la forma de un anclaje permanente al pasado, en consonancia con la recreación, la *ékfrasis* topográfica que la espacializa y la remite a la ciudad, al espacio; el pasado que convoca ese no *no* presente es, precisamente por ser póstumo, el único tiempo de algún modo aprehensible, y el fracaso del presente se remite, en ese trauma que se reproduce una y otra vez sin poder resolverse, al fracaso que no puede asumirse en pasado.

El futuro, la promesa del reino, cualquiera de los milenarismos históricos asociados a lo mesiánico, sólo puede fungir como acicate militante –ese «futuro luminoso del socialismo» del que tan alejado está Cabrera Infante–; esto es, si se trata de un futuro asociado a lo mesiánico y la irrupción de la Historia, sólo puede representarse como afirmación política de un discurso, pero no cabe lugar para él desde el individuo, en ese presente suspendido entre un *ya* y un *todavía* en permanente tensión. Es sobre todo a través de la recapitulación del pasado que el no presente mesiánico tiene lugar:

> la representación común que ve el tiempo mesiánico como orientado únicamente al futuro es falsa. Estamos habituados a que nos digan repetidas veces que en el momento de la salvación es preciso mirar al futuro y a lo eterno. Por el contrario, para Pablo recapitulación, *anakephalaíosis*, significa que *ho nyn kairós*, el tiempo presente, es una contracción del pasado y del presente, y que, en la instancia decisiva, debemos arreglar cuentas sobre todo con el pasado. Pero esto no significa obviamente apego o nostalgia; al contrario, la recapitulación del pasado es también un juicio sumario realizado sobre éste. (2006: 81)

Lo póstumo y lo impropio

Quizá donde mejor se vea –donde esté más llevada a escena como tesis, en unas pocas páginas– esa condición póstuma del tiempo representado de la que venimos hablando sea en uno de los cuentos más atípicos de Cabrera Infante, «Visita de cumplido». El narrador de «Visita de cumplido» padece de una particularidad que lo hace ya singular: ha perdido el habla. La «historia» que se relata se organiza en pasajes narrativos relativamente independientes, que consisten en el encuentro de ese narrador, que a partir del «hoy» del cuento no tiene voz, con una serie de personajes en su viaje a Virana (es uno de los pocos cuentos rurales de GCI). Todos esos pasajes están ligados por la presencia de una misma voz narrativa y por la oscilación permanente entre la actualidad del relato –que se narra en presente– y su puesta en contraste con un pasado referido: el narrador refiere, o le refieren a él, una y otra vez cómo *eran* antes las cosas, de modo que ningún presente –desde lo trivial de sacar un billete en la estación o un viaje en autobús hasta su encuentro con la mujer que le declara su amor, una declaración también ya póstuma– puede existir por sí mismo, porque necesita cotejarse permanentemente con lo que ya no es. Varios de sus interlocutores, de hecho, ni siquiera se dan cuentan de que el narrador ha perdido el habla: asumen que éste es lo que no es, que dice lo que no dice o más bien, que lo que *no puede* decir, todo aquello que lo niega –una negatividad adosada o impuesta por la circunstancia–, es lo que sustenta su «diálogo» con ellos. Semejante nulificación es posible porque el tiempo propio, el presente donde cabría toda enunciación –y por consiguiente, donde único cabría la realización de lo que propiamente se es–, se ha suspendido, y así todo el cuento deviene, incluso explícitamente en sus marcas temporales, una paradoja o una aporía que versa no sólo sobre lo póstumo sino también sobre la negación de un ser que es visto a través de lo que *no puede* decir.

Condición liminar, límbica: sin derecho de habla, sin un tiempo real que asumir –porque el presente es imposible luego de ese después y mientras tanto dure el antes– el narrador de «Visita de cumplido» y el de la trilogía ponen incesantemente en escena la representación de una fractura, de una máquina del tiempo que impide vivir lo real como real y que lo sustituye por el lenguaje, por la elocución permanente de un deseo insatisfecho. La imposibilidad de asumir el fracaso en pasado hace fracasar –niega, pone en entredicho– perpetuamente el presente, al tiempo que lo reproduce *en tanto* lenguaje o figura, imposibilidad de asunción de lo propio en el aquí, el ahora:

lo propio deviene objeto inalcanzable del deseo, secuestrado por el *dasein* de lo impropio (estado de cosas, circunstancia, Historia, biografía). Es a partir de ahí que puede entenderse la dialéctica entre esa ciudad póstuma (donde «vemos el tiempo como si fuera el espacio») y el tipo de pasaje narrativo que derivan de sus paisajes incesantemente referidos, un tiempo espacializado que necesita de un espacio a su vez temporalizado, lugar irremediablemente póstumo de la suspensión del presente.

La tragedia que pone en escena esa escritura es la de la posposición de cualquier presente y su perpetua añoranza como pasado o su postergación a futuro, la de un sí *pero* no (o, como hemos visto, la de un no *no* presente): la de un amor que no puede vivirse pero cuya fe, en cambio, se declarase incesante en el lenguaje, y cuyo único destino consistiera precisamente en un lenguaje sin tiempo ni asidero a lo real, un presente mesiánico contraído porque transcurre siempre en un *todavía no*, un *mientras tanto no*, que lo hacen inoperante, como inoperante o aporético resulta el tiempo en la frase final de «Visita de cumplido»: «ya iba a decírselo cuando recordé que yo estaba mudo y no recobraría la voz hasta mucho más tarde» (1999: 87).

Bibliografía

Agamben, Giorgio (2006): *El tiempo que resta: Comentario a la carta a los romanos*. Madrid: Trotta.
Badiou, Alain (1997): *Saint Paul: la fondation de l'universalisme*. Paris: Presses universitaires de France.
Cabrera Infante, Guillermo (1979): *La Habana para un infante difunto*. Barcelona: Seix Barral.
— (1999): *Todo está hecho con espejos. Cuentos casi completos*. Madrid: Alfaguara.
— (2008): *La ninfa inconstante*. Barcelona: Galaxia Gutenberg/Círculo de Lectores.
— (2010): *Cuerpos divinos*. Barcelona: Galaxia Gutenberg/Círculo de Lectores.
Derrida, Jacques (1994): *Specters of Marx: the state of the debt, the work of mourning, and the New international*. New York: Routledge.
González Echevarría, Roberto (2001): «"Meta-Final", de Guillermo Cabrera Infante, con comentario, notas y traducción al inglés». En *La voz de los maestros: escritura y autoridad en la literatura latinoamericana moderna*. Madrid: Verbum.
— (2004): «Oye mi son: el canon cubano». En *Encuentro de la cultura cubana* 33.
Kaufman, Eleanor (2008): «The Saturday of Messianic Time (Agamben and Badiou and the Apostle Paul)». En *The South Atlantic Quaterly* 107 (1).

KRIEGER, Murray (1992): *Ekphrasis: the illusion of the natural sign*. Baltimore: Johns Hopkins University Press.

MAGNARELLI, Sharon (1976): «The ‹Writerly› in *Tres tristes tigres*». En Davis, Lisa E. & Tarán, Isabel C. (eds.): *The analysis of hispanic texts: current trends and methodology*. New York: Bilingual Press.

MERRIM, Stéphanie (1980): «Language in *Tres tristes tigres*». En *Latin American Literary Review* 8 (16): 109-10.

— (1982): «*La Habana para un infante difunto* y su teoría topográfica de las formas». En *Revista Iberoamericana* 118-119: 403-413.

MILBANK, John & ŽIŽEK, Slavoj & DAVIS, Creston (2010): *Paul's new moment: continental philosophy and the future of Christian theology*. Grand Rapids, Mich.: Brazos.

PUTNAM, Michael C. J. (1998): *Virgil's epic designs: ekphrasis in the Aeneid*. New Haven: Yale University Press.

RAMA, Angel (1984): *La ciudad letrada*. Hanover: Ediciones del Norte.

SIEMENS, William L. (1975): «*Heilsgeschichte* and the Structure of *Tres tristes tigres*». En *Kentucky Romance Quarterly* 1: 77-90.

TAUBES, Jacob (2004): *The political theology of Paul*. Stanford, Calif.: Stanford University Press.

ŽIŽEK, Slavoj (2003): *The puppet and the dwarf: the perverse core of Christianity*. Cambridge: MIT Press.

II. Lejos del centro: las cloacas del grotesco

«Parquecito» de la escritora dominicana Aurora Arias, una cronotopía subversiva

Rita De Maeseneer
Universiteit Anwerpen

El demonio histórico y la ciudad en la narrativa dominicana contemporánea

La narrativa dominicana contemporánea no suele ser muy conocida. Son más bien las obras escritas en inglés por dominicano-americanos las que han tenido cierta transcendencia. Pensemos en la novelización de la resistencia y del asesinato de las tres hermanas Mirabal hacia finales de la dictadura de Trujillo en *In the Time of the Butterflies* (1994) de Julia Álvarez o en las fortunas y adversidades del *sci-fi nerd* Oscar y de su familia en *The Brief Wondrous Life of Oscar Wao* de Junot Díaz (2007), Premio Pulitzer de 2008. Como mucho el lector de obras latinoamericanas se enteró de la historia de la República Dominicana gracias a *La fiesta del Chivo* (2000) de Mario Vargas Llosa. La literatura de la media isla escrita en español apenas es difundida en el extranjero, con la excepción de algún que otro esfuerzo puntual, como la publicación por la editorial Siruela de una interesante antología de cuentos dominicanos en el 2002 y de *El hombre del acordeón* en el 2003, de la mano de Marcio Veloz Maggiolo, uno de los autores más consagrados de la isla.

Los pocos estudiosos que se han interesado por la narrativa reciente de dentro de la isla (como, por ejemplo, Gallego (2006), De Maeseneer (2006 y 2008), Rodríguez (2005) y Valerio-Holguín (2009) coinciden todos en que el tema predominante es la Historia dominicana del siglo XX, caracterizada por el autoritarismo. No sólo se refieren a la dictadura de Trujillo de 1930 a 1961, sino también a la continuación de su régimen bajo el velo de la democracia por parte de su antiguo ministro, Joaquín Balaguer (1906-2002). Como es sabido, el período después del asesinato de Trujillo fue muy caótico. Llevó en 1965 a la Guerra de Abril, la protesta de los dominicanos contra el golpe de estado de un triunvirato que había derrocado el gobierno constitucional de Juan Bosch por ser demasiado «comunista». Intervino el ejército norteamericano para restaurar el orden, lo cual desembocó en la llegada al poder de Balaguer, que gobernaría de 1966 a 1978 y de 1986 a 1996. Sobre todo durante el primer período, los llamados Doce Años de Balaguer (1966-1978), se produjo una persecución y eliminación feroz de la izquierda. Hasta hoy en día sigue existiendo lo que se ha denominado neotrujillato o neotrujillismo.

Estos regímenes autoritarios han sido ficcionalizados de manera bastante tradicional: gran parte de la narrativa no son más que pobres epígonos de las novelas del dictador y de la dictadura (De Maeseneer 2008). Por mencionar un ejemplo, el cuento «La estatua del Narciso [sic]» (2003) de Avelino Stanley incorpora el tan manido tema del doble del dictador. En otros casos, la novelización es mínima: hasta hoy en día siguen siendo exitosas las biografías o memorias noveladas sobre Trujillo y Balaguer. En junio de 2009 la Secretaría de Cultura de la República Dominicana concedió un premio a la «novela» –más bien testimonio– *A la sombra de mi abuelo*, escrita por Aída Trujillo (2008), hija del primer matrimonio de Ramfis Trujillo.

Parece que los autores dominicanos no llegan a deshacerse del (neo)trujillato, ni siquiera cuando se percibe un intento de relegarlo al segundo plano o de tratarlo por contigüidad. En *El hombre del acordeón* (Veloz Maggiolo 2003), por ejemplo, se evocan la vida y la muerte de un merenguero, Honorio Lora. No obstante, unas breves remisiones indican que sobre la intriga se proyecta la sombra de Trujillo, ya que el músico –antiguo favorito del dictador– cayó en desgracia por haber compuesto merengues de protesta contra el genocidio de haitianos en la zona fronteriza en 1937. Esta matanza es uno de los traumas apenas «perlaborado» en la narrativa dominicana, a diferencia de la repetición obsesiva del tema en la literatura haitiana, por ejemplo, en *The Farming of Bones* de la haitiano-americana Edwidge Danticat (2000).

Desde la presencia aplastante de este contexto histórico no sorprende que el espacio, y la ciudad en particular, muchas veces participen de él. Advierte Marcio Veloz Maggiolo en la introducción a su antología *Santo Domingo en la novela dominicana* (2002: 11-25) que muchos escritores incorporan a sus textos estatuas, calles y plazas emblemáticas de la zona colonial como expresión de la identidad dominicana trujillista. A veces, también, se enfocan barrios particulares. Así, el mismo Veloz Maggiolo ubica gran parte de su narrativa en Villa Francisca, un barrio de la capital ya desaparecido, donde la gente sufre de la dictadura. Villa Francisca es un «microcosmos barrial que representa y simboliza a todo el país» (Deive 2000: 67). A causa del ambiente sofocante, algunos protagonistas ven sobre todo el centro de la ciudad, el emblema de la dominicanidad tradicional, como una cárcel y lugar de enajenación. Este es un tópico en la escritura urbana (latinoamericana). El cuentista Pedro Peix, por ejemplo, evoca una ciudad sórdida y letal, centrada en la arrabalizada Calle Conde, la antigua arteria vital de la zona colonial, que expresa el desamparo de sus personajes.

En este panorama dominado por el *establishment* literario, esencialmente masculino, algunas escritoras dieron un giro muy particular en su acercamiento a la ciudad y a la historia. Me refiero más específicamente a Rita Indiana Hernández (1977) y a Aurora Arias (1962)[1]. En lugar de conceder el mayor peso a la Historia, ambas autoras practican una escritura urbana centrada en jóvenes a la deriva. Quisiera plantear que Arias y Hernández no sólo atacan las cartografías tradicionales, sino que también dialogan con el legado del pasado de una manera original, más tangencial que sus coetáneos. Arguyo que vinculan, por tanto, el espacio y el tiempo en una cronotopía[2] innovadora y subversiva. Para probar esta tesis me detendré primero brevemente en algunos textos de ambas escritoras para luego analizar «Parquecito», un cuento de Arias.

Rita Indiana Hernández y Aurora Arias, «cronopias» innovadoras

En *La estrategia de Chochueca*, una suerte de *Dominican Psycho*, publicado en 2003, Rita Indiana Hernández se enfoca en un grupo de jóvenes marginados y desnortados de los noventa. Lo integran la narradora Silvia, una blanca dominicana, el evangélico Bernardo, el homosexual Franco, el cibernauta Tony,

---

[1] No es mi propósito enfatizar la importancia del gender. Sobre todo Aurora Arias ha sido asociada con la escritura feminista. No obstante, la misma escritora no se quiere afiliar a este rótulo, sino que cree en «el feminismo mágico que ejerce la magia en todas sus manifestaciones, que da libertad e incluye la astrología» (Martínez Conde 2007: 138).

[2] Soy consciente de las interpretaciones un tanto resbaladizas del concepto bajtiniano. Me interesa destacar la unión de los elementos espaciales y temporales.

entre otros personajes. Deambulan por una ciudad caótica y fragmentada, llena de ruidos inconexos. Así en su deseo de deshacerse de unas bocinas robadas –uno de los motivos de sus desplazamientos– van de la zona colonial a barrios marginados. Hasta pasan por un aparcamiento de un centro comercial, un *shopping*, este espacio tan característico de cualquier ciudad contemporánea, pero totalmente ausente de la narrativa dominicana hasta esta novela. El grupo de amigos –siempre precario– encuentra cierto asidero en unos interiores (el bar Century, el sótano Dokos) donde escuchan su música preferida de conjuntos punk o de Nirvana, y consumen drogas y alcohol. También el lenguaje de Hernández difiere mucho de las formas de expresión de sus antecesores dominicanos, a menudo un tanto acartonadas e inspiradas por cierta voluntad de estilo. La autora recurre tanto a expresiones muy directas y duras y a un lenguaje casi onomatopéyico como a fragmentos muy poéticos.

Aunque la Historia no ocupa un primer plano, la causa de toda esta desorientación tiene que ver con los autoritarismos vigentes en la República Dominicana. Se encuentran diseminadas en el texto breves remisiones al balaguerato que dio al traste con todas las ilusiones. Por ejemplo, la narradora, Silvia, habla de «esta gelatina absurda que nos han dejado nuestros padres, después de tanto que *queremos*, tanto *we want the world and we want it*, tanta carcajada histórica, tanto Marx y compañero para esto, [...]» (Indiana Hernández 2004: 73). Por todas estas innovaciones a nivel de personajes y en la evocación de la urbe, y por el distanciamiento de la Historia, Néstor Rodríguez habla de una «contranarrativa de la nación» y de un «impulso hacia una cartografía subversiva de la topografía identitaria dominicana» (2005: 95).

En cuanto a Aurora Arias, autora tildada de urbana (Avila López 2009: 16), en sus relatos incluidos en sus dos primeros volúmenes de cuentos, *Invi's Paradise* (1998) y *Fin del Mundo* (2000), incorpora barrios de Santo Domingo apenas presentes en la literatura dominicana, como Ciudad Nueva y el Parque Mirador, configurando así trozos del mosaico abigarrado y caótico que era el mundo de los jóvenes en los años ochenta. Aunque la ubicación de sus relatos no se limita a la capital, se produce muchas veces un complicado juego dialéctico entre los conflictivos exteriores urbanos y las interioridades aisladas, preferentemente descritas en un ambiente nocturno. Estos espacios interiores sólo constituyen momentos de evasión que resultan ser falacias para los jóvenes protagonistas sin rumbo. En lo estilístico, los cuentos también presentan una ruptura con lo que espera la ciudad letrada de la República Dominicana. La escritora incluye varios registros, escribe en dominicano, hasta integra expresiones que no siempre se encuentran en un diccionario de dominicanismos.

El cuento «Invi's Paradise», en particular, presenta semejanzas con el enfoque de Rita Indiana Hernández. Describe las andanzas de un grupo de amigos como Sara, la loca, Erica, la judía de Nueva York, Carlos, el devorador de libros, y otros personajes raros. Representan el carácter heteróclito de la sociedad dominicana, tienen diversas convicciones religiosas (judía, pentecostalista, vodú), presentan diferencias raciales (blancos, negros, mulatos) y proceden de varias áreas (campo, capital, Nueva York). La sigla del título se refiere al barrio del INVI, situado en el extremo occidental de Santo Domingo. Se trata de unas horribles construcciones del Instituto Nacional de Vivienda (INVI) erigidas bajo Balaguer en los setenta. Estos engendros se oponen diametralmente a la idea del Balaguer-constructor, concretada en el prestigioso Faro a Colón[3]. El sintagma «Invi's Paradise» es también la denominación irónica de una cueva donde los amigos hacen música con instrumentos africanos y tienen visiones sobre un descubrimiento por vikingos, producidas por un té alucinógeno. Néstor Rodríguez considera la cueva una heterotopía en el sentido de Foucault (1986), es decir, una utopía hecha realidad y concretada (2005: 100-103).

La cueva se sitúa en la autopista costeña 30 de Mayo. Esta fecha remite a la gran sombra del dictador Trujillo, asesinado ese mismo día en 1961. La Era de Trujillo, continuada por la «Democracia de Balaguer», es en parte la causa de todo el malestar y la desubicación del grupo. El desencanto es total en estos personajes que han dejado de creer en heroísmos políticos, tal como se desprende de la lacónica observación sobre el apartamento de INVI: «aquel apartamento construido por el viejo gobierno [de Balaguer], el mismo que eliminó a los últimos en atreverse a ser héroes» (Arias 1998: 16). Con razón Odile Ferly titula sus reflexiones sobre el cuento «La historici(u)dad en "Invi's Paradise"» (2006).

Al igual que en Hernández nos enfrentamos a un grupo de jóvenes desamparados que transitan por lugares poco presentes hasta entonces en la literatura dominicana. Ambas autoras trazan nuevas cartografías en el sentido de Certeau (1990) y evocan una ciudad fragmentada. No obstante, el contexto

---

[3] Advierte Wucker: «He [Balaguer] wanted to be remembered as the builder of the Nation, both physically and in character» (1999: 171). El Faro a Colón, esta gran hazaña de Balaguer, es un monumento megalómano en honor a Colón, inaugurado en 1992. De noche proyectaba une enorme cruz en el cielo sobre la ciudad de Santo Domingo, constantemente afectada por apagones. A causa de las protestas por el despilfarro de energía dejaron de prenderlo hace unos años.

histórico tan predominante en la literatura anterior sigue infiltrándose de manera solapada y sutil.

En su colección de relatos más reciente, titulada *Emoticons* (2007), Arias prosigue su observación despiadada de individuos y grupos en busca de una salida, literal o figurada. Algunos cuentos continúan ubicándose en la capital, muchas veces designada por el nombre genérico de Ciudad. Por ejemplo, en «Derrumbes» Arias escribe sobre la fiebre constructora de pisos en Ciudad que hace que no sólo se derrumben casas antiguas, sino también los haitianos que trabajan en la construcción, este grupo tan silenciado en la narrativa dominicana. No obstante, más que en sus libros anteriores Arias va diversificando los escenarios de sus textos: «Novia del Atlántico», la denominación de la ciudad turística de Puerto Plata, se ambienta en el hotel «Bocanegra» de esta ciudad y presenta una radiografía del turismo sexual, otro tema apenas rozado en la literatura dominicana. Arias incluso sale del país. Dirige sus saetas a las feministas *straight* –uno de sus objetivos predilectos– situando el cuento «Una muchacha llamada pato» en un balneario de Argentina, que sirve de sede a un congreso de feministas. El relato «Travesías» enfoca a una dominicana residente en Nueva York que se apunta a un viaje en barco como metáfora irónica de otro viaje efectuado mucho antes, en yola, la palabra dominicana para indicar las embarcaciones precarias de los balseros, los *boat people*[4].

Por tanto, Arias integra cada vez más lugares de paso: bares, hoteles, barcos. Son no-lugares en el sentido de Augé (1992), puntos huecos que no ofrecen cobijo alguno, espacios no vinculantes ni fundadores de comunidad. Arias abandona en gran parte los lugares cerrados y marginados de los cuentos anteriores que todavía pretendían procurar algún sentido de protección.

«Parquecito», uno de los cuentos de *Emoticons* sumamente rico en connotaciones y aún poco estudiado, se ubica precisamente en un no-lugar de la ciudad, un parque. Parquecito es la denominación desacralizadora que usan los jóvenes para referirse al Parque Duarte, situado en la zona colonial de Santo Domingo, tantas veces representada en la narrativa tradicional. En lo que sigue analizaré de manera minuciosa este cuento con el fin de demostrar que, incluso desde un espacio tradicional y emblemático, Arias nos brinda una aproximación original a la ciudad, a la vez que sigue bregando con el pasado de una manera sutil, mucho menos ostentosa que en la narrativa de sus compatriotas.

---

[4] Para la representación de los enyolados dominicanos, más frecuente en textos puertorriqueños que dominicanos, véase De Maeseneer 2006: 157-187.

«Parquecito» de Aurora Arias

En «Parquecito», Arias pasa revista a una serie de personajes y grupos estrambóticos: «tá tó» [está todo] (Arias 2007: 28; 30)[5]. Hacen su aparición en este parque en diferentes momentos de la noche, explicitados por indicaciones temporales (6.00; 7.45; 9.30; 11.15 p.m.; 12.00; 1.20; 1.21; 1.30; 2.40; 4.45; 5.10 a.m.). Hasta las doce se narra lo que pasa cada hora y tres cuartos, de manera que en el texto reina aún cierto orden. Todavía circula gente decente también, como jóvenes empleados, gente del barrio, ancianos. Después de la medianoche, las indicaciones temporales se vuelven irregulares a la par que los personajes se comportan de una manera cada vez más extraña, transgrediendo fronteras. Precisamente, es a las doce cuando aparece no una bruja o la muerte, sino un personaje «anti-todo», Pippen. Por tanto, se hace realidad una frase del primer párrafo: «La tarde, transparente, lúcida, tranquila, augura una noche densa, bulliciosa, inquieta» (27). La connotación positiva de los adjetivos «transparente» y «lúcida» se ve contrarrestada por su antónimo «densa», mientras que lo opuesto de «tranquila» va cobrando más importancia en la noche: es enfatizado mediante dos adjetivos, «bulliciosa» e «inquieta». En un sitio web turístico encontramos la misma oposición respecto al parque Duarte: «This calm park is a nice place to sit away from all the movement at Colon Park. There are benches where you can sit under a tree and relax [...]. In the night this place is over run by young people partying, drinking and listening to music. Very interesting to observe» (S/n 2009: s.p.). Y observar de noche es lo que hace la narradora. Va enfocando la plaza sucesivamente desde distintos ángulos y mediante distintos *zooming* de manera que llega a un espacio sumamente fracturado.

Las frases iniciales ya permiten identificar el lugar, que desde 1891 se llama Parque Duarte, ubicado en la zona colonial: «6:00 p.m. El parquecito muestra una imagen apacible de Ciudad. Al centro, la estatua de Duarte, Padre de la Patria» (27). Cabe detenerse en la importancia de la estatua, que considero una clave de lectura del texto entero. Para calibrar la importancia de este ejemplo de escultura cívica nadie mejor que Carlos Monsiváis nos puede

---

[5] De ahora en adelante sólo me referiré al cuento mediante la indicación de la página. A título de información señalo que «Parquecito» fue publicado en el número de la primavera del 2009 de *Confluencia* (177-184), un medio tal vez de más fácil consulta. En este mismo número se encuentra uno de los pocos escritos sobre *Emoticons*, el texto que leyó Fernando Valerio-Holguín (2009) en la presentación del libro en Santo Domingo.

server de guía. En su crónica «La hora cívica. De monumentos cívicos y sus espectadores» incluida en *Los rituales del caos* (1995) el reconocido escritor mexicano reflexiona sobre el particular. Lejos de querer hacer una síntesis de este texto muy denso, destaco algunas ideas recurrentes. Monsiváis advierte que las estatuas de próceres y héroes empezaron a proliferar en el siglo XIX como respuesta laica ante la abundancia de estatuas religiosas. Al igual que la escultura religiosa, tienen una clara dimensión alegórica y ejemplar: legitiman los gobiernos, constituyen una forma de educación política y contribuyen a reforzar la unidad de la Nación, ahora y entonces: «Los héroes, signos del poder y sus deliberaciones, aislados en plazas o rincones como divinidades de la Isla de Pascua, reafirman la unidad profunda: gracias a ellos todas las épocas son una sola, y la epopeya por excelencia es el acatamiento a la autoridad» (Monsiváis 1995: 137). Significan estabilidad, solidez y comunican a los paseantes su insignificancia frente al Estado. Por eso, prosigue, no es sorprendente que sobre todo los regímenes dictatoriales, como el de Porfirio Díaz, las usaran como «medios de comunicación masiva» (146). La estatua remite asimismo a exclusiones e inclusiones: «Una estatua es las luchas que asume y las que cancela, el régimen que le lleva guardias florales y la facción que intentó oponérsele» (138). Una última idea es que existe el peligro de olvidarse de (las connotaciones de) las estatuas que parecen ser absorbidas por el entorno urbano: «Y la escultura así festejada pierde de inmediato heroicidad, y pronto, de tan vista, se vuelve hogareña, de tan hogareña se vuelve invisible, y de tan invisible da lugar al siguiente requerimiento de otra estatua que haga las veces de exvoto de la nación» (147). Como suele ocurrir en las crónicas monsivadianas, el autor aquí también deconstruye sus propias ideas mediante unas frases lapidarias, como por ejemplo: «No hay pueblo sin estatuas, no hay estatua sin mensaje, y no hay pueblo que tenga presente el mensaje más de un día al año» (137).

Lo expuesto por Monsiváis se puede vincular a las ideas derridianas sobre el archivo, que se concretaría en la estatua, ya que en ella coinciden dos principios: *commencement*, el comienzo, el origen histórico-político, y *commandement*, el mandamiento, la autoridad social, la legitimación (Derrida 2008: 11)[6]. Además la estatua viene a ilustrar lo que Nietzsche (2007: 67-72) calificó de historia

---

[6] Me inspiro en la aplicación de las ideas derridianas a los monumentos por Garrigan (2003).

monumental, es decir, una historia que tiende a ver en el pasado modelos ejemplares e imitables.

La información factual sobre la estatua de Juan Pablo Duarte (1813-1876) parece corresponderse con esas ideas. La estatua fue inaugurada en julio de 1930 en la plaza, poco después de la llegada al poder de Trujillo. El mensaje de unidad de la Nación, encarnado en el Padre de la Patria, Duarte, fue plasmado en piedra y mármol por orden de quien aspiraba a convertirse en el Padre de la Patria Nueva, el dictador Trujillo[7]. Y el mensaje político es claro, puesto que insiste en la continuación, el nexo con el pasado y con el origen de la nación.

Estatua de Duarte, Parque Duarte (Santo Domingo). Cortesía Paul Van der Spiegel

Como se puede apreciar en la reproducción, se trata efectivamente de una estatua «monumental». Duarte está elevado en un pedestal con la mano en el pecho. Más abajo se encuentra una mujer con un vestido romano, un laurel en la mano y un niño en el regazo, como representación alegórica de la Patria. La descripción de la estatua en el texto de Arias parece ser fiel a la realidad: «La estatua del Patricio se alza hacia la noche, que insiste en ser azul. Mira hacia lo alto, el gesto prominente, la mano derecha sobre el corazón. Debajo, inscritas en mármol, sus palabras: *Sed libres, lo primero, o que se hunda la isla*. O algo así, men. Tá tó» (30). No obstante, las palabras puestas en boca de Duarte no se encuentran inscritas en el mármol de la estatua. En la placa de la estatua hay un fragmento de una carta escrita por el Patricio en Curaçao a su madre y a

---

[7] Advierte Pura Emeterio Rendón: «Otro refuerzo justificador lo encontró [Trujillo] en Juan Pablo Duarte, de tal manera que en las fiestas conmemorativas de éste la población desfilaba ante el tirano como frente a la encarnación viva de aquel [sic], pues era Trujillo el «héroe» de los nuevos tiempos, forjador de la «nueva independencia»» (2005: 43).

sus hermanas cuando se encontraba en momentos difíciles, camino a su exilio venezolano. Además, en un golpe maestro de subversión, Arias va mezclando y adaptando dos citas inmortales del prócer: «Sed justos lo primero, si queréis ser felices» y «Nuestra Patria ha de ser libre e independiente de toda Potencia extranjera o se hunde la isla». La opción de hacer una especie de variación sobre las ideas duartianas se explica por el giro que le quiere dar al parquecito: es un espacio de libertad y de apocalipsis.

Efectivamente, cuando nos adentramos aún más en la manera como Arias presenta las referencias a la estatua y su entorno, se van desmoronando estas ideas de unidad y de ejemplo modélico encarnadas por Duarte. El Estado, el tradicional beneficiario de este tipo de estatuas y sus connotaciones, se ve ridiculizado desde el inicio del cuento en las figuras de los «detentadores» del orden en el Parque. El propietario de un colmado (una tienda de víveres que muchas veces tambien sirve de bar) se ha arrogado el papel de supervisarlo, ya que es «el encargado de mantener el orden y ornato del lugar, nombrado por el Ayuntamiento» (27), lo que sugiere que probablemente habrá obtenido su puesto mediante algún soborno o enchufe político. Lo ayuda su hija, una «muchacha morena y rolliza que debido a su porte y corpulencia, es a menudo confundida con un varón» (27).

El mismo prócer, Duarte, resulta vinculado de manera explícita a algunos de los personajes que frecuentan la plaza. El nexo más obvio se establece con Camilo, un ex-izquierdista desencantado que luchó en la guerra de abril de 1965 y militó durante los Doce Años de Balaguer (1966-1978), cuando fue torturado y encarcelado varias veces. A lo largo del texto se van sugiriendo paralelismos entre Duarte y Camilo. Camilo se sube a la punta de la cabeza de la estatua de Duarte, lo cual es su «mayor proeza» (31) según los grupos de jóvenes que visitan el parque. Más adelante Camilo observa:

> [...], me convertí en un payaso, dizque luchando por un ideal, pero aquí nadie, ningún gobierno, ha sabido apreciar ni respetar tanto sacrificio, tanta lucha, anjá, sí, queriendo defender, ¿pero defender qué?, la patria, ¿cuál qué patria?, la de Duarte... ¿pero a quién le puede importar ahora lo que yo pasé? Toda mi juventud la perdí dizque defendiendo la Patria de Duarte (32).

Camilo, que se ocupa de recoger botellas y desechos esparcidos por el parque, deconstruye por tanto la gran epopeya dominicana de la defensa de ideales patrióticos y elevados, materializados en la solidez de la estatua de Duarte.

También Pippen, el personaje inconformista, es equiparado en cierto momento a Duarte: «[Pippen] Mira, al igual que el Patricio, con gesto prominente hacia la noche» (34). Pippen[8] es el fundador de un movimiento vanguardista, es ecologista, se interesa por el vodú dominicano y por Liborio, un Mesías revolucionario de inicios del siglo XX, todos temas escamoteados por el discurso oficial. Pippen y su grupo de «erranticistas» intentan hacer una *performance* gritando palabras, pero esta expresión de su movimiento, llamado la Letrinatura, no surte mucho efecto. Más atención atrae su meada descarada en la misma plaza. Pippen tampoco parece dar fe de mucha coherencia y rectitud en su comportamiento anti-todo: hasta se excusa por tener novia norteamericana alegando que «la culpa de todo esto no la tienen los que viven en E.U., sino el sistema» (35). De ahí que no sólo el gran metarrelato revolucionario se caiga de su pedestal en la figura de Camilo, sino también la supuesta vanguardia literaria de Pippen, como ataque fracasado al *establishment* cultural dominicano. La estatua de Duarte ha sido despojada de todas sus connotaciones consabidas, ha sido saqueada y reinterpretada por personajes que se asocian con los restos, la dispersión, la exclusión.

Volviendo al inicio de «Parquecito», vemos que se menciona mediante los nombres de las calles a otros dos padres fundadores decimonónicos: «6.00 p.m. El parquecito muestra una imagen apacible de Ciudad. Al centro, la estatua de Duarte, Padre de la Patria. Un provocador olor a carne frita se expande por los aires; llega del *chimichurri*[9] apostado en la esquina de Hostos y Billini» (27). El padre Francisco Xavier Billini (1837-1896), además de ser activo en la enseñanza, ayudó a los enfermos fundando el primer «Hospital de beneficiencia» y creó la lotería nacional para costear su obra de caridad. Eugenio María de Hostos (1839-1903) puede ser considerado el padre de la educación en la República Dominicana: en 1880 fundó la primera escuela Normal Superior pública en la parte norte de la plaza. Como es sabido Hostos era también escritor y gran defensor de la idea de la Confederación antillana que consistía en rebasar las diferencias entre las islas caribeñas, e, incluso, entre las medias islas, como en el caso de Haití y la República Dominicana. A este

---

[8] Pippen ya aparece en cuentos anteriores de Arias. Se basa en un personaje existente, ya que leemos en el blog sobre «The Colorful characters of Parque Duarte»: «My best buddies are Pipin, a writer and self-proclaimed leader of the «Movimiento Erranticista» who carries himself with constant rock star swagger, Jean Jean, a Haitian actor who has no money but 50 pairs of shoes, and Renato, an artist who almost exclusively paints cats» (Bishop 2009: s.p.).

[9] En dominicano un chimichurri es un puesto de venta de hamburguesas.

respecto, cabe observar que paradójicamente las tres figuras evocadas como fundadores de los ideales dominicanos, al igual que tantos otros prohombres del área como Martí, contienen en su misma trayectoria vital una dimensión transcaribeña y transnacional. Duarte era dominicano de padre español y de madre medio dominicana y medio española, y tras muchas andanzas y hazañas fue a morir en tierras venezolanas. Billini era hijo de padre italiano y madre dominicana nacida en Cuba, fue partidario de la anexión a España, «error» redimido por sus ulteriores buenas obras, y residió fuera de la isla durante un tiempo. Hostos nació en Puerto Rico y después de múltiples viajes pasó la última parte de su vida en Santo Domingo, donde falleció. Así, la trayectoria vital de estas figuras estelares contradice la dominicanidad esencialista, que, supuestamente, representan.

Billini y Hostos también son socavados por algunos personajes de «Parquecito». Billini podría tener su reencarnación caricaturesca en el Cardenal cuya declaración a la prensa –no desprovista de «libertades gramaticales»– se copia en el texto:

> «Me siento identificado con los habitantes de la zona colonial, casco histórico de Ciudad, y patrimonio de la humanidad. Hay que cerrar esos sitios que no sé qué son, si son prostíbulos de homosexuales o de qué. La gente que asiste a esos lugares, lo que hace falta es mandarlos a sus casas y dejar que las personas decentes puedan dormir tranquilas», ha declarado ante la prensa el Cardenal (29).

Si pensamos en el Billini protector de los pobres y enfermos, la enferma de Sida, Milagros, que vive «en la Hostos, cerca de la Ruina [de San Nicolás]» (38), puede ser considerada como abandonada por la caridad. Se gana la vida mendigando y recogiendo botellas, y se imagina ser letrista de famosos cantantes de bachata para llamar la atención de los turistas extraviados por la plaza. Otro personaje, San Lázaro, El Rey de los Perros, vive igualmente de limosnas presentando un show miserable con sus perros. Quiere impresionar al público jactándose de sus (¿inventadas?) actuaciones en exitosos shows de la televisión. En un blog de Marion Bishop, un viajero, leemos lo siguiente sobre este personaje basado en la realidad:

> The best-known beggar in the Zona Colonial is the King of the Dogs, and [sic] lanky fellow who travels with a pack of 30 dogs of all shapes and sizes. Like clockwork, every night he comes over with the same speech. «Please, 5 pesos for the Rey de Los Perros, so he can feed his wolves, etc etc.» (Bishop 2009: s.p)

La loca borrachona Catalina, conocida por todos, es asimismo una marginada, e intenta sobrevivir, no amargándose como Camilo, sino pasándola lo mejor posible. Muestra «su arruinado trasero» (29) a quien quiera, intenta arrebatarle una botella de ron «Transformador» a un joven, se pone a bailar cuando el cantante Duluc improvisa un pequeño concierto y desafía a todos cuando se termina «el bonche», la bulla: «Demasiado temprano para ella, que ebria de sinrazón, pide más. /-«¡Catalina, qué lo qué! –gritan desde un vehículo en marcha unos jevitos./ Catalina rompe a decir malas palabras, puño en alto, gambada, rota, hedionda, impotente y sucia, pero feliz de pagarle al mundo así» (40).

Por supuesto, se puede argüir que la drogadicta, el mendigo, el revolucionario venido a menos, la loca son otras tantas contrafiguras emblemáticas de nuestra sociedad de consumo que pululan en la narrativa urbana actual. Al no vivir de obras sino de sobras (limosnas y basura) cuestionan el sistema capitalista de acumulación y de producción. No obstante, este enfoque no excluye una lectura en diálogo conflictivo con los prohombres que echan su sombra literal o figurada sobre la plaza.

En cuanto a la figura de Hostos, el ya mencionado Pippen no sólo puede ser considerado un anti-Duarte, sino también un anti-Hostos. Pretende ser escritor de 2623 panfletos y quiere educar a los jóvenes sin obtener demasiados resultados. También se ven fracasados todos los proyectos utópicos educacionales en los diferentes grupos de jóvenes, «castas de jevitos» (29) que se reúnen en la plaza. Hay un jevito rastafari «que [,] como la mayoría de sus panas, ha sido llevado por los padres al psicólogo desde niño, un problema generacional que los ha hecho expertos en test de conducta y terapia familiar» (29). Estos grupos de jóvenes se corresponden a lo que Maffesoli (1988) llama «tribus», palabra usada en el mismo cuento también («un hermano de la misma tribu» (29)). Estas tribus ya no se interesan por los grandes relatos, sino que se reúnen en base a otras formas de cohesión como la manera de vestir, la música que escuchan, el lenguaje que usan, la droga que consumen, hasta su deseo de largarse del país, «sacar lo' pie de aquí» (38). Arias incluye asimismo a los extranjeros que van a estudiar en la República Dominicana. La llegada del suizo, encantado con este país de Duarte donde todo lo califica de «ápero» (*cool*), provoca el siguiente comentario irónico: «El pana suizo estudia el bachillerato en el Loyola. Lleva seis meses en la isla. Choca contento las manos del coro de jevitos, se deja abrazar por las jevitas gringas, noruegas, italianas, francesas y alemanas que también estudian por intercambio cultural en el país, *y no salen del parquecito*»

(37; mi énfasis). La cultura y la educación se nutren de lo que pasa en el parque, de estas formas alternativas de convivencia de las tribus. Por eso tal vez se copie de manera irónica hacia el inicio del cuento la tarja de otro edificio de la Plaza, el convento de los Dominicos, sede de la Primera Universidad en el Nuevo Mundo: «En este lugar, en el año 1538, fue instalada, mediante la bula "in apostolatus culmine", la Real y Pontificia Universidad de Santo Tomás de Aquino, primera luz de la ciencia en el Nuevo Mundo, [...]» (28).

La consulta de algunos sitios web turísticos muestra que el Parque Duarte esconde más hitos en la historia dominicana. Nos enteramos de que la plaza llevaba antes el nombre de Anacaona, porque esta reina indígena habría sido ahorcada allí –aunque esto no ha sido demostrado históricamente. Es significativo que se haya borrado a uno de los íconos más importantes del feminismo dominicano, que en las palabras del escritor dominicano-americano Junot Díaz es «[t]he Golden Flower. One of the Founding Mothers of the New World and the most beautiful Indian in the World» (Díaz 2007: 244 nota 29). Y si recordamos el contexto en que Duarte llegó a convertirse en héroe independentista, no podemos sino referirnos a los haitianos, que en las palabras de Monsiváis serían hasta cierto punto «la facción que intentó oponérsele» (1995: 138). De seres temidos durante el xix por su rebeldía negra y por la ocupación de la parte occidental de la isla de 1822 a 1844 pasaron a ser los despreciados del siglo xxi. Un haitiano, sentado al otro lado de la estatua de Duarte, es insultado por un jevito. La situación se pone tensa:

> El haitiano muestra los puños y hace amagos de que está listo para la pelea. El jevito saca una navaja, y lo agarra por la camiseta hedionda de recorrer las calles, de dormir debajo de las escaleras, de deambular, mendigar, delinquir, cruzada la frontera, vividos todos los peligros, para alcanzar, por fin, aquel espacio, aquel instante, aquella noche, aquel banco en el parque, aquella media isla, aquel lugar (37).

La escena que deja la violencia en suspenso sintetiza de una manera sugerente la difícil convivencia con el vecino, parte de la confederación antillana, esta idea utópica de Hostos y de tantos otros pensadores del Caribe.

Una cronotopía subversiva

Vemos por tanto que en «Parquecito» Arias no esquiva los espacios abiertos y céntricos que representan lugares de poder y de identidad nacional. Arias ubica a los mismos marginados en el centro, ya que efectivamente se reúnen allí. Gracias a su mirada incisiva logra esbozar la complejidad de esta media isla a partir de estos personajes que ve desfilar. Adopta muy deliberadamente una perspectiva postmoderna, donde prevalece la mirada caleidoscópica sobre nómadas, vagabundos y jóvenes. Revela la cara oscura y miserable de la ciudad que deconstruye la ciudad monumental, símbolo del discurso de la identidad nacional. Advierte Fernando Valerio-Holguín: «El espacio del parque es plural, multi-étnico, multilingüe, hetero y homosexual» (2009: 5). De este modo participa de una tendencia de presentar una ciudad fracturada a partir de marginados que encontramos igualmente en Rita Indiana Hernández y en muchos escritores latinoamericanos como el cubano Pedro Juan Gutiérrez en *Trilogía sucia de La Habana* (1998) o la chilena Diamela Eltit en *Lumpérica* (1998). Arias ha creado nuevos mapas para Santo Domingo, o en las palabras de Deborah Parsons:

> The urban writer is not only a figure within a city; he/she is also the producer of a city, one that is related to but distinct from the city of asphalt, brick, and stone, one that results from the interconnection of body, mind, and space, one that reveals the interplay of self/city identity. The writer adds other maps to the city atlas; those of social interaction, but also of myth, memory, fantasy and desire (2000: 1).

Mis referencias a ciertos blogs y a los sitios web de índole turística sobre el parque muestran que, de manera inconsciente tal vez, Arias dialoga con la información en la red como una nueva forma de intertextualidad solapada. Es como si el espacio cibernético contribuyera cada vez más a dibujar y ampliar los mapas.

En esta propuesta de lectura, he destacado la idea del paisaje urbano como palimpsesto de diferentes capas temporales que coexisten, sin que los individuos y grupos se percaten de ello. La estatua de Duarte hasta cierto punto ha conservado su papel alegórico, pero se ha convertido en un punto de referencia marcado por la heterogeneidad y no por la cohesión. Como he demostrado en mi acercamiento a determinados personajes como anti-alegorías en diálogo con los hitos históricos, Arias no deja piedra sobre piedra. El peso de la historia, metonimia del discurso oficial y hegemónico, sigue por tanto muy presente. Es el trasfondo sobre el que se proyecta la heterogeneidad nocturna de la gente estrafalaria de «Parquecito». Como he observado parafraseando a Joyce en «¿Cómo (dejar de) narrar el (neo)trujillato?» (De Maeseneer 2008), en la narrativa dominicana la historia (neo)trujillista es una pesadilla de la que los dominicanos aún hoy intentan despertar. Al concentrarse en Duarte, Arias parece distanciarse de la «diarrea novelera trujillista» (una expresión usada por Rita Indiana Hernández). No obstante, este otro pasado también está ahí. El ex-revolucionario Camilo se refiere extensamente al balaguerato y a él se le da la última palabra donde establece un nexo explícito con Estados Unidos:

> Por suerte, todo pasó, esos partidos de mala muerte en los que anduve metido en mi juventud no tienen sentido para mí, haciéndole a uno creer que los dominicanos hicimos salir a los americanos en el '65; y en realidad, ellos se fueron, si es que se fueron, porque les dio la gana, si hubiesen querido acabar con esto desde ahí afuera, desde el malecón, un par de cañonazos al llegar o al irse hubiesen sido suficiente. Los ganadores de la guerra de abril fueron los gringos. Así como lo oyen (40-41).

El fracaso de los ideales duartianos, billinianos y hostosianos lleva a una desorientación profunda y a un rechazo del pasado, o para volver sobre la subdivisión nietzscheana, conduce a una visión de historia crítica, que ataca la imagen idealizante y heroica del pasado. La globalización y la modernidad intensifican este desarraigo. Son estas contradicciones que explora y explota Arias. Al fin y al cabo tienen que ver con la tensión entre un Santo Domingo postmoderno y supuestamente primermundista frente a un Santo Domingo real, que no ha podido liberarse del legado del pasado y de la tradición[10]. De ahí tal vez el final: «5:10 a.m. Se desespera el día. Duarte y su parquecito quedarán muy solos, cuando dentro de poco comience a clarear» (41). La mañana, el tan mentado símbolo de la esperanza, se ve teñida de soledad y vacío en este texto donde Arias ha presentado con minuciosa ferocidad el «Parquecito» en una cronotopía subversiva.

Bibliografía

Álvarez, Julia (1994): *In the Time of the Butterflies*. New York: Plume, Penguin Group.
Arias, Aurora (1998): *Invi's Paradise y otros relatos*. Montreal: Concordia University.

---

[10] También Sintia Molina (2001) se refiere a la tensión entre modernidad y tradición en su reseña de *Invi's Paradise*. Se podría relacionar esta tensión con las observaciones de Guillermo Irizarry (2007) sobre *Cualquier miércoles soy tuya* de la puertorriqueña Mayra Santos-Febres. Irizarry subraya el énfasis en lo marginado, lo nocturno, el panorama alternativo que no cabe en la ciudad globalizada y estructurada, pero a la vez la influye.

— (2000): *Fin de mundo y otros relatos*. San Juan: Universidad de Puerto Rico.
— (2007): *Emoticons*. San Juan: Terra Nova.
Augé, Marc (1992): *Non-lieux. Introduction à une anthropologie de la surmodernité*. Paris: Seuil.
Ávila López, Enrique (2009): «Santo Domingo y la dominicanidad». En *Revolución y Cultura* 3 (mayo-junio). 16-19.
Bishop, Marlon (2009): «The colorful characters of Parque Duarte». En *Marlon goes South*. En <http://marloniousthunk.blogspot.com/2007/10/colorful-characters-of-parque-duarte.html> (consultado el 31.03.2009).
Certeau, Michel de (1990): *L'invention du quotidien. I. Arts de faire*. Paris: Gallimard.
Danticat, Edwidge (2000): *The Farming of Bones*. London: Abacus.
De Maeseneer, Rita (2006): *Encuentro con la narrativa dominicana contemporánea*. Madrid/Frankfurt: Iberoamericana/Vervuert.
— (2008): «¿Cómo (dejar de) narrar el (neo)trujillato?». En Rei Berroa (ed.): *Aproximaciones a la literatura dominicana*. Santo Domingo: Banco Central de la República Dominicana. 221-49.
Deive, Esteban (2000): «Marcio Veloz Maggiolo o la pasión por el saber». En Fernando Valerio-Holguín (ed.): *Arqueología de las sombras. La narrativa de Marcio Veloz Maggiolo*. Santo Domingo: Amigo del Hogar. 58-69.
Derrida, Jacques (2008): *Mal d'archive. Impressions freudiennes*. Paris: Galilée.
Díaz, Junot (2007): *The Brief Wondrous Life of Oscar Wao*. New York: Vintage Books.
Eltit, Diamela (1998): *Lumpérica*. Santiago de Chile: Barral.
Emeterio Rendón, Pura (2005): «Ficción histórica y realidad literaria de un mito». En *Estudios críticos de la literatura dominicana contemporánea*. Santo Domingo: La Trinitaria. 41-50.
Ferly, Odile (2006): «La historici(u)dad en "Invi's Paradise", de Aurora Arias». En *MaComère (The Journal of the Association of Caribbean Women Writers and Scholars* 7. 66-76.
Foucault, Michel (1986): «Of other Spaces». En *Diacritics* 16. 22-27.
Gallego Cuiñas, Ana (2006): *Trujillo y su fantasma. Historia de la novela del trujillato*. Paris: Mare&Martin.
Garrigan, Shelley (2003): «Museos, monumentos y ciudadanía en México». En *Estudios. Revista de Investigaciones Literarias y Culturales* 22/23. 343-60.
Gutiérrez, Pedro Juan (1998): *Trilogía sucia de La Habana*. Barcelona: Anagrama.
Indiana Hernández, Rita (2004): *La estrategia de Chochueca*. San Juan/ Santo Domingo: Isla Negra.
Irizarry, Guillermo (2007): «San Juan at Night in Mayra Santos Febres's 'Cualquier miércoles soy tuya'». En Anne Lambright & Elisabeth Guerrero (eds.): *Untolding the City. Women Write the City in Latin America*. Minneapolis, London: University of Minnesota Press. 67-89.

MAFFESOLI, Michel (1988): *Le temps des tribus. Le déclin de l'individualisme dans les sociétés de masse*. Paris: Klincksieck.
MANERA, Danilo (ed.) (2002): *Cuentos dominicanos. Una antología*. Madrid: Siruela.
MARTÍNEZ CONDE, Doralina (2007): *La narrativa de escritoras dominicanas contemporáneas. Reseñas y entrevistas*. Santo Domingo: Buho.
MOLINA, Sintia (2001): «Des-orden y tras-nacionalidad: elementos de identidad en "Invi's Paradise"». En *Baquiana* II (11-12). En <http://www.baquiana.com/numero%20xi_xii/Rese%C3%B1a_IV.htm> (consultado el 03.07.2009).
MONSIVÁIS, Carlos (1995): *Los rituales del caos*. México: Era.
NIETZSCHE, Friedrich (2007): «On the Uses and Disadvantages of History for Life». En *Untimely Meditations*. Cambridge: Cambridge University Press. 57-123.
PARSONS, Deborah L. (2000): *Streetwalking the Metropolis. Women, the City and Modernity*. Oxford: Oxford University Press.
RODRÍGUEZ, Néstor (2005): *Escrituras de desencuentro en la República Dominicana*. México: Siglo XXI.
S/N (2009): «Sitio web sobre Santo Domingo». En <http://www.colonialzone-dr.com/sights7-parks_plazas.html#sights7-parks-duarte> (consultado el 08.03.2009).
STANLEY, Avelino (2003): «La estatua del Narcizo». En *La máscara del tiempo*. Santo Domingo: Cocolo. 57-70.
TRUJILLO, Aída (2008): *A la sombra de mi abuelo*. Barcelona: Norma.
VALERIO-HOLGUÍN, Fernando (2009): «"Emoticons" de Aurora Arias: Condición post-dominicana, identidades trashumantes e íconos de emociones». En *Confluencia* 24 (2). 2-6.
VARGAS LLOSA, Mario (2000): *La Fiesta del Chivo*. Madrid: Alfaguara.
VELOZ MAGGIOLO, Marcio (2002): *Santo Domingo en la novela dominicana*. Santo Domingo: Comisión Permanente de la Feria del Libro.
— (2003): *El hombre del acordeón*. Madrid: Siruela.
WUCKER, Michele (1999): *Why the Cocks Fight. Dominicans, Haitians, and the Struggle for Hispaniola*. New York: Hill and Wang.

CIUDAD, ESCRITURA Y VIOLENCIA EN LA NARRATIVA DE FRANCISCO FONT ACEVEDO[1]

Salvador Mercado Rodríguez
Denver University

La belleza bruta (2008), el segundo libro de cuentos de Francisco Font Acevedo, llama la atención por la interconexión de los relatos que lo componen y provoca interrogantes sobre su estructura y ordenamiento. Si se piensa que una ciudad es un espacio cubierto por un denso entramado de signos proliferantes, se puede concebir también *La belleza bruta* como una ciudad, una con múltiples avenidas para aproximarse a la vida urbana contemporánea en Puerto Rico. Me acercaré a esta obra desde tres ángulos distintos. Un recuento de la historia que precede la imagen de la cubierta me llevará a considerar, a través de un texto aparecido en su *blog*, *La legión miope*, el aspecto político de la narrativa del autor. Luego, sin pretender un análisis definitivo del texto, comentaré algunos aspectos del cuento «Melancolía de un escritor obtuso» y lo pondré en relación con otros textos del autor para evidenciar relaciones entre escritura y nociones de orden. Esta lectura sugiere que Font Acevedo, por un lado, simpatiza con expresiones que desafían la imposición de un orden por parte del Estado mientras que, por otro, él mismo responde a una pulsión ordenadora. Finalmente, comento el cuento «a. C. y d. C.», una especie de

---

[1] Una versión preliminar de este ensayo, con el título de «El cuerpo desmembrado y la reconfiguración del orden en la narrativa de Francisco Font Acevedo» apareció en Revista *Nuestra América* 8 (2010 Jan-July): 261-277.

ciudad dentro de la ciudad del libro, como hay también tales ciudades dentro de la ciudad real.

Santurce decapitado

La foto en blanco y negro que aparece en la cubierta de la primera edición de *La belleza bruta* (Tal Cual) muestra en primer plano la cabeza cercenada de un maniquí en lo alto del poste de una cerca[2]. Se tomó desde un ángulo bajo y la cabeza se alza sobre la cerca con su rostro por encima del punto en donde estaría el observador. A su alrededor sólo se distinguen los elementos de la cerca: alambres de púas, etc. El fondo está fuera de foco. La misma foto, o algunas de sus partes, como la cabeza o los alambres, se repiten con variaciones en la intensidad de sus tonos grises en distintas partes del libro (en las páginas iniciales, al final, o insertadas entre un cuento y otro). Según se indica en el libro, la foto lleva por título «Santurce», el nombre de uno de los barrios más antiguos de la capital puertorriqueña. Fue tomada por Eduardo Lalo, a partir de una idea de Ivonne León[3].

Cubierta de *La belleza bruta*

---

[2] Mientras se finalizaba este ensayo salió a la luz una segunda edición del libro en la Editorial Aventis con una cubierta diferente: la fotografía, también desde abajo, de la parte superior de un poste del tendido eléctrico.

[3] La fotografía en la tapa de la primera edición de *La belleza bruta* fue tomada por Eduardo Lalo. Las que aparecen en la entrada del blog *La legión miope*, que comento más adelante, fueron tomadas por Ivonne León. Agradezco a ambos el permiso para su reproducción.

Ahí están el muñeco –imagen humana y objeto grotesco–, el cuerpo desmembrado, la mirada, el control y la separación de los espacios, la ciudad. La foto evidentemente resuena con lo que el lector hallará en los textos que conforman el libro. En esta sección exploro la historia de esta foto y el contexto en que originalmente Font Acevedo maneja las imágenes que sirven como punto de arranque al trabajo de Eduardo Lalo. Esto me servirá para exponer cómo Font Acevedo se acerca al discurso político. Si lo hago aludiendo a un texto que no forma parte de *La belleza bruta*, tengo en cuenta tres razones: una, creo que la relación con el libro se evidencia en el propio uso de la foto para la cubierta; dos, en general veo una continuidad entre lo que el autor ha publicado en la red y sus dos libros impresos; y tres, el texto en cuestión hace más evidente un aspecto del trabajo de Font Acevedo –su perspectiva frente al discurso político– que también está presente en *La belleza bruta*.

Una entrada en el *blog* de Font Acevedo, *La legión miope*, correspondiente al 21 de agosto de 2007, lleva por título «La decapitación». Se trata de un texto híbrido, en parte cuento y en parte crónica al estilo del *blog* contemporáneo. Es eminentemente narrativo y contiene elementos ficticios, pero no es enteramente ficcional, sino que alude a personas y hechos de la realidad. Aprovecha los recursos propios del hipertexto para incluir enlaces a páginas en otros sitios de la red y una serie de seis fotografías que completan o amplían el texto escrito, o que tal vez contribuyeron a gestarlo. Se identifica a la autora de las fotos como «Leonaya», nombre que también figura entre aquellos a quienes se dedica *La belleza bruta* y que resulta ser la misma Ivonne León mencionada arriba.

El texto comienza con un grupo de vehículos que se detienen bajo el puente de la calle Canals en Santurce. Un individuo identificado como el Jefe reacciona violentamente a los grafitis pintados en la amplia pared bajo el puente. «No quiero ver ni uno más» (Font Acevedo 2007: sin número de página), dice en un rugido a su subordinado, Adalberto Mercado, director de Seguridad Pública. No se llama por su nombre al jefe pero es evidente que se trata de Jorge Santini Padilla, alcalde de San Juan. La fecha de la entrada, la ciudad a la que se alude y el nombre del director de Seguridad Pública apuntan a un contexto auténtico y unos eventos reales. De hecho, el gobierno municipal de la ciudad de San Juan hizo en esos años (2006-2008) una campaña para remover grafitis y criminalizar a sus autores.

El comienzo del texto destaca el carácter irascible e inestable del jefe. Conociéndolo, Mercado espera otro día para confirmar sus intenciones antes de actuar. Luego de la conferencia entre ambos, hay una segunda reunión para ultimar los detalles de la operación. Mercado y el alcalde no asisten. Tampoco el narrador, que aclara: «Lo que sé lo supe por la televisión» (Font Acevedo 2007). A continuación se presenta un diálogo propio de melodrama televisivo que incorpora fotografías, una de las cuales parece tomada de una imagen en un televisor. Los tres interlocutores se identifican de forma genérica como «Corbata Con Espejuelos», «Corbata Sin Espejuelos» y «Corbata De Espaldas».[4]

Corbata Con Espejuelos había pensado que el problema que debían atender tenía que ver con «las tostadoras de Ismo», o con los «Filiberto vive» en las paredes de Río Piedras (Font Acevedo 2007). Se refiere a Filiberto Ojeda Ríos, identificado como líder del Ejército Popular Boricua (Macheteros) y muerto en 2005 en un operativo del FBI. La fotografía intercalada enseguida muestra un edificio de esquina con sus paredes cubiertas de escrituras, varias de carácter político. Entre ellas está la citada por el personaje, una consigna que por años ha sido ubicua en Puerto Rico. El nombre de Ismo contiene un enlace de hipertexto que conduce a una página del Centro de Medios Independientes de Puerto Rico donde se halla un comunicado de prensa del artista, fechado el 11 de octubre de 2006[5]. En el texto, Joshua Santos, conocido como Ismo o Bik Ismo (Martínez Rodríguez 2006: sin número de página), comenta sus credenciales y trayectoria artística, así como su historia conflictiva con el gobierno municipal. Atribuye las acciones del gobierno a una persecución política:

> En días recientes el Jefe de Seguridad del Municipio de San Juan, Adalberto Mercado, me ha acusado a mi, Ismo, de vandalizar las calles de la Capital pues alega que he pintado unas tostadoras en el puente de Miramar del expreso Baldorioty de Castro, curiosamente, Mercado hizo sus expresiones unos días después de que el Tribunal de Primera Instancia declara «Ha Lugar» un Inju[n]ction [sic] presentado por los residentes del residencial Manuel A. Pérez en donde se ordenó al Gobierno de Puerto Rico a que cesara y desistiera de su intención de borrar un mural er[i]gido a la memoria de Filiberto Ojeda, del cual yo soy co-autor. Coincidencia, difamación o persecución maliciosa contra Ismo? (Ismo 2006: sin número de página)

---

[4] En el original estos apelativos aparecen con todas sus letras en mayúscula.
[5] El Centro de Medios Independientes de Puerto Rico se identifica como la unidad local en Puerto Rico de la red global Indymedia. La entrada que incluye el parte de prensa se atribuye a un individuo (o colectivo) identificado sólo por la frase «sin etiquetas». En las citas y bibliografía me refiero al autor del comunicado de prensa por su seudónimo, Ismo.

Si, por un lado, Font Acevedo provee al lector un acceso inmediato a esta interpretación de los hechos, por otro su relato está determinado por una interpretación distinta. La respuesta que da Corbata De Espaldas a su interlocutor descarta tanto la intención de reprimir al nacionalismo independentista como el interés de preservar el casco urbano de Río Piedras: «Río Piedras es zona cero. Un cúmulo de escombros para sabandijas. No importa por ahora. El problema es éste. Mira» (Font Acevedo 2007). En seguida se intercala una foto de un mural (o fragmento) en que aparece una figura femenina, de cuerpo entero y vista de frente. Es un mural de Sofía Maldonado en el que aparece una mujer de color, escasamente vestida y en una pose desafiante[6].

Mural de Sofía Maldonado

Los interlocutores la describen con dos adjetivos lapidarios: tecata y puta[7]. Su presencia pública es inadmisible. Tiene que desaparecer. A una pregunta aclaratoria, Corbata De Espaldas especifica que «la orden es [la decapitación]» (Font Acevedo 2007). La última parte de la frase no se enuncia dentro del texto escrito del relato, sino que aparece integrada en la foto que se intercala a

---

[6] En una comunicación personal por correo electrónico (10 de mayo de 2010) la artista reconoció como suyo el mural. Sofía Maldonado es una artista radicada en Nueva York, donde su obra ha causado revuelo y debate público, particularmente por un mural en la calle 42, entre las séptima y octava avenidas, donde aparecen mujeres latinas afrodescendientes representadas de forma que algunos han visto como degradante y estereotipada (véase Guerra 2010a y 2010b). En declaraciones públicas al respecto, Maldonado dice que sólo ha pintado lo que ha visto en otros lugares de la ciudad. El mural de la calle 42, comisionado por Times Square Alliance y Cuban Artist Fund, se programó para exhibirse desde finales de febrero hasta finales de abril de 2010.

[7] El adjetivo «tecato» se usa vulgarmente en Puerto Rico para designar a una persona adicta, especialmente a drogas ilegales fuertes como la heroína. Generalmente es despreciativo.

continuación. Esta foto parece haberse tomado de la imagen en una pantalla de televisión convencional. Incluso se dejan ver imágenes secundarias reflejadas sobre el vidrio. Es un acercamiento al rostro de un hombre con espejuelos, aparentemente vestido con traje y corbata, desde la frente del individuo hasta el borde del cuello de la camisa. Frente a él hay otro hombre de quien a penas se ve, desde atrás, parte del lado de su cabeza y cuello. Incluso podría tratarse de un hombre solo frente al espejo. En la parte baja de la pantalla aparece escrito en letras blancas «la decapitación». Antes y después de las letras hay lo que parecen ser borraduras.

La decapitación

Así se completa una primera serie de tres fotos intercaladas en el texto que van variando progresivamente en su relación con el discurso escrito. La primera foto aparece como ilustración del grafiti que el texto describe, sin que los interlocutores aludan directamente a la presencia de una imagen. La segunda foto muestra lo que los interlocutores ven frente a ellos en el momento. Uno de ellos usa el imperativo de mirar al tiempo que la foto se presenta al lector para que ejecute el mismo acto que los personajes. La tercera foto no sólo aparece intercalada en el texto escrito, sino que este último culmina inscribiéndose dentro de aquélla.

Así concluye la parte dialogada del relato y se retoma la narración para comentar sucintamente el despliegue de recursos represivos que irónicamente fomenta la creación de «obras maestras en aerosol». «En algunas de éstas se lograron sincretismos interesantes entre la subcultura del hip hop y la imaginería cristiana, entre la criminalización del grafitero y el martirio de Cristo» (Font Acevedo 2007). El narrador introduce entonces una foto a manera de «ejemplo magistral». Como la imagen de la mujer mencionada arriba, este mural también se ubica bajo el puente de la calle Canals.

La lucha es desigual. Comienzan los arrestos (el primero se documenta con un enlace de hipertexto) y se precipita el final. Así se consuma «la decapitación del grafitti [sic] en San Juan» (Font Acevedo 2007). De inmediato el narrador especifica los límites de lo que ha podido conocer de primera mano y establece su localización: «Yo, por cierto, no vi todo el proceso. Sólo presencié lo que alcanzaba mi vista: el puente de la calle Canals. Así, pintado en espantoso azul grisáceo, quedó mi puente» (Font Acevedo 2007). Con esta última frase se introduce la foto intercalada en que aparece una vista lateral del puente citado, desde la calle que pasa por debajo.

Puente de la calle Canals

Se puede ver al fondo la enorme pared gris que se extiende por debajo del puente en toda su anchura. En un primer plano hacia el lado izquierdo, aparece una cerca, y en lo alto de un poste, ocupando un espacio pequeño dentro de la imagen, la cabeza de un maniquí. La última foto es una ampliación del fragmento en que éste aparece. Domina la imagen del maniquí. Del puente sólo se ve, al fondo, una pared fuera de foco. Sólo una oración media entre las dos fotos, para dar fin al texto introduciendo esta última imagen: «Y así quedé yo» (Font Acevedo 2007). La frase debe entenderse no en el sentido de estar en la misma situación, sino en el sentido de ser el maniquí de la fotografía, lo que explica la imposibilidad de ver más allá del espacio inmediato al puente. Al mismo tiempo, el texto se refiere a la decapitación del grafiti en San Juan, implicando una identificación entre el yo y esa forma de arte. Usar otra versión de la misma imagen para la cubierta de *La belleza bruta* amplía o desdobla esa identificación para incluir la ciudad, sobre todo si consideramos que la imagen lleva entonces el título de «Santurce».

La violencia del Estado, en este caso el gobierno de la capital, se dirige en primer lugar contra formas de expresión pública que no se formulan como discurso político convencional, sino que evidencian la presencia persistente de sectores que no tienen cabida en el imaginario que el Estado quiere imponer. Cierta gente no debería existir. Su presencia es más perturbadora que el discurso nacionalista anticolonial. Sus cuerpos en el espacio público son por sí mismos un desafío y una denuncia, que el Estado procura borrar. El acto de borrar estas expresiones se recibe como violencia contra el cuerpo. Y la respuesta del narrador es exhibir el propio cuerpo mutilado como evidencia de la violencia recibida. En esta respuesta se reinscribe el mismo gesto que se reconoce en el trabajo de una artista como Sofía Maldonado, autora del mural de la Foto 2, con la diferencia de que el trabajo de Maldonado exhibe cuerpos de mujeres de sectores marginales en gestos vitales, atrevidos y francamente sexuales, mientras que el trabajo de Font Acevedo, tanto en «La decapitación» como en *La belleza bruta*, inscribe los resultados de la violencia urbana y a menudo apunta al estado y a los sectores privilegiados como autores, cómplices o beneficiarios de la violencia. Es una propuesta eminentemente política, aunque se aparta de discursos politizados convencionales.

Cabe notar también que Font Acevedo aprovecha creativamente las fotografías tomadas por Ivonne León en la ciudad. Una de ellas registra la expresión espontánea de un sujeto desconocido a quien se le ocurrió dejar la cabeza del maniquí sobre la cerca junto al puente. Otras registran murales de artistas gráficos, así como la escritura y otras expresiones de sujetos desconocidos sin pretensiones artísticas. Una está tomada de la televisión. Todas se insertan en un contexto distinto y se usan para significar algo posiblemente diferente de lo que era la intención original de sus respectivos autores. En «La decapitación» Font Acevedo arma una narrativa a partir de imágenes «halladas» producidas por otros, reúne fragmentos. También en *La belleza bruta* los cuerpos ocupan un lugar central en la narrativa. A menudo son cuerpos desmembrados o fragmentados en imágenes parciales, como en un espejo o un cuadro. Los cuentos enlazan unos con otros de manera comparable a como los enlaces de hipertexto conectan páginas en la red. Si esto, por un lado, sugiere relaciones de continuidad, por otro, enfatiza el carácter de cada pieza como fragmento.

La ciudad deletreada

El narrador del cuento «Melancolía de un escritor obtuso» es uno de los varios personajes de Font Acevedo que son escritores o, por lo menos, escriben. Es un escritor frustrado, que pasa las noches «borroneando cuentos y novelas que no pasan de ser eso, precarios borrones» (Font Acevedo 2008: 75). Generalmente, luego de luchar durante días tratando de darle cuerpo a un relato, reconoce su derrota, renuncia por un tiempo a la escritura y se dedica a beber. Acostumbra acudir a una barra donde observa cuanto pasa y se recrea «inventando nombres e historias» (78) a los parroquianos, incluyéndose a sí mismo, para lo cual adopta el nombre de Nono o K. K., según su humor. Así fue como dio con un individuo al que llama Francisco, a quien convierte en el personaje de un cuento que luego de varios días de trabajo y trece páginas de desarrollo parece condenado a otro fracaso. Su personaje y la situación en que se halla han cambiado hasta el punto de presentarle complicaciones que no puede resolver. Luego de considerar varias opciones sin encontrar una salida satisfactoria, concluye que el relato está «bizco, en dos direcciones mutuamente excluyentes» (78). «Incapaz de mutilar a un Francisco por salvar al otro» se deja llevar por la «melancolía alcohólica» y termina de nuevo en la barra (78). Entonces su atención se detiene en algo que hasta entonces no había notado:

> Al par de tragos ya me aburría de inventar nombres e historias a algunos imbéciles con corbata, cuando mi mirada se detuvo en un mosaico que adornaba una pared del local. El mosaico, hecho de trozos de espejo, formaba las letras del nombre de la ciudad. Gente, objetos, luces, humo: todo lo que cruzaba frente a la ciudad así deletreada se refractaba y perdía unidad (78).

Unas líneas más delante, el personaje narrador se levanta para ir al baño y su mirada se vuelve hacia el mosaico: «busqué mi reflejo en la ciudad deletreada de espejos. Cuando volví a la barra mi taburete estaba ocupado por K.K.» (78). Llegamos así a la ciudad deletreada. Es un juego de palabras con el título del conocido libro de Ángel Rama y una metáfora que sugiere el reverso de la lectura de la ciudad que éste ofrece. Es también un dispositivo que permite a Font Acevedo moverse al territorio de lo fantástico para ponderar el dilema del personaje narrador y da el contexto para aludir a otro(s) cuento(s) del propio Font Acevedo[8].

En *La ciudad letrada* (1984), Ángel Rama atribuye a la escritura una función ordenadora. El manejo de la escritura es en sí mismo una forma de poder que goza de cierta autonomía pero que, sobre todo, está al servicio del poder.

---

[8] Como se verá en breve, se puede ver una alusión a «Bondades de una corbata», de Caleidoscopio, pero en la narrativa de Font Acevedo cada cuento refiere a otro cuento, de modo que al leer cualquiera de ellos apenas se comienza a entrar en la red que se constituye con el conjunto.

Desde la época colonial los intelectuales participan en la administración de la burocracia estatal, en la evangelización (transculturación), en la ideologización de las masas. Ellos manejan los signos (escritura y otros), y los signos se articulan para construir en la práctica, para orientar la construcción de la ciudad conforme al sueño ordenador capitalista –un sueño frustrado en Europa ante la acumulación material previa en las orgánicas ciudades medievales, con una nueva oportunidad de realizarse en la página en blanco de América. En la modernidad, la formación letrada continuó siendo un privilegio de la élite y, para las clases ascendentes que aspiran a participar en el poder, el medio por excelencia para hacerse de un lugar. En coyunturas históricas de potencial revolucionario, el círculo letrado se ha ampliado para acoger a nuevos sectores que han pasado entonces a ser colaboradores del *statu quo*.

En el mundo que habitan los personajes de *La belleza bruta* abundan los letrados que se encuentran al margen tanto de las actividades propiamente productivas como de la administración del poder político. Sobresalen los ambientes académicos, tanto de nivel secundario como universitario. Hay maestros, bibliotecarios, estudiantes, artistas gráficos y escritores que, en general, no aparecen representados de forma digna[9]. Los que escriben tienen problemas con el orden, ya sea en cuanto a ordenar los varios aspectos de un texto o en su comportamiento público, que se sale de los límites de lo comúnmente aceptado e, incluso, de lo legal.

Si para Ángel Rama la función específica del letrado es una función ordenadora, el problema del narrador de «Melancolía» radica en que no es capaz por sí mismo de dar orden a la materia narrativa: le falta coherencia. Aunque su problema con el relato específico que le ocupa se discute directamente en el texto que recibimos como lectores, el personaje-narrador no llega a resolverlo en su proceso individual de escritura. Fracasa en su función de dar orden al relato y sus alter egos, en un diálogo que se supone al margen de la escritura, proponen maneras de continuar el relato que en el fondo no resuelven el dilema del narrador. No proponen una solución que integre las dos partes que el narrador había visto como mutuamente excluyentes, sino dos finales para las líneas narrativas alternas. Al mismo tiempo, el propio desarrollo del cuento, con la aparición de dos alter egos del narrador y la formulación de dos argumentos

---

[9] Otros vienen del mundo de los negocios, como el personaje central de «Guantes de Látex», alto ejecutivo de una corporación. Alcanzó su posición como herencia por ser hijo del fundador de la empresa.

alternativos para finalizar el cuento que éste ha empezado, requiere de un trabajo cuidadoso en los detalles. Es la armazón de una estructura caracterizada por un orden sofisticado.

La narrativa de Font Acevedo se sale de los límites ordinarios del cuento para trazar una red de relatos interconectados y reclama del lector un ejercicio de interpretación que los vincule (Mercado Rodríguez 2010: 108-111). Si consideramos cómo «Melancolía» y otros textos del autor enlazan unos con otros, tanto de *La belleza bruta* como de su libro anterior, *Caleidoscopio* (2004), y cómo se hallan en los diferentes textos las complejidades propias del desarrollo de personajes dobles o perspectivas varias de un mismo evento o situación, vemos que para Font Acevedo el orden es un problema fundamental. La escritura es un esfuerzo ordenador que en sus personajes escritores aparece como deseo frustrado, y en la estructura de sus textos se expresa en la elaboración minuciosa de múltiples relatos entrelazados dentro de un mismo cuento o de un cuento a otro.

En los cuentos de *La belleza bruta* y de *Caleidoscopio*, las capacidades propias del letrado, particularmente el dominio de la lengua y la escritura, parecen irrelevantes o triviales. En «Melancolía», la descripción de los parroquianos como imbéciles con corbata y el nombre de Nono que el narrador escoge para sí mismo, nos remiten al cuento «Bondades de una corbata» de *Caleidoscopio*. Norberto o Nono, uno de los personajes narradores de ese cuento, es un joven recién egresado de la universidad con un grado en humanidades que busca trabajo. Sus destrezas en el manejo de la lengua no atraen mucho interés en el mercado de empleo. Se siente presionado a adoptar unos comportamientos que muestren su conformidad con un medio, como afeitarse o usar corbata, y al principio se resiste. Su análisis del significado de la corbata tiene momentos de humor, pero sobre todo es una expresión de inconformidad y rebeldía contra un sistema económico y simbólico:

> La corbata puede verse, además, como un estribo o collar, la corbata como freno a la creatividad y símbolo de subordinación (y esclavitud) a la economía en función de una convención corporativa impuesta por no se sabe quién y a la cual todos, sin distinciones jerárquicas, están sujetos (Font Acevedo 2004: 22).

El personaje de Norberto ilustra la inadecuación del joven letrado en el ambiente corporativo puertorriqueño, orientado al turismo y el mercadeo. Su formación académica humanista coincide con una inclinación ideológica que podemos caracterizar como de nacionalismo cultural y moralista. Pero Norberto termina por conformarse y claudicar ante lo que ha criticado para obtener un empleo y tener con qué comer. Y usará corbata, aunque le provoque una reacción alérgica.

Este cuento está estructurado a base de duplicidades. Son en realidad dos relatos independientes, excepto que el personaje central de cada uno aparece también como secundario en el otro, y así vienen a ser complementarios. Ambos están divididos en partes que se alternan entre sí, constituyendo dos series paralelas numeradas consecutivamente, una en números romanos y otra en arábigos. Sólo el fragmento final (VIII) aparece sin un correlativo en la segunda serie. Norberto protagoniza el relato en números romanos. En el otro relato la protagonista es Carola, que lo contrata y es su supervisora en una compañía publicitaria, y con quien mantiene relaciones sexuales durante cuatro meses. Carola limita sus encuentros eróticos a dos veces por semana y dos coitos cada vez. Cuando se halla sola al final y piensa en buscarse otro amante expresa su obsesión por la simetría: «Alguien que me dejará llegar al clímax no una vez sino dos, no tres veces sino cuatro, en paz conmigo misma, simétricamente feliz» (Font Acevedo 2004: 51). Cristina es la hermana fantasmal de Carola y narra parte del relato sobre ésta. Hubieran sido gemelas, pero una complicación durante la gestación impide el desarrollo de Cristina, que termina siendo un «cúmulo de células malformadas» adheridas a su hermana (27). Su presencia se manifiesta en agudos dolores que sufre Carola. Por su parte, Norberto también tiene hermanas. Una de ellas es responsable de comenzar a llamarle Nono desde que era niño para mortificarlo: «No-no: esa doble negación, esa reiteración hipnótica de la impotencia» (30).

Como el narrador de «Melancolía», Nono también tiene dificultades para tomar decisiones, no específicamente en el proceso de armar una narrativa, sino en todos los aspectos de la vida. La cita siguiente, referida a su dilema sobre usar o no usar corbata, muestra cómo el personaje trata de explicar este problema, al tiempo que ilustra cómo la narración oscila entre un narrador personaje en primera persona y un narrador omnisciente en tercera persona:

> Si titubeo es por pura desidia, por la absoluta incapacidad de comprometerme con algo. No siempre fue así. Hubo un tiempo en que creía en Dios. Pero cuando se dio cuenta que Dios no puede existir sin el deseo de trascendencia, perdió toda fe en las definiciones y se abandonó al inasible mundo de las contingencias. Por eso soy incapaz de escoger entre el blanco y el negro. Entre mirar hacia el futuro

o el pasado escoge mirar ambos a la vez y quedar bizco. No hay conciliadores puntos medios: no existe el gris, sólo existe el presente (Font Acevedo 2004: 29).

Tanto Carola como Nono desembocan en la duplicidad, aunque de distinta manera. Ella ritualiza la repetición, él elude escoger y trata de sostener indefinidamente abiertas opciones mutuamente excluyentes.

¿Puede afirmarse que el personaje de «Bondades» es el mismo de «Melancolía»? Bien puede tratarse del mismo individuo, aunque no es necesario. Queda de parte del lector decidirlo. Lo cierto es que ambos se resisten a elegir entre opciones excluyentes y su dilema se describe con el mismo lenguaje (quedar bizco). Ambos personajes son letrados y la estructura de ambos cuentos se desarrolla a base de divisiones o duplicaciones. Además, cuando el narrador de «Melancolía» (que ha dicho que le gusta llamarse alternativamente Nono o K. K.) regresa a su asiento y lo encuentra ocupado por K. K., éste lo saluda llamándole Nono. De ahí en adelante mantienen un diálogo asumiendo esos nombres y al concluir su conversación, el narrador, que ahora es un tercero, paga la cuenta de todos y se despiden.

Cuando K.K. se entera del problema de Nono, le propone que juntos terminen de contar «siquiera oral y esquemáticamente las historias de Francisco» (Font Acevedo 2008: 80) y proceden a esbozar dos desarrollos y conclusiones para el cuento. Los dos argumentos conducen al personaje Francisco a descubrir que es un hombre divisible en dos sentidos distintos. En la primera versión se da cuenta de que «todos en la ciudad, salvo él, están atrapados en burbujas impenetrables. Francisco, hombre dividido de los demás, queda irremediablemente separado de sus conciudadanos» (80). Esto podría leerse como una metáfora del aislamiento del individuo en el mundo urbano. Debe leerse también como un desarrollo necesario para complementar la estructura narrativa. Es el contrario o correlativo de la versión siguiente, la cual es más explícitamente alusiva a la escritura. En la segunda versión el personaje se percata de que es divisible «una tarde mientras camina en una calle del distrito financiero de la ciudad» (80). Esta percepción está ligada a la sensación de ser observado:

> Pero no hay manera de que escape a su destino de hombre divisible y según discurren los párrafos, Francisco, siempre huyendo de la mirada que lo persigue, comienza a difuminarse. Cuando pierde su sombra, Francisco queda reducido a Fran; al descubrir que su imagen es niebla, es apenas la letra F; cuando la mirada, el ojo voraz del lector, lo alcanza, no es más que el punto que concluye el relato (Font Acevedo 2008: 81).

Lo que comenzó con la ciudad deletreada culmina ahora con el ciudadano deletreado. Significativamente, el nombre que se fragmenta y dispersa es el mismo del autor. Veremos este nombre otra vez fragmentado, dividido en dos, como segundo nombre del personaje protagonista de «a. C. y d. C.». Ahora bien, lo que en el cuento que nos ocupa es expresivo de un proceso en que el personaje desaparece, un juego de palabras de sentido metaliterario, en aquél será emblemático de etapas en la biografía del personaje, intento de expresar inflexiones en su carácter, opciones tomadas en el rumbo de su vida. Sin embargo, ¿podemos o debemos realmente leer dos operaciones diferentes detrás de un proceso parecido sin permitir que lo que ocurre en un texto impacte la lectura de lo que ocurre en el otro? ¿No desaparece Cisco, el protagonista de «a. C. y d. C.», de forma distinta pero análoga al Francisco sobre el que Nono escribe? Considerando que Cisco muere asesinado, ver una analogía entre estos cuentos realza la violencia implícita en el deletreo.

Tanto en «Melancolía» como en «Bondades» debe notarse que si, por un lado, la anécdota del cuento trae a la superficie la dificultad de escoger entre una variedad de opciones, por otro, el texto mismo explora, hasta donde es posible, la línea narrativa producto de cada opción. En «Melancolía» nunca se toma una decisión entre los dos argumentos posibles del relato sobre Francisco. Se resumen esquemáticamente ambos, y esa operación constituye un relato que los abarca y contiene a los dos, y los deja abiertos, todavía «sin escribir». A manera de hipótesis para futuras lecturas, una forma de acercarnos a *La belleza bruta* puede ser precisamente considerar los varios relatos como una indagación en la elaboración de hilos narrativos alternativos. Detrás de ese gesto habría un forcejeo con la lengua y con la escritura, tentando el alcance y los límites de su capacidad para ordenar un mundo al tiempo que se medita sobre el lugar social del intelectual, desplazado de los círculos del poder.

Si, como se evidencia en su escrito sobre la represión del grafiti, Font Acevedo se opone a la imposición de un orden estatal y simpatiza con expresiones que desafían ese orden, por otro lado, el conjunto de su escritura expresa, a modo de un inconsciente político, un impulso ordenador. Sugiere, tal vez, una forma de orden distinta, que se contrapone a las relaciones verticales, expresivas del poder, y favorece las conexiones sociales horizontales. Tal vez, desde un punto de vista de clase, está en conflicto con los sectores específicos que ostentan el poder y resiente que la intelectualidad puertorriqueña no tenga un lugar en la toma de decisiones.

De ciudadanos y ciudad-anos

De las tres partes en que se divide *La belleza bruta*, la primera, subtitulada «Látex Corp.», y la tercera, «El Último Oasis», incluyen siete cuentos cada una. La segunda parte, subtitulada «El nido de Amor», consta de un solo cuento titulado «a. C. y d. C.» que, además de ocupar el centro del libro y efectivamente dividirlo en dos, tiene otras características distintivas. Se acerca a la novela de aprendizaje en cuanto narra los eventos que van formando y deformando el carácter del protagonista desde su infancia hasta su muerte, siendo todavía un adulto joven. Sin embargo, se dice muy poco sobre la interioridad del personaje que se caracteriza por la desconfianza y la negativa a compartir su intimidad. A diferencia de los otros textos, «a. C. y d. C.» no tiene relaciones intratextuales con los cuentos que aparecen inmediatamente antes y después. Sí está conectado, en cambio, con el penúltimo cuento del libro, cuyo personaje principal, Marta, «trabaja en una compañía de teléfonos celulares o de planes médicos, da igual» (236), mientras en «a. C. y d. C.» leemos que en una ocasión Cisco, el protagonista, salió a buscar a Sharo, la prostituta que se convertiría en su amante, y «la vio bajarse de un Mercedes Benz negro, propiedad del presidente de una empresa de celulares o de planes médicos, da igual» (118).

Mientras que los personajes de otros cuentos se ubican en sectores sociales medios y altos, «a. C. y d. C.» trata de un narcotraficante en un barrio marginal y pobre[10]. Es una mirada a una parte de la ciudad que impacta la experiencia de la vida urbana de todos mientras queda generalmente oculta o ignorada por los que gozan de una posición más cómoda:

> Hay un río de sangre tierna debajo de la ciudad. Todos los ciudadanos lo saben. Aquellos que trabajan y duermen por reloj lo saben por las noticias, y lo previenen a toda costa [...] Los demás, las criaturas de la noche, lo saben porque viven ungidos por esa sangre como víctimas o victimarios. Es imposible vivir tranquilo, el miedo cunde dondequiera: cualquiera es vulnerable de morir asesinado. [...] La violencia nuestra de cada día: un símbolo cohesivo, una señal de identidad urbana (85).

Así comienza el texto, y deja claro enseguida que si, por un lado, la vida en la ciudad se caracteriza por la violencia y el miedo, independientemente del

---

[10] En el cuento «Notas sobre el proyecto Xerox», los personajes se mueven por Nueva York y San Juan, y entran en lugares diversos, tanto tugurios y barrios marginales como apartamentos de lujo.

lugar social que ocupe cada quien, por otro lado hay una estratificación que determina cuán cerca se vive de la violencia. Cualquiera es vulnerable, pero son las «criaturas de la noche» los ungidos por la sangre[11]. Los individuos viven en círculos sociales separados entre sí, de modo que los ciudadanos de estratos medios sólo se enteran por la prensa de lo que pasa en el inframundo de la economía subterránea. El estado no puede detener la violencia, pero el Superintendente de Policía hace declaraciones a la prensa, y se ejecutan operaciones represivas cuya función es calmar y devolver la confianza a la ciudadanía[12]. Se entiende que «ciudadanía» aquí se refiere a los sectores medios y altos, mientras que en el cuento sólo aparecen los otros. En el lugar más bajo de la sociedad se encuentran los tecatos: «la escoria de la ciudad [...] esa degradación humana que nos avergüenza y nos hace sentir tan afortunados» (92). Cuando se aplica a ellos, la palabra ciudadano se fragmenta, acercándose al deletreo que hemos visto más arriba: «al igual que los buenos ciudadanos, los tecatos, ciudad-anos también, vivían los encantos del temor» (93). Por vía de una alusión escatológica, la marginación se evidencia en la lengua como un quiebre en el orden, como un exceso.

En este cuento el tema de la violencia se integra a los otros apuntados arriba: la fragmentación o división de un objeto (cuerpo) en partes y la escritura. Desde que Tony (todavía no ha cambiado su nombre a Cisco) comete su primer asesinato con el apoyo de sus amigos, la manera de matar se convierte en su «firma» (95), señal identitaria del grupo que se inscribe en el cuerpo del otro. Esta práctica es común entre los asesinos mencionados en el texto pero, en el caso de Cisco y sus amigos, la firma del grupo consistirá en cortar partes específicas del cuerpo de la persona, antes o después de matarla, con una intención significativa. Cisco «escribe» en o con los cuerpos de sus víctimas: una parte cercenada o un cuerpo mutilado se dejan en un lugar determinado como un mensaje para alguien. Como la escritura del sector letrado en otro contexto, los asesinatos y el temor que infunden tienen una función ordenadora. A través de ellos, Cisco y sus colaboradores, Los Insecticidas, logran establecer su organización de tráfico de drogas y durante un período de cinco años mantienen paz y orden dentro del barrio donde viven, Cuchillas. Instauran una forma de

---

[11] Para un análisis teórico del miedo y la violencia urbanos, véase Rotker 2000 (en la introducción discute la condición generalizada de víctima potencial) y Reguillo 2002.

[12] El Superintendente de Policía, nombrado por el gobernador, dirige el cuerpo de policía del Estado Libre Asociado de Puerto Rico.

Estado en un lugar donde el Estado apenas interviene. Para ampliar su mercado atrayendo clientes de otros barrios debían garantizar su seguridad y mantener condiciones favorables al intercambio comercial en las calles. Entonces prohíben los delitos en el barrio y el consumo de drogas en lugares públicos, para lo cual asignan lugares específicos. A este estado de orden se refiere el narrador como la «*pax* insecticida del dios Cisco y sus santos acólitos» (105).

El título mismo del cuento alude a cómo se divide en dos la vida del protagonista y cómo se refleja esto en su nombre. A Antonio Francisco se le conoce inicialmente como Tony, pero él mismo decide llamarse Cisco a partir del momento en que se convierte en líder de una organización de narcotraficantes. El título es también una expresión de su poder, que infunde temor en la comunidad. Son los vecinos quienes perciben dos épocas distintas en la vida del barrio, antes y después de que Cisco ejerciera su dominio, que alcanza todos los aspectos de la vida. El cambio de nombre, así como su formación por la fragmentación y acortamiento del original resuena con lo que hemos visto en «Melancolía» y «Bondades», pero hay diferencias significativas. Al contrario de lo que ocurre en esos otros relatos, no se trata de llamar a un individuo alternativamente de una forma u otra, de modo que ambos nombres persistan en el tiempo simultáneamente. Tony abandona un nombre y lo sustituye por otro, marcando dos etapas diferenciadas. El cambio de Tony a Cisco no se impone al personaje desde fuera, sino que obedece a su propia determinación y su conciencia de una identidad. En cierto modo, Sharo también cambia de nombre. Llega a sentirse tan comprometida con Cisco que abandona sus defensas y, sabiendo que pronto será asesinado, decide pasar la noche con él, cosa que no hace nunca con nadie. Al día siguiente le revela su verdadero nombre, que nunca se menciona en el texto.

El cuento «a. C. y d. C.», localizado en un ambiente que viene a ser el reverso del mundo en que habitan las élites y sectores medios, constituye una suerte de ciudad dentro de la ciudad. Dentro del caos de la violencia urbana, los traficantes compiten por imponer un orden propio, al margen del orden letrado y del Estado, con el cual pueden tener relaciones antagónicas o de colaboración. Irónicamente, al cabo de la acción, el competidor y enemigo que destruye la operación de Cisco y logra matarlo es un criminal apodado «Muñón», un hombre que «había sido aprendiz de carnicero hasta que una rebanadora de carne le destazó cuatro dedos de su mano derecha» (116-117). Hipólito, Muñón Villanueva también practica la violencia con un propósito comercial, domina su propio territorio y, al final, impone su orden, se entiende que con la complicidad de las autoridades del gobierno. Desde antes de su guerra con Cisco, ya controlaba todo el tráfico de drogas y armas en la barriada La Perla y su «monopolio se extendía por toda la zona colonial de la ciudad hasta las escalinatas del Capitolio. Sus conexiones comerciales con la Casa de las Leyes lo protegían de la policía» (116).

Si retomamos la idea de entender los relatos de *La belleza bruta* como la elaboración de hilos narrativos alternativos, notamos que, a diferencia de lo que ocurre en otros textos, el protagonista no vacila en sus decisiones. Sin embargo, se ve acorralado y cada vez con menos opciones, hasta quedar definitivamente sin salida. Cuando el cuento termina, está a punto de ser asesinado y no tiene escape. De hecho, desde muy temprano la narración hace referencia a su muerte como un hecho consumado. Esto, por supuesto, puede leerse como expresión de las limitaciones a que están sujetos los sectores que la sociedad margina. Debe leerse también como el desarrollo de un hilo narrativo alterno y contrastante a narraciones como «Melancolía»; como otra manera de articular el problema del orden y el poder, a nivel social y en la escritura.

Aunque los personajes de «a. C. y d. C.» no parezcan tener contacto con individuos de otras clases sociales[13], la forma en que los diferentes cuentos están interconectados entre sí evidencia cómo la violencia corta a través de las divisiones sociales. Así, por ejemplo, en «La manicura de Marta», cuando el ex amante (y ex jefe) de Marta muere asesinado, «según la prensa, el homicidio se debió a una deuda del occiso con algún narcotraficante de la ciudad» (273). En «Guantes de Látex», el hermano de Marta, Antulio, es un empresario exitoso y rico que vive en un ambiente pulcro constantemente desinfectado, evita todo contacto físico y usa para todo guantes de látex. Mira con desprecio a los menesterosos y es prepotente y sádico. Junto a su esposa y sus hijos mayores mantiene un macabro pasatiempo familiar que consiste en asesinar a mujeres desconocidas. Antulio mata por placer y escoge sus víctimas entre mujeres que por su clase y ubicación social pueden desaparecer sin escándalo, especímenes intermedios entre la desesperación y la prostitución (17). Mientras que Antulio mantiene separados sus negocios y los asesinatos, para Cisco el asesinato es un asunto de negocios. Él también mira con desprecio a los tecatos, pero son sus clientes y no los agrede por gusto. La violencia de Cisco es la fría y desapasionada expresión de una voluntad calculadora. Responde a sus intereses como empresario, con la peculiaridad de que su empresa es ilegal.

---

[13] La excepción es que Sharo tiene un cliente que maneja un Mercedes Benz.

La ironía final, sin embargo, es que Cisco es capaz de sentir compasión y expresar ternura. Esto queda demostrado cuando se enamora de Sharo y desarrollan una relación basada en la ternura y el respeto mutuo. Sharo y Cisco son dos individuos endurecidos por una vida llena de violencia y riesgos, acostumbrados a vivir en aislamiento emocional, a tener sexo, pero no intimidad. Pero se enamoran y, poco a poco, se abren a una intimidad compartida. Se unen hasta el punto de encerrarse a esperar juntos la muerte, que hubiera sido sólo de Cisco, pero será al final de los dos. Esta relación es la recuperación y activación de lo humano en dos individuos abyectos. Destaca la capacidad de amar que hay en Cisco, a pesar de su brutalidad, y la valoración de la mujer que es Sharo, más allá de su prostitución. No por nada la segunda parte del libro se titula «El nido del Amor». La valoración de una mujer cuyo oficio ha sido vender sexo contrasta con el tratamiento que se da a las víctimas en «Guantes de látex», y con lo que se observa en cuentos como «La manicura de Marta» o «Zigzags del Hotel La Esperanza». En el primero de estos, la protagonista, Marta, es una mujer divorciada que cambia de empleo varias veces. No consigue que se le reconozcan sus méritos en el trabajo y recurrentemente se ve solicitada sexualmente por sus jefes en sucesivos empleos. Luego de haber tenido un sobrepeso considerable, se ha puesto en forma y es muy atractiva. En todo caso, se le valora conforme a su cuerpo, atendiendo sólo a su atractivo sexual. En el último cuento tenemos al personaje de Tina, una anciana viuda de dudosa salud mental que vive atormentada por los recuerdos traumáticos de su matrimonio con un hombre violento. Saber que Marta es hermana de Antulio y que Tina es la madre de ambos confronta al lector con la violencia en el seno familiar de los estratos sociales más altos.

Hay mucha violencia en las páginas de *La belleza bruta*, pero es en «a. C. y d. C.» que se habla de la violencia y el miedo como señas de identidad ciudadana, como la fibra con que se teje la ciudad. La violencia que fragmenta y deforma a los sujetos es también el mecanismo para generar un orden. El estado, las organizaciones criminales, los individuos, todos tratan de imponer su propio orden a través de ella. La frontera entre lo legal y lo ilegal se hace borrosa según se evidencia que el gobierno, o los individuos que lo controlan, son indiferentes e incluso cómplices de la violencia criminal. Si bien Cisco es un narcotraficante de un barrio marginal, otros cuentos de la colección exhiben la violencia en contextos de variada clase social, y confrontan al lector con diversas formas de violencia, ya sea dentro de la familia, en el trabajo o la escuela, en las relaciones eróticas, como simulacro y espectáculo en la lucha libre, etc.

En «a. C. y d. C.» la escritura aparece como gestión ordenadora y como violencia no sólo en los asesinatos que muestran una «firma», sino también en el título del texto, alusivo, por un lado, al temor (religioso) que generan los asesinatos entre los vecinos y, por otro lado, al cristianismo. Son varias las instancias en que el narrador describe los eventos parodiando el lenguaje religioso. El título alude al cristianismo sobre todo en cuanto práctica ligada a la (sagrada) escritura. La expresión *a. C. y d. C.* evoca el impacto que ha tenido el cristianismo en la historia de Occidente (ni hay que decir que tanto la historia del cristianismo como la de Occidente, si es que son separables, están marcadas por la violencia), al punto de ordenarla y dividirla en dos. La fórmula *a. C. y d. C.* simplifica y abrevia un dogma, facilitando su absorción acrítica y la imposición de una norma social. Es una forma de violencia. De este modo, aún cuando no aparecen personajes letrados en el cuento, a través del narrador se inscribe el conflicto entre construir un orden a través de la escritura y, al mismo tiempo, expresar una resistencia a la imposición del orden.

Bibliografía

Font Acevedo, Francisco (2004): *Caleidoscopio*. San Juan: Isla Negra.
— (2007): «La decapitación». En *La legión miope*. En <http://legionmiope.wordpress.com/2007/08/21/la-decapitacion/> (consultado el 26.06.2010).
— (2008): *La belleza bruta*. San Juan: Tal Cual.
Guerra, Erasmo (2010a): «42nd St. mural by Sofia Maldonado drives some up the wall». En *NY Daily News*. En <http://www.nydailynews.com/latino/2010/04/14/2010-04-14_mural_drives_ some_up_the_wall.html> (consultado el 26.06.2010).
— (2010b): «Cast of Afro-Caribbean Latinas populate Sofia Maldonado's upcoming 42nd St. mural». En *NY Daily News*. En <http://www.nydailynews.com/latino/2010/02/10/2010-02-10_streetwise_latina.html> (consultado el 26.06.2010).
Ismo (2006): «Comunicado de prensa». En <http://pr.indymedia.org/news/2006/10/18982.php> (consultado el 26.06.2010) .
Martínez Rodríguez, Eugenio (2006): «Baskiat y Bik Ismo: de calles y galerías». En *Tinta Digital*. En <http://enredos.net/tinta/baskiat-y-bik-ismo-de-calles-y-galerias/> (consultado el 26.06.2010).
Mercado Rodríguez, Salvador (2010): «Contemplando *La belleza bruta*, de Francisco Font Acevedo». En *Confluencia* 25 (2). 106-121.

Rama, Ángel (1984): *La ciudad letrada*. Hanover: Ediciones del Norte.
Reguillo-Cruz, Rossana (2002): «¿Guerreros o ciudadanos? Violencia(s). Una cartografía de las interacciones urbanas». En Mabel Moraña (ed.): *Espacio urbano, comunicación y violencia en América Latina*. Pittsburgh: Instituto Internacional de Literatura Iberoamericana.
Rotker, Susana (ed.) (2000): *Ciudadanías del miedo*. Caracas: Nueva Sociedad.

Distopía social con fondo de ciudad: *Managua, Salsa City (¡Devórame otra vez!)*, de Franz Galich

Magdalena Perkowska
Hunter College | Graduate Center City University of New York

> Whose city is it?
>
> Saskia Sassen

> … para mientras tanto, aquí en el infierno, digo Managua, todo sigue igual…
>
> Franz Galich

Son las seis de la tarde en la Managua posrevolucionaria; La Guajira y Pancho Rana cruzan sus caminos en La Piñata, un centro de diversión de la capital nicaragüense. Ella es prostituta y jefa de una pandilla de asaltantes; él es un ex combatiente de la Tropa Especial del Ejército Nacional Sandinista. Ella trabaja como anzuelo para la banda que dirige, él busca cómo divertirse antes de huir a Honduras con las joyas y otros bienes transportables de sus patronos. A partir de este encuentro fortuito, los personajes visitan distintos lugares del (sub)mundo nocturno de Managua para terminar su recorrido en la quinta de los patronos de Pancho, quienes se encuentran en Miami. La acción termina a las seis de la mañana, después de una batalla entre Pancho, los miembros de la pandilla de la Guajira y otros dos asaltantes que en un momento del deambular nocturno de la pareja empiezan a seguirlos con intenciones deshonestas. Al despuntar del día, sólo la Guajira y «el cara de ratón», uno de los hombres desconocidos, más observador que participante del enfrentamiento, quedan con vida y se alejan presurosos del lugar de los hechos.

De esta manera puede resumirse *Managua, Salsa City (¡Devórame otra vez!)*, la segunda novela de Franz Galich, escritor guatemalteco residente en Nicaragua, por la cual el autor obtuvo el Premio Centroamericano Rogelio Sinán, 1999-2000[1]. La obra puede asociarse con la tendencia que Jean Franco denominó «the *costumbrismo* of globalization» (2002: 222), textos que representan nuevas formas de violencia en las ciudades latinoamericanas, como ocurre en las ficciones de Fernando Vallejo y Jorge Franco (Colombia), Rubem Fonseca y Paulo Lins (Brasil), Juan Villoro (México), Edgardo Rodríguez Juliá (Puerto Rico) o Pedro Juan Gutiérrez (Cuba), y las crónicas de Villoro, Joaquín Blanco o Emilio Pérez Cruz (México), Alfonso Salazar (Colombia) o Boris Muñoz y José Roberto Duque (Venezuela)[2]. A la vez, la novela de Galich ilustra el nuevo paradigma ficcional y narrativo que desde la década de los noventa se va definiendo en la literatura centroamericana.

Los años noventa marcaron el final de los conflictos armados que desde los setenta (y antes) habían asolado el Istmo. La derrota electoral del FSLN en Nicaragua (1990), los acuerdos de paz en El Salvador (1992) y la firma de los acuerdos de paz en Guatemala (1996) significaron «el fin del guerrillerismo y del sueño utópico de la revolución», implicando entre otros, la necesidad de «redefinir prioridades, identidades y proyectos culturales» (Arias 1998: 7). Si bien era imperativo terminar las guerras civiles que devastaban el tejido social y la economía de estas naciones centroamericanas, la solución negociada a los

---

[1] Franz Galich (1951-2007) publicó tres libros de relatos y cuatro novelas, además de numerosos cuentos y ensayos que salieron en revistas, periódicos y antologías literarias o críticas. Sus obras publicadas incluyen: *Ficcionario inédito* (1979, cuentos), *La princesa de Onix y otros relatos* (1989), *Huracán corazón del cielo* (1995, novela), *Managua, Salsa City (¡Devórame otra vez!)* (2001, novela), *El ratero y otros relatos* (2003), *En este mundo matraca* (2004, novela), *Y te diré quién eres (Mariposa traicionera)* (2006, novela). *Managua, Salsa City*, junto con *Y te diré quién eres* son las primeras dos partes de un proyecto titulado *Cuarteto centroamericano*, inacabado a causa de la muerte prematura del escritor.

[2] «The life and death of delinquents has become a common theme of urban chronicles, newspapers, magazines, and the fiction I describe as the *costumbrismo* of globalization. *Costumbrismo* was a nineteenth-century response to modernization. But whereas in the nineteenth century the old customs could be captured as quaint anachronisms on the verge of disappearance, the contemporary texts are postapocalyptic, reflecting the horror of the middle classes as their whole cultural world implodes» (Franco 2002: 222). La novela de Galich no incluye la perspectiva de la clase media ante los cambios culturales a los que se refiere Jean Franco, pero retrata la fuerza con que éstos se apoderan de la sociedad nicaragüense.

conflictos armados «no desembocó en una transformación de fondo de las estructuras de poder, de la distribución de la riqueza, de las razones que habían conducido a tomar el camino de la guerra revolucionaria» (Barrientos Tecún 2007: en línea). Es más, los movimientos y partidos de izquierda, incorporados en el sistema político por los acuerdos de paz, fueron incapaces de contrarrestar la implementación de políticas y programas neoliberales que han extremado la desigualdad y la pobreza, recrudeciendo el sistema clasista (Kokotovic 2003: 20). A esta situación, de por sí muy grave, se añaden otros fenómenos, como la crisis de las instituciones del Estado, la corrupción que invade todos los niveles de gestión política y social, la prostitución, el aumento en el tráfico de drogas y la violencia callejera que se desprende de él, y una impunidad generalizada que socava cualquier intento de ampararse en la ley y la justicia. En una entrevista con Arnulfo Agüero, Franz Galich se refiere a la época de posguerra como el momento de la «descomposición social» que hunde a la mayoría de los centroamericanos en «la miseria y desamparo» (2006: en línea), mientras que para el novelista nicaragüense Erick Aguirre, la década de los noventa se destaca por «su influjo de desencanto político, su auge mercadotécnico y su disfraz democrático amparando el latrocinio de los nuevos grupos políticos y económicos que accedían al poder» (2007: en línea).

No sorprende, entonces, que la tónica dominante de la narrativa centroamericana a partir de los noventa sea de desilusión, desencanto y amargura, tendencia que se manifiesta con claridad en los títulos de algunas de las novelas publicadas en esta época, como *El asco* (1997) y *Desmoronamiento* (2006), de Horacio Castellanos Moya (El Salvador), o *El desencanto* (2001), de Jacinta Escudos (El Salvador). La ética de compromiso político, el espíritu de utopía social y la denuncia de la injusticia que caracterizan la producción literaria y cultural de la región desde el final de los sesenta hasta mediados de los ochenta, son desplazados por narrativas que representan las consecuencias y secuelas de los conflictos armados explorando la historia privada, la intimidad y la subjetividad de los individuos (tanto los vencedores como los derrotados) inmersos en la compleja y dolorosa realidad de la posguerra. «El énfasis de los escritores hacia propuestas colectivas y discursos de cambios sociales ha cedido oblicuamente hacia una narrativa más individual, más fragmentaria, más experimental», observa Erick Aguirre (2004: en línea). Los ideales de la lucha revolucionaria y los grandes valores éticos del momento utópico desaparecen de las páginas de las novelas que representan, en cambio, la pérdida de referentes ideológicos, la indiferencia, el hedonismo, el escepticismo, la resignación o, inclusive, el derrotismo, en otras palabras, una «cultura de sobrevivencia, del presente inmediato, del mañana incierto y poco probable» (Castellanos Moya 1993: 45)[3].

Un aspecto temático que resalta en la narrativa centroamericana de posguerra es un nuevo tipo de violencia, «nueva» en cuanto a su carácter y el lugar donde se desarrolla. Se trata de una de las secuelas de los conflictos armados y de una consecuencia directa de la desesperanzada situación económica de las mayorías, que las hace recurrir a la economía informal o actividades delictivas como la prostitución, el asalto o el tráfico de drogas, concentradas en, pero no limitadas a, las ciudades capitales de la región: Managua, la Ciudad de Guatemala, San Salvador e, incluso, San José[4]. La guerra que antes se concentraba en zonas rurales y montañosas, ahora despliega su devastadora presencia en la ciudad, aunque su forma haya cambiado. Esta perduración de la violencia se debe a que después de largos años de conflictos bélicos, la guerra permanece incrustada en la conciencia de los hombres, todavía armados o rearmados y entrenados para ella (Vigil 2000: 29). Se debe también a la ya mencionada pervivencia de los factores que condujeron al estallido revolucionario, ya que «sin una transformación de las estructuras sociales y políticas, sin una redistribución del ingreso, la guerra encontrará nuevas manifestaciones» (Castellanos Moya 1993: 51), como lo atestigua el problema de las maras juveniles en El Salvador[5]. Héctor Leyva y Werner Mackenbach

---

[3] Sobre las tendencias actuales en la literatura centroamericana, véanse los ensayos de Aguirre (2004) y (2007), Barrientos Tecún (2007), Cortez (2001), Kokotovic (2003), Leyva (2005), Mackenbach (2007) y Ortiz Wallner (2002).

[4] La novedad tiene más que ver con la forma de la violencia que con el lugar donde se desarrolla. Discrepo aquí con Jeff Browitt quien se refiere a la más reciente novela centroamericana como «una narrativa cuyo escenario principal ha vuelto a la ciudad después del romanticismo revolucionario que buscaba el reflejo de la nación en la supuesta pureza y organicidad del campo» (2007: en línea). Muchas novelas de la época revolucionaria –pienso en *Después de las bombas* (1979), de Arturo Arias, *Los demonios salvajes* (1978), de Mario Roberto Morales, *¿Te dio miedo la sangre* (1977), de Sergio Ramírez, *El último juego* (1977), de Gloria Guardia, o *La mujer habitada* (1988), de Gioconda Belli, por ejemplo– sitúan su acción en las ciudades del Istmo. Por otra parte, algunas de las novelas más recientes tratan el tema de la violencia del narcotráfico en la costa caribeña del Atlántico; es el caso de *El cielo llora por mí*, de Sergio Ramírez (2008).

[5] También en Nicaragua hay pandillas que surgen en los años noventa: «Las pandillas empezaron a aparecer en Nicaragua en los años noventa, cuando tocó a su fin la guerra y muchos jóvenes integrantes del ejército retornaron a sus barrios y a un desempleo en acelerada expansión. El conocimiento del manejo de armas y de tácticas militares adquirido durante el

subrayan el carácter anárquico y post-ideológico de estas nuevas formas de violencia; es «una violencia anárquica de motivos confusos» (Leyva 2005: en línea), una violencia «despojada de un sentido político-ideológico y sin justificación ético-moral alguna» (Mackenbach 2007: en línea). El vacío ideológico de la violencia se evidencia también en el título de un ensayo de José Luis Rocha: «Pandilleros: armados sin utopía», en el que el autor comenta, entre otros, cómo durante la huelga de los transportistas (Managua, abril de 1999), tanto el PLC (Partido Libre Constitucionalista) como el FSLN pudieron alquilar pandilleros para promover sus respectivas agendas: «El FSLN para "respaldar la lucha popular", el PLC para desprestigiar a los huelguistas y actuar contra ellos» (Equipo Nitaplán-Envío 1999: en línea)[6]. *Managua, Salsa City* es una de las novelas que ilustran y configuran esta violencia post-bélica en el ámbito urbano, dominado por la falta de perspectivas y el desamparo laboral[7]. Los espacios de Managua y las actividades de los personajes que actúan en este escenario conforman la visión de una nación «disfuncional» y una sociedad distópica.

MANAGUA BY NIGHT

Dos elementos configuran el ambiente en el que se desarrolla la acción de la novela: la noche y la música. La diégesis se inicia a las 6 de la tarde, cuando «Dios le quita el fuego a Managua y le deja la mano libre al Diablo. […] de no se sabe dónde, empiezan a salir los diablos y las diablas. Managua se oscurece y

---

servicio militar, y el afán de recuperar el estatus social que les dio ser defensores de la patria, se conjugaron, en muchos casos, para convertir a bastantes de ellos en una suerte de defensores del barrio, con un sesgo cada vez más delincuencial en sus actividades. La pandilla fue la forma que encontraron para imponerse a una sociedad que los excluía, después de haber demandado de ella los mayores sacrificios» (Rocha 1999: en línea). Este desamparo post-bélico que describe José Luis Rocha es la situación en la que se encuentran los personajes de *Managua, Salsa City*.

[6] Sobre el estallido de la violencia a raíz de las protestas universitarias y la huelga del transporte en abril de 1999, cuando el gobierno de Alemán y la oposición (el FSLN de Ortega) recurren a las pandillas, véase el editorial «Violencia: ¿un ciclo interminable?», en la revista *Envío* (1999).

[7] Otros ejemplos, entre muchos, son las novelas *Baile con serpientes* (1996) y *El arma en el hombre* (2001) de Castellanos Moya, *Que me maten si…* (1996; en parte) y *Piedras encantadas* (2001), de Rodrigo Rey Rosa.

las tinieblas ganan la capital...» (9)[8]. Doce horas más tarde, cuando la Guajira y el «cara de ratón» se alejaban de la quinta donde tuvo lugar la «batalla» final,

> Dios volvía a ponerle la llama a Managua y le amarraba nuevamente las manos al Diablo. Diablos y diablas volvían a sus madrigueras después de una vertiginosa noche. Los que habían descansado de noche, sumidos en los sueños y la locura de las ansias por tener algo, salían a las calles... (126).

La ciudad se presenta de entrada como una arena de lucha simbólica entre las fuerzas diurnas y nocturnas, una zona reclamada por dos impulsos que parecen ser opuestos, aunque la diferencia se desdibuja cuando el narrador aclara que la mayoría de los seres diurnos salen a «vivir de la caridad, el robo o la estafa» (126). Las tinieblas que cubren Managua de noche son, a la vez, reales y figuradas. Por un lado, aluden a la falta de iluminación, el hecho de que «las luminarias no sirv[an] del todo y las pocas que sirven, o se las roban los mismos ladrones de la Empresa Eléctrica o se las roban los del gobierno para iluminar la Carretera del Norte cuando vienen personajes importantes, para que no piensen que estamos en total desgracia» (9). Por el otro, simbolizan un espacio nocturno de otredad y ex-centricidad, amenazador y tentador al mismo tiempo, poblado por «diablos y diablas» o «criaturas de la noche», en las que Rossana Reguillo-Cruz ve «la metáfora de los márgenes y de la irreductibilidad al discurso moral de la sociedad» (2002: 56)[9].

El ambiente nocturno de Managua en la novela se hace sonoro por las referencias a la música popular que irrumpe en las frases como si de repente saliera de algún altoparlante:

---

[8] Franz Galich, *Managua, Salsa City (¡Devórame otra vez!)*, Managua: Anamá Ediciones, 2001. Todas las citas de la novela provienen de esta edición y se señalarán entre paréntesis en el texto.

[9] Reguillo-Cruz, quien estudia la construcción del otro en las interacciones urbanas, basa su investigación en el caso concreto del México moderno, pero muchas de sus reflexiones pueden extenderse a otros centros metropolitanos. De hecho, sus reflexiones sobre la territorialización de la violencia aclaran más de un aspecto de la novela de Galich. Según la autora, la perspectiva normativa asocia tres campos de sentido a la violencia en la ciudad: «un territorio habitado por la pobreza; un tiempo nocturno y de excepción y un entorno caracterizado por el relajamiento moral y por los vicios». Desde esta lógica, los culpables de las violencias son «"las criaturas de la noche", los seres nocturnos, metáfora de los márgenes y de la irreductibilidad al discurso moral de la sociedad: drogadictos, borrachos, prostitutas, jóvenes que escapan a la definición normalizada, homosexuales, travestidos, pensados como portadores de los antivalores de la sociedad y propagadores del mal» (2002: 56).

Bailemos para mientras. Sí, amor, le dijo, levantándose, acercándosele y se le pegó al cuerpo. /Amigo, yo siento celos hasta del propio viento, lo mío es un amor voraz que crece como fuego. Sí, creo que antes de nacer te estaba amando y ahora tengo que morir de sed\ sonaba la salsa en Salsa City... (49).

Predomina la salsa con «¡Devórame otra vez!» de Lalo Rodríguez, que invade el oído del lector desde el título y salpica el texto a intervalos, configurando así un ritmo acelerado que refleja, al nivel de la narración, el *tempo* desenfrenado de la acción y el frenesí de los personajes en continuo movimiento[10]. Las referencias inter-discursivas a la música popular, en particular a «¡Devórame otra vez!», constituyen un *leitmotiv* simbólico que llama la atención del lector a la idea de Managua como un espacio que devora a sus habitantes, además de compendiar en una frase el encuentro amoroso-erótico entre la Guajira y Pancho Rana. Por otra parte, la salsa es también uno de los significantes de la ciudad, dado que su origen, en cuanto género musical, es urbano (Nueva York)[11]. Como significante de la cultura urbana, la salsa no remite, sin embargo, a una ciudad abstracta o indiferenciada o a sus espacios más públicos, sino a sus territorios populares y circuitos ex-céntricos, que son los parajes visitados por los personajes de Galich.

Después del encuentro en La Piñata, Pancho Rana y La Guajira, seguidos por los miembros de la banda que ella dirige, emprenden un recorrido de varias horas, que puede leerse a la luz de las reflexiones que hace Michel de Certeau acerca de «walking as a space of enunciation» (1984: 98). Para el pensador francés, «[t]he act of walking is to the urban system what the speech act is to language or to the statements uttered» (1984: 97). El caminar es una representación (acting out) espacial del lugar, que «affirms, suspects, tries out, transgresses, respects, etc., the trajectories it "speaks"» (1984: 99); sus vueltas y desvíos conforman una retórica y expresan el arte de componer una trayectoria (1984: 100), cuya articulación se basa en dos figuras clave: la sinécdoque, que amplifica el detalle recortado, y el asíndeton, que fragmenta el espacio atravesado y deshace su continuidad, realizando «the ellipsis of conjunctive *loci*»

---

[10] Otras dos canciones salseras citadas en la novela son «Qué locura fue enamorarme de ti» (26-27, 45, 49) y «La cita» (49). Además, se encuentran citas de los boleros «Sombras, nada más» (42) y «Presentimiento» (67-68), y una cita de la canción «Por un caminito te fui a buscar», de Leo Dan (85).

[11] Ted A. Henken define la salsa como «Cuban music, played by Puerto Ricans, in New York City» (2009: 315).

(1984: 101). El espacio recorrido es una selección y composición; es un texto que significa y un despliegue de historias que un lugar ha acumulado.

Los personajes de *Managua, Salsa City* no caminan, sino que se desplazan en carro porque Managua no es una ciudad hecha para caminar[12]; trazan un recorrido durante el cual entran a o pasan por numerosos lugares que son sinécdoques del submundo nocturno de Managua: salas de baile (Dancing Club El Madroño, «el Molin Rush», el Tropicana), bares (El Escorpión), casas de desnudistas que funcionan también como prostíbulos (el Night Club Aquí Polanco), moteles (Remembranzas) y restaurantes populares (el Munich). Todos estos parajes bullen de actividades ilícitas y transgresoras, como el robo, el tráfico de drogas y la prostitución u otras formas de explotación sexual, e invitan al hedonismo y desenfreno que se manifiestan en el consumo de droga y alcohol y el sexo furtivo. Es un entorno que, desde la perspectiva de la norma social dominante, se caracteriza por «el relajamiento moral y por los vicios» que «sale[n] de esta norma, amenaza[n] la estabilidad y el orden y por consecuencia [son] portador[es] de violencia» (Reguillo-Cruz 2002: 56).

Desde la publicación de *Facundo* y «El matadero», el pensamiento cultural latinoamericano solía conceptualizar la ciudad como el espacio privilegiado de la civilización, en el que se instalan y realizan la modernidad y el progreso. No obstante, las obras del «costumbrismo de globalización» (Franco 2002: 222) o «realismo sucio» (Ferman 2007: en línea), como las de Franco, Vallejo, Gutiérrez, Rodríguez Juliá, Fonseca y Galich, cuestionan esta idealización del imaginario liberal, retratando la ciudad contemporánea como espacio de transgresión y alteridad. Como los actos de habla peatonales que describe de Certeau (1984: 97), el viaje que realizan los personajes de *Managua, Salsa City* desafía la racionalidad funcional urbana y, en este sentido, su desplazamiento es una práctica de resistencia que abre el espacio a algo diferente. Según señala Silvia Gianni, Galich «dibuja una ciudad carnavalizada, que de noche se quita el disfraz de centro legal, de ciudad del trabajo y del comercio [...] Managua se convierte en la urbe de la fiesta, de la salsa, del placer sexual; la ciudad que devora» (2007: en línea). Se desdibuja la ciudad como un espacio formal, público y oficial, mientras que se configura o toma forma la imagen de una ciudad ex-céntrica, marginal y subalterna.

---

[12] El hecho de que los personajes de *Managua, Salsa City* se desplacen en un vehículo en vez de caminar, no invalida mi recurso a las ideas de Michel de Certeau, porque el autor mismo se refiere en sus reflexiones tanto a caminar como a viajar (1984: 106).

De hecho, resulta significativo que los sitios o edificios que se asocian con la historia y la memoria nacional, o los que figuran de forma prominente en la política nicaragüense, ocupen un lugar periférico en el mapa urbano que Galich cartografía en su novela. Sólo se mencionan cuatro de ellos, muy de paso, porque la Guajira y Pancho Rana no se detienen en sus alrededores: el ex-Palacio Nacional, el Parque de la paz, el Estadio Nacional y la embajada de los Estados Unidos. Los primeros dos aparecen carnavalizados, por medio de asociaciones con animales. Pancho Rana se refiere al edificio del que hasta 1979 fue el Palacio Nacional por su nombre popular, la chanchera (74)[13], mientras que el Parque surge en un juego de palabras, lúdico e irónico:

—Del lado derecho es el ex-Palacio Nacional, la chanchera, y a la izquierda, del otro lado de la calle, allí donde está ese como gallinero alto, es el Parque de la paz ...
—¿De lapas? ¿Qué es esa chochada? ¿Las loras?
—¡No mujer! ..., después de la guerra viene la paz (74-75).

El que esta conversación tenga lugar también es de importancia, porque revela que la Guajira, quien posee un excelente conocimiento de todos los bares, clubes, moteles y salas de baile, no reconoce los lugares públicos de la historia nacional. El «centro» de la nación, el lugar donde apenas 20 años antes se ha celebrado la derrota de la dictadura y la victoria militar del FSLN (julio de 1979), no es el espacio por donde suelen transitar los seres desclasados y desamparados como ella y los miembros de su banda. En cambio, la Guajira tiene miedo de que la reconozcan en la Calle Ocho, «un enjambre de bares de mala muerte donde bajo la mascarada de licor, la prostitución y la droga eran moneda de libre circulación» (73).

Acabo de escribir «centro» entre comillas, para señalar que no me refiero al centro de la ciudad, sino a un lugar central en la reciente historia nicaragüense. El recorrido de Pancho Rana y la Guajira, que el narrador traza por medio de la sinécdoque y el asíndeton, apuntando los nombres de barrios y colonias, carreteras, pistas, calles, semáforos, rotondas, mercados, edificios y los locales de diversión nocturna ya mencionados, dibuja un mapa espacial y cognitivo de

---

[13] El pueblo lo llamaba «la chanchera» porque era el lugar donde sesionaban los diputados y senadores de Somoza. El 22 de agosto de 1978, el Comando Sandinista Rigoberto López Pérez, dirigido por Edén Pastora (Comandante Cero) y Dora María Téllez, realizó un exitoso asalto en el que tomó prisioneros a todos los legisladores de Somoza. Pastora había bautizado esta acción como la «operación chanchera».

Managua, del cual surge una ciudad sin centro ni eje, descentrada y caótica. Galich describe estas características de la capital nicaragüense en *Y te diré quién eres*, la segunda parte de su inconcluso *Cuarteto centroamericano*:

> Esa ciudad que no es ciudad, son varios satélites girando a la loca, alrededor de nadie sabe qué ni quién, aunque pensándolo bien es alrededor de los dos soles de la tamalada. [...] No hay núcleo, no hay centro, descentrada, desconcentrada, deschavetada, dejicarada, una ciudad sin jícara pero a la vez con muchas jícaras, con sus potreros con semáforos dentro de la misma ciudad y a la par las Catedrales con techos como cajillas de huevos o descachimbadas por el terremoto y más potreros alrededor y centros comerciales con dos elevadores y dos bandos de gradas eléctricas y lagunas de aguas podridas como sus políticos ... (2006: 102).

La falta del centro a la que se refiere aquí el personaje y que el narrador sugiere por medio de su cartografía en *Managua, Salsa City* es a la vez literal y figurada. El viejo centro de Managua fue devastado por el terremoto del 23 de diciembre de 1972 que destruyó el 80% de las estructuras urbanas, incluyendo hospitales, escuelas y otras instituciones de importancia (Babb 2001: 52). Desaparecieron sus avenidas bordeadas de árboles y casi todos los edificios altos, con la excepción del Hotel InterContinental y el Banco de América Central. A pesar de una sustancial ayuda internacional, la ciudad no fue reconstruida porque Somoza y su familia despilfarraron los fondos extranjeros invirtiendo en sus propiedades y proyectos. Como observa la antropóloga norteamericana Florence Babb, «Three decades after the earthquake destroyed it, the city has a feeling of structurelessness, with open spaces where there was once an urban core» (2001: 52). En la década de los noventa Arnoldo Alemán, el alcalde de Managua hasta 1995, emprendió un plan de desarrollo urbanístico de la capital que creó un nuevo «centro» articulado en torno a unos proyectos arquitectónicos modernos o ultramodernos: la nueva catedral, un centro comercial (Metrocentro), un hotel que ahora lleva el nombre de InterContinental y una gigantesca rotonda (la rotonda Rubén Darío) adornada con fuentes y luces de color (Babb 2001: 56). Sin embargo, según Babb, este nuevo «centro» de Managua es un lugar para las élites (2001: 67) que satisfacen allí su necesidad de «modernidad» y consumo. Esta política modernizadora puede leerse a la luz de la teoría del espacio diferencial de Henri Lefebvre, para quien «[l]as diferencias que se manifiestan y se instauran en el espacio no provienen del espacio como tal, sino de lo que en él se instala, se reúne y se confronta por/ en la realidad urbana» (1972: 131). El nuevo o segundo centro es un lugar que refleja las aspiraciones de la nueva élite económica y política del país y la imagen del destino nacional que ésta desea proyectar, de allí que su diseño excluye a su otro social. La remodelación acelerada de la capital nicaragüense evidencia, por lo tanto, una lucha simbólica «to appropriate distinctive signs in the form of classified, classifying goods or practices» (Bourdieu 1984: 249), en la que el espacio es un elemento de distinción social.

Cabe señalar, sin embargo, que en Nicaragua esta lucha simbólica se ve complicada por la competición entre dos élites políticas, cuya ideología pareciera situarse en campos opuestos. La referencia, en la cita de arriba, a «los dos soles de la tamalada» y a muchas «jícaras» alude a la rivalidad entre Alemán (como alcalde y, después, como presidente) y Daniel Ortega y a numerosos políticos involucrados en incontables asuntos de corrupción[14]. La gestión política y social del país es caótica, ineficaz y viciada por la corrupción, la desidia política y las rivalidades entre los dirigentes. En este sentido, la Managua descentrada es un microcosmos de Nicaragua, una sinécdoque del desorden y caos que dominan en la política nacional.

«Whose city is it?»: el mapa verbal de Managua –o «the long poem of walking» (de Certeau 1984: 101)– que Galich traza en la novela evoca «la ciudad sumergida», la Lima colonial del estudio homólogo de Alberto Flores Galindo, que «devela un mundo caótico, peligroso, dominado por bandas urbanas, una ciudad donde rige el miedo en general y el miedo al otro en particular» (Spitta 2003: 17), muy distante de la utopía de orden y ley de la ciudad letrada. Los habitantes desclasados de *Managua, Salsa City*, como la Guajira y su banda, representan la intemperie que acosa el supuesto espacio urbano civilizado (Ferman 2007: en línea), pero al mismo tiempo, se encuentran a la intemperie creada por la utopía neoliberal que los abandona y excluye persiguiendo la quimera de un desarrollo rápido[15]. Para ellos y para el narrador, Managua es el infierno donde la pobreza, el desempleo, la violencia, la prostitución y la corrupción (las últimas en el sentido literal y figurado) son la realidad inalterable de cada día:

> para mientras tanto, aquí en el infierno, digo Managua, todo sigue igual: los cipotes piderreales y huelepegas, los cochones y las putas, los chivos y los políticos,

---

[14] La palabra «tamal» se usa en Nicaragua con el significado de 'ladrón' o 'delincuente'. La «jícara» significa 'cabeza'.

[15] Sobre la reubicación forzada, la exclusión y, en general, el impacto de las políticas neoliberales sobre los nicaragüenses más necesitados, véase Babb 2001.

los ladrones y los policías (que son lo mismo que los políticos, sean sandináis o liberáis o conservaduráis, cristianáis o cualquiermierdáis, jueputas socios del Diablo porque son la misma chochada (10).

Los de abajo

El lenguaje del narrador en el fragmento citado es también el lenguaje de los personajes: el escaliche, una jerga de los sectores marginales de Managua y de las bandas juveniles[16]. Como la música, forma parte de la cultura y del ambiente urbanos que Galich recrea en su novela. A la vez, es un índice del mundo del que provienen y al que pertenecen los personajes. Para M. M. Bakhtin, el lenguaje es más que una herramienta de comunicación o un sistema abstracto de reglas gramaticales; es sobre todo, un punto de vista sobre el mundo. El lenguaje es social e ideológico, en él se refractan las relaciones de clase (1981: 271). En este sentido, el lenguaje coloquial de las calles de Managua que Galich representa en *Managua Salsa City* sitúa la óptica de la narración y la diégesis entre *los de abajo*. En esta novela, *los de abajo* son las personas descartadas por ambos lados del conflicto de los años ochenta en Nicaragua (Kokotovic 2003: 25) y excluidos de los procesos de reestructuración neoliberal que se inicia en los noventa.

El lazo intertextual con la novela *Los de abajo* de Mariano Azuela que estoy creando al utilizar su título para designar a los personajes de Galich no es casual. Aunque en ella Azuela representa el lenguaje cotidiano de las áreas rurales, es una de las primeras novelas latinoamericanas que hace del habla oral popular un objeto de la figuración estética. También, es una novela sobre los seres descartados por ambos lados del proceso histórico-político que fue la Revolución

---

[16] La representación del lenguaje coloquial urbano es una de las características de la narrativa experimental centroamericana a partir de los años setenta. *Los compañeros*, del guatemalteco Marco Antonio Flores, principia esta tendencia en 1976; le siguen las novelas *Los demonios salvajes*, de Mario Roberto Morales (1978), *Después de las bombas* y *Itzam Na*, de Arturo Arias (1979 y 1981), que recrean el habla de las clases medias urbanas y de las pandillas juveniles. Dante Barrientos Tecún relaciona esta orientación de la novela centroamericana con otros fenómenos literarios coetáneos: «Es indudable que esta estética de recuperación de las hablas urbanas cotidianas de las clases medias juveniles, de escritura fragmentaria y desenfadada, se inscribe dentro de la línea de la literatura llamada "de la onda" en México (Gustavo Sáinz, José Agustín), se articula con estructuras narrativas barrocas (Severo Sarduy) e igualmente con las propuestas de incorporación de técnicas cinematográficas a la literatura (Manuel Puig)» (2007: en línea).

Mexicana, y sobre la descomposición paulatina del ideal revolucionario. Una diferencia crucial se manifiesta, no obstante, en la voz narrativa. El lenguaje que emplea el narrador de *Los de abajo* es culto, sofisticado y a ratos poético, y contrasta fuertemente con la oralidad campesina de los personajes. Este contraste revela la actitud y el posicionamiento del narrador, definiéndolo como superior. En *Managua, Salsa City*, el narrador se sitúa en la misma perspectiva y el mismo nivel que los personajes (con la excepción de dos pasajes eróticos). El lenguaje que usan, como la música que comparten, es una fuerza centrífuga, una expresión ex-céntrica: su carácter lúdico y carnavalizador, que se explicita en el doble sentido, la ironía, calambures y otros juegos de palabras, así como en el abuso de vocablos malsonantes, desafía la expresión habitual de la ciudad letrada (culta, civilizada, literaria) y la normatividad centrípeta del lenguaje nacional, oficial y público, que les es tan ajeno a los personajes de Galich como la historia nacional lo es a la Guajira. Por medio de un desplazamiento irónico de posiciones, los de abajo, pobres y marginalizados, y su habla, se constituyen en el centro del mundo representado en *Managua, Salsa City*.

Todos los personajes de la novela son ficticios, pero a la vez son históricos y reales porque representan tipos y situaciones sociales concretos, muy comunes a partir de la década de los noventa en Nicaragua. Sus vidas, acciones y actitudes encarnan la miseria y el desamparo en los que están sumidos los pobres. La Guajira se describe como «una mujer que jefea una pandilla de tamales y que además putea cuando la necesidad de culear aprieta» (26). La belleza y el carácter independiente la defienden de la indigencia, a la vez que la hacen depender del deseo masculino:

> Aquí estoy yo una mujer pobre que tiene la suerte de ser bonita y atractiva pero en el fondo soy una auténtica mierda, que no sirvió para mayor cosa, más que para culiar y vivir de la riña. Desde que tenía como 14 años me desvirgaron y como soy bonita, y con buen culito, no me tiré a la pega, pues los muchachos se peleaban por mí, entonces me daban buenas cosas ... (54).

Como prostituta, la Guajira encarna uno de los fenómenos más visibles de la descomposición social en la Nicaragua de los noventa: la pobreza y el desamparo empujan a mujeres y niñas a ofrecerse como mercancía a hombres tan pobres y desclasados como ellas, pero también a «los hombres de reales, los del gobierno, las altas vergas del ejército y los capos-narco» (41). Varias escenas de la novela aluden a este problema, representando sus distintas facetas: en las primeras páginas aparece una mujer anónima para quien el dinero de un cliente significa algo de comida y ropa para los niños: «por lo menos paga la cuenta y de puro ipegüe me lleva al motel y me da unas mis ciento cincuenta cañas para con eso poder golpear algo sabroso en la casa y comprar ya sea una cruz o un caballo y algo para los chateles, porque no me gusta que anden en bolas» (12); otro fragmento denuncia la explotación sexual de las menores: «En el Molino Rojo no los encontraron, pero se quedaron viendo el show de una muchachita de quince años a quien todavía se le veían los huesos tiernos, pero que ya se comportaba como una profesional» (83). En el infierno de Managua, la mujer pobre es una de las «criaturas de la noche» (Reguillo-Cruz 2002: 56) que entrega su cuerpo como un artículo de consumo al mejor postor[17]. Su «avance» social más exitoso consistiría en que un hombre rico hiciera de ella su querida, según señala la fantasía de la Guajira, quien confunde a Pancho Rana con un burgués adinerado.

La banda que dirige la joven consta de tres ex-soldados que lucharon en el conflicto armado de los ochenta: Perrarrenca y Paila'pato estuvieron en la Contra, mientras que el negro Mandrake fue enlistado a fuerza en el Ejército Popular Sandinista. Desmilitarizados, sin ninguna profesión, preparación o protección social, se dedican al asalto y robo para sobrevivir[18]. Como ellos, Pancho Rana es un ex-militar y representa un destino muy común en el nuevo escenario social de los noventa en Nicaragua. Capitán del Batallón de Lucha Irregular de la Tropa Especial del Ejército Popular Sandinista, entrenado por los vietnamitas, al terminarse el conflicto es desmilitarizado y abandonado a su destino. Empleado como un CPF (Cuerpo de Protección Física) o guardia

---

[17] La proliferación de la prostitución ha sido denunciada en la prensa nicaragüense; véase, por ejemplo, «La amplia "oferta" de la prostitución», de Mario Mairena Martínez (*El Nuevo Diario*, 13 de junio de 1999; <http://archivo.elnuevodiario.com.ni/1999/junio/13-junio-1999/nacional/nacional1.html>); de Rafael Lara: «Tráfico sexual con adolescentes pobres» (*El Nuevo Diario*, 6 de septiembre de 2001: <http://archivo.elnuevodiario.com.ni/2001/septiembre/06-septiembre-2001/nacional/nacional3.html>) y «Managua ya tiene 2 mil prostitutas» (*El Nuevo Diario*, 17 de abril de 2002; <http://archivo.elnuevodiario.com.ni/2002/abril/17-abril-2002/nacional/nacional3.html>).

[18] Silvia Gianni observa en su ensayo, que al igual que los ex-combatientes sandinistas, los ex-contras desmilitarizados tuvieron que incorporarse en la vida civil sin ningún apoyo institucional. La autora cita a la hermana de Israel Galeano, uno de los jefes de la «Resistencia Nicaragüense»: «nosotros pusimos los muertos y la oligarquía puso los ministros, ahora estamos muriéndonos de hambre, pues los liberales nos abandonaron en todos estos 16 años» (cit. en Gianni 2007: en línea).

privado, vive protegiendo la vida y los bienes de un matrimonio que personifica las nuevas élites económicas. Dos personajes masculinos anónimos completan el cuadro: un violento ladrón, quien antes estaba «en las calles de Miami desvalijando incautos turistas europeos que andan de abre jeta, creyendo que los yunais es el paraíso terrenal» (111) y ahora pretende violar a la Guajira, y su amigo, «cara de ratón», libidinoso pero pusilánime (88). Todos estos individuos andan armados como si estuvieran en las filas de un ejército: Pancho Rana lleva una Makarov pegada a la pierna (76), mientras que en la casa guarda una «escopeta 12 recortada» (89), cartuchos y magazines, y granadas de fragmentación. Los miembros de la banda traen una 38 especial, un revólver y un AK plegable (87), mientras que el ladrón-violador luce una Browning 45 (103).

Ninguno de estos personajes (con la excepción de Pancho Rana, que todavía tiene un trabajo, aunque sea degradante para él, tomando en cuenta su pasado, por lo cual piensa abandonarlo llevándose las joyas de sus patronos) se inserta en la economía de trabajo. Como hemos visto, la Guajira piensa que «en el fondo [es] una auténtica mierda, que no sirvió para mayor cosa, más que para culiar y vivir de la riña» (54). Mandrake «nunca había hecho nada de nada, excepto robar, beber guaro, fumar monte, putear, canear y andar con la pandilla» (119). El modelo de *modus operandi* que viene desde arriba – los políticos, los gobernantes y las supuestas fuerzas de orden– es el de corrupción, estafa, robo y ganancia fácil. Al igual que sucede en la ciudad de México retratada en el ensayo de Reguillo-Cruz, en la Managua de Galich «[p]olicías y políticos asumen [...] la forma de demonios que, al amparo de una supuesta legalidad, son percibidos como agentes importantes del deterioro y cómplices de una delincuencia que avanza, incontenible, no sólo sobre la institucionalidad, sino sobre ciudadanas y ciudadanos ...» (Reguillo-Cruz 2002: 63). Debido a la crisis de los valores y de las instituciones, la transgresión y la agresión son el modo de vida de los «diablos y las diablas» (9) de *Managua, Salsa City*, que encarnan y simbolizan una sociedad y cultura post-trabajo (Ferman 2007: en línea).

El concepto proviene del estudio de María Milagros López sobre la sociedad puertorriqueña, donde la cultura de trabajo se redefine por completo a partir de los sesenta debido a la dependencia política y económica de la isla de los Estados Unidos. Se trata de modos de vida que «do not presuppose the centrality of work or its supporting reproductive apparatus in individuals, families, and communities» (1995: 165), resultado de una estrategia de desarrollo y modernización que se basa en «the exclusion of a large sector of the working population from the productive process» (1995: 168). Diferencias históricas y políticas aparte, el proceso de reconversión neoliberal en Nicaragua también produce una subjetividad post trabajo, cuyo imaginario favorece el gozo y el entretenimiento del momento presente descartando la idea de sacrificarse en nombre de un futuro abstracto e inseguro[19]. Las palabras del narrador con las que Galich cierra el primer capítulo de la novela, evidencian esta actitud: «yo por eso no soy nada, ni chicha ni limonada ... no creo en nada porque sólo palmado camino, pero tengo eggs y muchas ganas de culiar o cualquier cosa, así de simple, lo importante es vivir, hacer algo, no quedarse parqueado porque entonces sí te lleva la gran pu-pu...ta!!» (10). Se manifiesta en ellas un vacío existencial y una existencia a la deriva, una disposición nihilista y cínica, propia de la «cultura de sobrevivencia, del presente inmediato, del mañana incierto y poco probable» (Castellanos Moya 1993: 45), que Horacio Castellanos Moya detecta en las sociedades post-bélicas centroamericanas. Como categoría política, esta «conquista del presente» (Maffesoli, cit. en López 1995: 181) se sitúa entre transgresión y acomodación, porque si por un lado la subjetividad post-trabajo resiste a la lógica del capital, por el otro, la fortalece (López 1995: 176). Víctimas de la situación política y social en la Nicaragua de la reconversión neoliberal y victimarios de otros como ellos por su proceder delincuente, los personajes de *Nicaragua, Salsa City* representan una subjetividad y una cultura distópica; el Estado que debería ampararlos se encuentra a la deriva entre dos proyectos ideológicos que ya han perdido toda legitimidad política y no ofrecen ninguna promesa de un futuro diferente a la intemperie del presente.

Esta visión anti-utópica del futuro se metaforiza en las últimas escenas de la novela. El *thriller* de seducción y persecución conduce irremediablemente hacia el desenlace, una batalla simbólica en la que se enfrentan Pancho Rana, la banda de la Guajira y el atacante anónimo. Misha Kokotovic observa que esta escena es una repetición grotesca de la guerra de la Contra (28), interpretación sugerida al lector por la identidad y el pasado militar de los participantes, los recuerdos de Pancho Rana antes y durante el combate, y las asociaciones

---

[19] «Ways of life that can no longer presuppose formal waged or salaried jobs, job permanence, and the discipline of labor find alternative discursive practices in what Maffesoli calls the "conquest of the present". The conquest of the present tries to abandon self-sacrifice as the mediation necessary to achieve pleasure. It is profoundly distrustful of any public discourse that call for the deferral of gratification for the sake of the future ...» (López 1995: 181).

que los personajes establecen entre sus acciones en presente y en pasado[20]. La diferencia entre la guerra del pasado y la contienda en el presente consiste en que este enfrentamiento no responde a ninguna causa o ideología, sino que es motivado por intereses mezquinos y un juego de apariencias (Kokotovic 2003: 28). Los que participan en el combate ni siquiera saben con quién luchan y por qué mueren. De este modo, la batalla entre Pancho Rana y la banda es una puesta en escena de la «violencia anárquica de motivos confusos» (Leyva 2005: en línea), que según Héctor Leyva representa en las novelas de posguerra la descomposición social de las naciones del Istmo.

Ahora bien, esta escena, o más bien su desenlace, puede interpretarse también como una alegoría del destino de la nación en la década de los noventa. Franz Galich ha señalado en sendas entrevistas que el personaje de la Guajira es una metáfora de Nicaragua que simboliza la «riqueza codiciada» (Gianni 2007: en línea)[21]. Pancho Rana (ex-sandinista) y la banda (ex-contras) luchan por conquistar esta mujer –nación– Nicaragua para ejercer después dominio y control sobre ella. Sin embargo, los contendientes se aniquilan mutuamente de modo que, al final, la Guajira, sobreviviente de la batalla, se va con un tercer personaje masculino, el «cara de ratón», que parece «buenote, y hasta baboso» (125), pero empieza por quitarle una parte de las joyas que Pancho Rana le había encargado. En *Y te diré quién eres (Mariposa traicionera)*, que continúa la diégesis de *Managua, Salsa City* partiendo de la escena final de ésta, el «cara de ratón» se manifiesta como un hombre libidinoso, depravado y moralmente corrupto, quien abusa de la Guajira, la prostituye y la obliga a colaborar en la fundación de una empresa transnacional de prostitución. La alegoría nacional se abre entonces a una interpretación unívoca (quizá demasiado unívoca): después de la guerra-batalla de la que las dos facciones salen derrotadas, la mujer-nación cae en las manos del que encarna la corrupción y la depravación.

---

[20] «Paradójicamente, el disparo que le cortaba la vida, le permitía ubicar la posición del francotirador (como en la guerra, así los cazábamos, era lindo verlos por las miras telescópicas y ellos sin saber siquiera que eran sus últimos segundos que les quedaban de la vida, tal vez chillaban), como a mí, ahora ...» (115); «Montó el percutor de su 38 especial [...] y sin ningún miramiento, asco o contemplación, jaló el gatillo. Perrarrenca se recordó las veces que hizo lo mismo con los heridos o prisioneros en la guerra y resignado pensó que por lo menos se acababa toda esta vaina, que a decir verdad, ya me estaba cansando ...» (116).

[21] Véase, por ejemplo, la entrevista con Erick Aguirre: «el personaje de la Guajira es muy simbólico, porque ella es realmente la mujer deseada [...] ¿Y quién es la mujer deseada en aquella época? La Nicaragua, la Guajira es entonces Nicaragua» (2007: en línea).

Cabe señalar también que el hecho de que la nación se metaforice en la figura de una prostituta resulta muy significativo, porque apunta al estado de necesidad y desamparo en que se encuentran los ciudadanos más pobres y marginados, a la humillación y el abuso que sufren a diario para sobrevivir. La Guajira como metáfora de la nación encarna entonces la distopía social de Nicaragua en la década de los noventa. La utopía, ese lugar ideal que no existe, cuyo espíritu pasó por Nicaragua en los setenta y a principios de los ochenta, nunca ha podido ser más que una idea o un deseo; en cambio, la distopía, el lugar imaginario de miseria y desdicha, se ha hecho real, se ha instalado sobre las ruinas del conflicto que ha barrido con todos los ideales. El infierno de la Managua nocturna, la ciudad que devora a sus habitantes y donde todo sigue igual, es una de sus encarnaciones.

Bibliografía

Agüero, Arnulfo (2006): «Franz Galich: la novela de la Mariposa traicionera. Entrevista». En <http://archivo.laprensa.com.ni/archivo/2006/julio/08/suplementos/prensaliteraria/entrevista/entrevista-20060707-1.shtml> (consultado el 21.02.2010).

Aguirre Aragón, Erick (2004): «Novelando la posguerra en Centroamérica». En *Istmo. Revista virtual de estudios literarios y culturales centroamericanos* 9 (julio-diciembre). En <http://collaborations.denison.edu/istmo/n09/foro/novelando.html> (consultado el 23.08.2007).

— (2007): «Franz Galich: La narrativa de la intrahistoria». Entrevista». En *Istmo. Revista virtual de estudios literarios y culturales centroamericanos* 15 (julio-diciembre). En <http://collaborations.denison.edu/istmo/n15/articulos/aguirre.html> (consultado el 28.11.2009).

Arias, Arturo (1998): *Gestos ceremoniales. Narrativa centroamericana 1960-1990*. Guatemala: Artemis-Edinter.

Babb, Florence (2001): *After Revolution. Mapping Gender and Cultural Politics in Neoliberal Nicaragua*. Austin: University of Texas Press.

Bakhtin, Mikhail (1981): *The Dialogic Imagination. Four Essays*. Austin: University of Texas Press.

Barrientos Tecún, Dante (2007): «Algunas propuestas de la narrativa centroamericana contemporánea: Franz Galich (Guatemala, 1951-Nicaragua, 2007)». En *Istmo. Revista virtual de estudios literarios y culturales centroamericanos 15 (julio-diciembre)*. En <http://collaborations.denison.edu/istmo/n15/articulos/barrientos.html> (consultado el 28.11.2009).

Bourdieu, Pierre (1984): *Distinction: A Social Critique of the Judgment of Taste*. Cambridge: Harvard University Press.

Browitt, Jeff (2007): «*Managua, Salsa City*: El detrito de una revolución en ruinas». En *Istmo. Revista virtual de estudios literarios y culturales centroamericanos* 15 (julio-diciembre). En <http://collaborations.denison.edu/istmo/n15/articulos/browitt.html> (consultado el 28.11.2009).

Castellanos Moya, Horacio (1993): *Recuento de incertidumbres: Cultura y transición en El Salvador*. San Salvador: Tendencias.

Certeau, Michel de (1984): *The Practice of Everyday Life*. Berkeley: University of California Press.

Cortez, Beatriz (2001): «Estética del cinismo: la ficción centroamericana de posguerra». En <http://www.nacion.com/ancora/2001marzo/11/historia3.html> (consultado el 22.01.2008)>.

Equipo Nitaplán-Envío (1999): «Violencia: ¿un ciclo interminable?». En *Envío* 206 (Mayo). En <http://www.envio.org.ni/articulo/936> (consultado el 26.02.2010)>.

Ferman, Claudia (2007): «*Managua, Salsa City*: El fugitivo sujeto literario en Franz Galich». En *Istmo. Revista virtual de estudios literarios y culturales centroamericanos* 15 (julio-diciembre). En <http://collaborations.denison.edu/istmo/n15/articulos/ferman.html> (consultado el 28.11.2009).

Franco, Jean (2002): *The Decline and Fall of the Lettered City. Latin America in the Cold War*. Cambridge: Harvard University Press.

Galich, Franz (2001): *Managua, Salsa City (¡Devórame otra vez!)*. Managua: Anamá.

— (2006): *Y te diré quién eres (Mariposa traicionera)*. Managua: Amaná.

Gianni, Silvia (2007): «El turno de los ofendidos. Territorialidad de la exclusión e identidades múltiples en dos novelas de Franz Galich». En *Istmo. Revista virtual de estudios literarios y culturales centroamericanos* 15 (julio-diciembre). En <http://collaborations.denison.edu/istmo/n15/articulos/gianni.html> (consultado el 28.11.2009).

Henken, Ted A. (2009): «Reseña de *From Afro-Cuban Rythms to Latin Jazz* de Raúl A. Fernández. En *Caribbean Studies* 37 (1) (enero-junio). 314-319.

Kokotovic, Misha (2003): «After the Revolution: Central American Literature in the Age of Neoliberalism». En *A Contracorriente: Una revista de historia social y literatura de América Latina/A Journal of Social History and Literature in Latin America* 1 (1). 19-50.

Lefebvre, Henri (1972): *La revolución urbana*. Madrid: Alianza.

Leyva, Héctor M. (2005): «Narrativa centroamericana post noventa. Una exploración preliminar». En *Istmo. Revista virtual de estudios literarios y culturales centroamericanos* 11 (julio-diciembre). En <http://www.denison.edu/collaborations/istmo/n11/articulos/ narrativa.html> (consultado el 28.08.2007).

López, María Milagros (1995): «Postwork Society and Postmodern Subjectivities». En Beverley, John & Oviedo, José & Aronna, Michael (eds.): *The Postmodernism Debate in Latin America*. Durham / London: Duke University.

Mackenbach, Werner (2007): «Entre política, historia y ficción. Tendencias en la narrativa centroamericana a finales del siglo xx». En *Istmo. Revista virtual de estudios literarios y culturales centroamericanos* 15 (julio-diciembre). En <http://collaborations.denison.edu/istmo/n15/articulos/mackenbach.html> (consultado el 28.11.2009).

Ortiz Wallner, Alexandra (2002): «Transiciones democráticas/transiciones literarias. Sobre la novela centroamericana de posguerra». En *Istmo. Revista virtual de estudios literarios y culturales centroamericanos* 4 (julio-diciembre). En <http://www.denison.edu/ collaborations /istmo/n04/articulos/transiciones.html> (consultado el 15.08 2007).

Reguillo-Cruz, Rossana (2002): «¿Guerreros o ciudadanos? Violencia(s). Una cartografía de las interacciones urbanas». En Mabel Moraña (ed.): *Espacio urbano, comunicación y violencia en América Latina*. Pittsburgh: Instituto Internacional de Literatura Iberoamericana.

Rocha, José Luis (1999): «Pandilleros: armados sin utopía». En *Envío* 206 (mayo). En <http://www.envio.org.ni/articulo/937> (consultado el 26.02.2010).

Spitta, Silvia (2003): «Prefacio: Más allá de la ciudad letrada». En Boris Muñoz & Silvia Spitta (eds.): *Más allá de la ciudad letrada: Crónicas y espacios urbanos*. Pittsburgh: Instituto Internacional de Literatura Iberoamericana.

Vigil, María (2000): «Incesto, una plaga silenciada de la que hay que hablar». En *Envío* 222 (septiembre). En <http://www.envio.org.ni/articulo/1029> (consultado el 26.02.2010).

El Guachimán, la epopeya chicha de la gran Lima

Adriana Churampi Ramírez
Universiteit Leiden

> Porque yo soy el guachimán, no sólo toco el pito,
> yo soy mucho más!
> Yo voy a internet, navego en la web, me gusta la poesía Beethoven también...
> Guachimán, I'm the man, the man, the man!
>
> «El Guachimán», interpretado por La Sarita

«El Guachimán» (2008) es el relato que da título a una trilogía de cuentos publicada por Luis Nieto Degregori. Este autor cuzqueño se ha consagrado en los últimos años como uno de los más destacados escritores peruanos. Entre sus compilaciones de relatos se cuentan *Harta cerveza y harta bala*» (1987), *La joven que subió al cielo* (1988), *Señores Destos Reinos* (1994) y las novelas *Cuzco después del amor* (2003) y *Asesinato en la gran ciudad del Cuzco* (2007). Nieto Degregori se define como perteneciente a la hornada de escritores andinos[1].

---

[1] En una entrevista con Gonzalo Pajares (Peru 21) cuyas cuatro últimas preguntas reproduce el blog de Paolo de Lima, Luis Nieto declara: «La sociedad criolla no tiene la capacidad de ver los conflictos del Perú actual; la provinciana, sí. Un provinciano nace sabiendo que

Si se creía que aquel tradicional enfrentamiento entre la literatura andina y la criolla era un debate perteneciente al pasado, el Congreso Internacional de Narrativa Peruana celebrado en Madrid el 2005 marca un hito en la reapertura de este debate. Un agrio enfrentamiento salpicado de agravios entre críticos y escritores criollos[2] de un lado y andinos del otro, evidenciaron que seguir considerando que el meollo del asunto es una simple pugna por mayor reconocimiento no le hace justicia a la profunda discusión que se encuentra en la raíz de este conflicto. Si bien menudean las discusiones que abordan el tema de la pluriculturalidad de la sociedad peruana, al analizar las tendencias literarias se tiende a evadir el reconocimiento de la evidente fragmentación existente, banalizando las diferencias entre las narrativas. La literatura andina y la literatura criolla no son simples reflejos de la geografía, obedecen a un complejo entramado sociocultural y ambas (así como las poco mencionadas herencias amazónicas, afro-peruanas y peruano-niponas) ofrecen, cada cual, sus versiones válidas del Perú. La narrativa andina tiene un accidentado nacimiento, y si bien hereda el encasillamiento bajo el letrero del indigenismo, le corresponde a la vez combatirlo. Su lucha empieza entonces contra las limitaciones que esta afiliación representó[3] en su momento. Posteriormente no emigró ni se integró al mundo citadino, como sus protagonistas, sino que volvió a ser ubicada en la periferia, ya que en el transcurso de los tiempos su interés continuó concentrado en temáticas y protagonistas considerados a rajatabla rurales o regionales, lo que hacía que la crítica tendiera a seguir tildándolos de telúricos. Los escritores andinos pagaron también su alta cuota de sacrificio a lo largo de los cataclismos políticos, sociales y económicos del país que pusieron a prueba e incluso amenazaron la definición de la peruanidad, en los términos definidos por lo que Matos Mar denomina la «vieja República Criolla» (1987: 40). Sin embargo sobrevivieron y emergieron convencidos de la necesidad de reforzarse en su producción en términos propios, tomando distancia de la vorágine literaria citadina a la cual rebautizaron como criolla.

---

hay varios Perú y que muchos de ellos están enfrentados. Es decir, hay una visión criolla, otra andina y otra india del Perú. Escritores como yo ofrecemos la mirada andina» (De Lima 2007).

[2] Se denominaba así a los escritores cuyo renombre y prestigio alcanzado en Lima o las grandes ciudades los ubicaba en una vertiente citadina, a diferencia de aquellos escritores activos y productivos en las provincias.

[3] Aludimos a la crítica que sostiene que los indigenistas que escribieron sobre el indio fueron mestizos y además destacados miembros de la ciudad letrada (Valcárcel, Uriel García) mientras que la voz de los verdaderos indígenas siguió manteniéndose en silencio.

La narrativa andina ofrece una visión cada vez más amplia del Perú, precisamente porque los actores sociales que describe, emergentes del mundo indígena, lejos de permanecer estáticos se desenvuelven cada vez más activamente en diversos escenarios, (re)construyendo nuevas identidades, pero siempre la materia prima fundamental de esta literatura sigue siendo lo andino. De allí que la temática de esta literatura sea tan variada como la violencia política, el impacto de la migración, la diáspora andina, la redefinición y reivindicación de la tradición, la reescritura de la historia, el bandolerismo o el turismo, entre otros.

El universo de la narrativa andina es hoy casi predominantemente urbano, teniendo a las grandes ciudades como escenarios y focos de atracción de los migrantes. La gran ironía histórica ha querido que la gran Lima, la engreída joya colonial, el reducto del centralismo, sea hoy el escenario ideal para analizar las características que adquiere la transformación de las sociedades andinas. Este enfrentamiento literario capitalino-provinciano ha sido también materia de muchos análisis. El argumento sin duda más mencionado para darle explicación es el de la marginación de las voces periféricas bajo el ejercicio del poder discursivo de la ciudad letrada, que como es sabido abarca el control de la emisión, difusión, interpretación y publicidad de ciertos textos en detrimento de otros considerados intrusos (Lienhard 2000). Annina Clerici (2006) al comentar la omisión, en la historiografía peruana actual, de dos autores que analiza (Andrés Cloud y Zein Zorrilla) en un claro ejemplo del ejercicio de poder en detrimento de los andinos, menciona un argumento más a considerarse: la falta de rigor en la elaboración de las historiografías. Su observación recae sobre trabajos historiográficos en general, sin distinguir si quienes los producen son «criollos» o «andinos» (sus ejemplos son *Para una periodización de la literatura peruana* de Carlos García Bedoya y *Literatura y Violencia en los Andes: propuesta para una periodización de la literatura peruana* de Jorge Florez-Aybar). Aparte del debate teórico resulta entonces evidente que incluso la realización de una recopilación informativa representa ya todo un desafío, el tener que obedecer a una rigurosa, esforzada y detallada labor de análisis de la múltiple producción literaria en los variados ámbitos de la geografía nacional (Clerici 2006: 232).

Este trabajo se propone un objetivo mucho menor, el esbozar algunas de las características de un relato producido por un escritor andino. Somos de la opinión que el analizar ciertos elementos de la obra nos revelará también algunas características del complejo proceso de integración provinciana a la capital. Es peculiar ya la elección del protagonista: un guachimán, síntesis del dinamismo en la búsqueda de oficios con que los provincianos se integran activamente a la vida capitalina, pero tal proceso trajo consigo también determinados desafíos, en el transcurso de cuyo enfrentamiento los provincianos desarrollarán ciertas estrategias que tipificarán su presencia, constituyendo sus señas de identidad en ésta su nueva residencia. Hemos querido también destacar que la integración de ciertos elementos en el relato, como la música popular o el concepto de lo chicha, no son fortuitos sino que contribuyen a esbozar el nuevo habitat creado por el provinciano urbano, a la vez que revelan elementos del nuevo rostro sociocultural del Perú al ingresar al siglo XXI.

«El Guachimán» acontece en una Lima con un pie dentro del nuevo milenio; ha quedado lejos ya aquella dicotomía que enfrentaba a la capital colonial moderna y al bucólico escenario de los Andes. Las masivas migraciones de los setenta, así como la creciente industrialización de la costa, sustentada por la mano de obra barata llegada precisamente de las provincias, son también historia, así como el traumático período de la guerra civil (1980-1992) que reviviera el estereotipo del indígena invasor, descontrolado y bárbaro. El siglo XX ha concluido con una Lima prácticamente integrada en un 50% por provincianos de segunda y tercera generación[4]. No nos encontramos ante «La Ciudad de los Reyes», ni siquiera con «Lima La Horrible»: la ciudad ha pasado a convertirse, sin ambages, en la Lima Chicha. Aludimos así al complejo proceso de sincretismo cultural y sus consecuencias que han ido enriqueciendo la capital peruana desde el momento de las masivas migraciones de los años cincuenta. Más adelante nos detendremos ante esta denominación.

La figura del guachimán, la versión latinoamericana del guardián o vigilante (*watchman*), surge de la mano con el crecimiento de una sociedad fuertemente estratificada que requiere de cada vez mayor control y vigilantes para garantizar la división de los espacios. La desigual distribución de la riqueza impone como mínimo una estricta división de los espacios, en vista que los grados extremos de pobreza confrontados con manifestaciones de

---

[4] En una encuesta (Estado de la opinión pública sobre Lima) aplicada en enero del 2008 por el Instituto de Opinión Pública de la Pontificia Universidad Católica del Perú, a la pregunta: ¿Dónde nació usted? 47% de los encuestados respondieron Lima, mientras que un 53% declaraba venir de provincias. Para darse una idea del sentimiento de integración de estos pobladores se les preguntaba también: ¿Si no ha nacido en Lima, después de haber vivido estos años aquí, se considera usted limeño? Un 20% respondía afirmativamente mientras que un 80% lo hacía en términos negativos.

excesiva riqueza no son ingredientes que aseguren una coexistencia armónica. Siguiendo este principio, fueron primero las empresas, los bancos e instituciones públicas quienes empezaron a usar los servicios de los guardianes, luego las residenciales o los barrios acomodados, los grandes centros comerciales, las tiendas de calidad y finalmente incluso algunas discotecas, restaurantes y hasta ciertas playas[5].

Nieto Degregori nos describe el día a día de un guachimán en Lima: Alejandrino Huárac. El forma parte del cuerpo de seguridad de una camioneta blindada encargada de transportar el dinero de grandes empresas. Es un muchacho provinciano de segunda generación, habitante de una de las barriadas ubicadas en los cerros que rodean Lima, y el objetivo central de su vida es conquistar a Laurita, una recepcionista de su empresa. La vida de Alejandrino es un continuo y diario batallar por lidiar con sus limitaciones económicas, las cuales se evidencian aún más porque se empeña en impresionar a Laurita. Será precisamente el mundo de apariencias que intenta construir, como compensación de sus secretas aspiraciones, lo que termine empujándolo a robar el dinero que transporta en la camioneta. Ya fugitivo, pero con dinero de sobra, se dedicará a probar cada uno de los placeres siempre ajenos y prohibidos con que la ciudad lo ha venido seduciendo por tanto tiempo, pero que por su carencia de efectivo le estaban definitivamente vedados. Tres días durará su dramático recorrido por las altas esferas a las que el dinero debiera permitirle ingresar. Sin embargo al final de este periplo se le revelará con inflexible claridad el lugar que ocupa en la sociedad que habita. El relato es la descripción de la manera en que se va construyendo esta evidencia, al unir los despectivos reflejos presentados por las miradas de aquellos que lo rodean.

Su epopeya termina en las dependencias policiales donde más que el afán de justicia primará el interés de los distintos partidos por «recuperar» –para sus propios bolsillos– el dinero que Alejandrino no ha conseguido dilapidar en esos tres días. Y allí radica el irónico –y quizás ligeramente preocupante– final feliz. Alejandrino consigue *in situ*, al observar las pugnas de los intereses en juego, explotar las ansias de los diversos partidos mientras ejercita una paciente espera y resiste el castigo físico, porque ha comprendido que al final

---

[5] El 2007 fue escenario de sonadas protestas en la playa Asia, con motivo de la prohibición a los trabajadores (empleadas del hogar y vigilantes privados) de ingresar a las playas a bañarse. Sólo podían hacerlo a partir de las 7 de la noche. Estos hechos convirtieron a este balneario en el núcleo de la discriminación y la mejor prueba de las férreas barreras raciales, sociales y culturales imperantes en la sociedad peruana.

del castigo, del maltrato y de los malentendidos, que él mismo alimenta, le espera inevitablemente la libertad, que ya no será tan dura pues ha tenido la precaución de esconder buena parte del dinero. El provinciano acriollado ha nacido, para bien o para mal, como triunfante estrategia de sobrevivencia en la infernal Lima.

Acompañar a Alejandrino en su recorrido por Lima equivale a trazar la cartografía de la exclusión con su (i)lógica de reglas y etiquetas, contextos y perspectivas con que la ciudad estructura la segregación. Lima resulta una ciudad ajena y desconocida para Alejandrino, que habita precisamente en ella. La ajenidad no es sólo geográfica, aunque es significativo el desconcierto del personaje al internarse por lugares y barrios hasta entonces inaccesibles porque no poseía la llave que representa una billetera bien aprovisionada. La ajenidad emana también de la aureola de status que adquieren calles, restaurantes, edificios, incluso peatones, al ser descritos por la voz deslumbrada de un Alejandrino visiblemente foráneo.

A diferencia de la narrativa tradicional de tema indígena, donde el relato se iba estructurando en la medida que los elementos narrativos confluían, con tono elocuente y serio, hacia una línea temática que abordaba la opresión, la marginación o la discriminación en cualquiera de sus variantes, en «El Guachimán» es precisamente la sutil presencia e incluso la ausencia de estos elementos lo que nos confronta con una renovada expresión de la tradicional temática de la discriminación. No encontraremos en el discurso de Alejandrino la menor referencia o conciencia de su marginalidad. Es más, no será su relato el que aluda a su procedencia, ni a su tradicional historia de migrante esforzado y discriminado en la ciudad. Estos detalles emanan sólo de las descripciones accesorias: Alejandrino vive en un cerro, en una casa con techo de lata, no tiene agua potable y su mamá es de la sierra de Huancavelica, donde él nunca ha estado. Lo impactante del relato es la manera en que el lector mismo se descubre integrado a la construcción de la marginalidad del personaje a partir de las descripciones de los ambientes frecuentados, los gustos, las preferencias y finalmente las mordaces reacciones de quienes rodean al protagonista.

Una pregunta interesante quizás sea si efectivamente cabe considerar a Alejandrino, con su calvario personal, como un inocente participante de un drama mayor que termina rebasándolo. ¿Es posible que alguien ignore, en la jungla peruana, la regla de oro de que el componente racial constituye un básico elemento en la construcción de la identidad? Jorge Bruce en «Nos habíamos choleado tanto», al psicoanalizar la choledad[6], nos revela un matiz interesante presente en el racismo nacional y que quizás sea lo que hallamos representado en «El Guachimán»: «[...] señalé explícitamente esa ausencia de relatos personales como un síntoma de la problemática racista en el vínculo social de los peruanos. Pues se trata de un racismo hipócrita, solapado, que no dice su nombre y eso le facilita camuflarse, alargándole la vida» (Bruce 2007: 95).

Ante la ausencia del pronombre yo al abordar el racismo, siguiendo a Sartre, será la mirada del otro la que evidencie la propia existencia discriminada. Serán las imágenes y los acontecimientos que rodean al guachimán los que le revelen su posición social a la vez que desnuden, ante el lector, la compleja estructura socio-racial peruana.

El aporte de Alejandrino será la puesta en escena de su única certeza y convencimiento: la regla o ley de que el dinero blanquea y que por lo tanto constituye la clave para superar el embate de la postergación. La ideología racista camina de la mano con la lógica del mercado bajo el lema de que «el dinero blanquea», y esas son las dos caras de la moneda con la cual el guachimán juega su vida a cara o cruz. Sin embargo lo que la regla de oro omite mencionar es que incluso este, de por sí difícil, camino mercantil, inevitablemente resultará atravesado en algún momento por aquella «línea o frontera invisible» que se encarga de recordarle a los ilusos que sea como sea y estén donde estén siguen siendo «los otros», marginales hasta el final. Son las marcas sutiles pero inconfundibles que trazan los linderos de la exclusión (Bruce 2007: 102). Estos muros invisibles que limitan claramente la capacidad de blanqueo que posee el dinero se harán evidentes en el relato. Diversas instancias confrontarán al guachimán con esta evidencia, resultando dramática, para el lector no familiarizado, la comprobación de la manera en que los que rodean a Alejandrino ejercitan su cuota de choleo. Esta práctica se revelará dolorosa en la medida de la cercanía de los diversos actores al universo emocional del protagonista. La más impactante, debido a la cercanía sentimental, es sin duda la explosión de Laurita cuando un Alejandrino adinerado, dominado por los celos, arremete a golpes contra el rival que ha usurpado su lugar, provocando la cerrada defensa de Laurita:

---

[6] Francisco Miró Quesada Cantuarias en sus «Meditaciones en torno a la palabra cholo», precisa ya la problemática: «"Cholo" tiene un significado peyorativo. [...] El conquistador orgulloso, el descendiente de españoles de ilustre origen, lanza con desprecio la palabra "cholo" a una cohorte de hombres vencidos y los condena para siempre.[...] En el anverso, donde cae el sol y salpican reflejos dorados, está para siempre el privilegiado. En el reverso, sumido en la sombra helada del crepúsculo, está para siempre, el "cholo"» (Angeles Caballero 2003: 23).

-¡Cómo te atreves cholo asqueroso! Quién te ha dado derecho a meterte en mi vida? [...]

No son los arañazos los que le han dolido a Alejandrino, sino las palabras, esas palabras que lo hacen sentir inferior, indigno de esa muchacha que hasta hacía poco podía tratar de igual a igual.

-[...] ¡Te vas a arrepentir! ¿Conque soy un cholo apestoso? ¡Eso es lo que crees! Ahora tengo plata para hacer lo que me dé la gana! -¡Ja! No me hagas reír! Y así tuvieras plata, ¿qué? Igual sigues siendo un cholo apestoso que vive en un chiquero [...] (Nieto Degregori 2008: 189-190).

En la misma dirección se encaminan las observaciones de una de las muchachas que Alejandrino ha contratado para divertirse. La única manera que ella encuentra para explicarse la combinación de tanto dinero con el aspecto de Alejandrino es considerándolo un narcotraficante. La escena nos ofrece también la ocasión de apreciar a un Alejandrino ejercitando su propia cuota de racismo, convencido de que así tomará un poco de distancia del colectivo marginado al que se alude, sin saber que lo que más bien hace es ingresar al universo autodenigratorio, otra de las complejas facetas del racismo:

-Tienes razón no debes de ser narco, aunque tienes el mismo tipo que el pata ese... -¿Qué tipo? Se interesa Alejandrino. -Así, tipo... peruano -responde Grétel después de buscar la palabra adecuada durante unos segundos-. Piel trigueña, cabello negro trinchudo, lampiño, así como nuestro presidente pues, Choledo.
-No me compares con ese inútil mentiroso -se ofende mitad en broma, mitad en serio Alejandrino. Además Toledo es chato y con las piernas chuecas. ¿Acaso yo tengo las piernas chuecas? [...] (Nieto Degregori 2008: 218).

La participación en el ejercicio racista complica el escenario, ya que como señala Nelson Manrique, precisamente una de las grandes dificultades del combate de la discriminación es la imposibilidad de objetivar al discriminado ya que el sujeto discriminador, a su vez, no consigue separarse del objeto de su discriminación (Manrique 1999: 26). Si bien es cierto que en general Alejandrino reacciona sorprendido ante estas imágenes que los demás le presentan[7],

---

[7] Al lanzarle una insinuación demasiado directa a una de las empleadas de un restaurante, ésta pide ayuda a un forzudo que expulsa a Alejandrino del lugar. «¡Este cholo de mierda me

casi al final de su periplo surge, junto con su desconfianza por la muchacha que ha contratado, la primera clara expresión internalizada del racismo sobre su persona: «Es verdad que a ratos le parece que ha logrado demoler esa pared que ella ha levantado entre los dos, pero en seguida sospecha que la muy cabrona lo único que busca es seguir aprovechándose del pobre cholo de mierda» (Nieto Degregori 2008: 252).

La internalización inconsciente del racismo llega a expresarse como violencia excluyente, en primer lugar contra aquellos que personifican una serie de valores considerados negativos: ociosidad, delincuencia, pobreza, etc. Pero como continuación de esta primera toma de distancia y creación de diferencia, el relato nos revela también otra faceta: la definición del criterio estético. Los rasgos que identifican al cholo –piel cobriza, estatura mediana, contextura sólida, cabello negro, lacio y rebelde–, expresan desvalorización para quienes, desde niños, han sido entrenados de diversas maneras y en las más variadas circunstancias para efectuar las clasificaciones raciales. Si bien todo lo que se aleja del cholo es mejor, es preferible evitar la sospechosa gradación y concluir que simplemente lo no-cholo sintetiza la belleza. Numerosos estudios se han realizado en los últimos tiempos en referencia a la propagación de los cánones estéticos eurocéntricos difundidos por la publicidad peruana. Bajo las nociones de «deseabilidad y aspiracionalidad»[8] se propagan y perpetúan cánones estéticos profundamente racistas (Bruce 2007: 71). La difusión visual de ciertos estilos de vida que representan, en su mayoría, valores positivos se plasman estéticamente con personajes completamente ajenos al tipo cholo, moreno o simplemente no blanco. En una sociedad crecientemente influenciada por la imagen, el elemento estético desempeña un rol importante al forjar identidades. Bruce nos recuerda la dinámica del combate de las Panteras Negras con el slogan «Black is beautiful»; en el escenario ideal se trataría de reivindicar el acceso a la belleza sin filtros raciales, pero en el caso del Perú, aunque el país intenta adaptarse a las reglas de la globalización, este último ideal enfrenta una seria resistencia, como si el despojarse de la identificación con los patrones estéticos

---

ha ofrecido plata! Alcanza a escuchar Alejandrino. –¿Cholo? ¿Cholo? Quiere contestar pero el grandulón [...] aprieta los dedos y lo hace retorcerse de dolor» (Nieto 2008: 231).

[8] Las nociones de «deseabilidad y aspiracionalidad», afirman que la colectividad aspira a alcanzar cierto status y estilo de vida confortables. La publicidad se encarga de difundir visualmente estas nociones, relacionándolas con imágenes de protagonistas blancos (Bruce 2007: 70).

heredados de lo colonial[9] cuestionara un modelo de sociedad defendido por poderosos intereses renuentes a todo cambio (Bruce 2007: 76). El lado más dramático, sin embargo, lo constituye el racismo internalizado que empieza a funcionar automáticamente aun sin que el sujeto lo perciba. Así lo expresan los pensamientos de Alejandrino cuando acude a su primera cita con una de las muchachas y contempla su apariencia en un espejo del ascensor del hotel: «Se examina con un poco más de detalle y no queda nada satisfecho: hubiera preferido no llevar el cabello tan corto para que no parezca que tiene una escobilla en la cabeza y lamenta además no haberse comprado buena ropa» (Nieto Degregori 2008: 196).

Alejandrino se autoconvencerá que es su manera de vestir lo que define la manera en que es tratado. «Lo de la ropa le parece clave. Está convencido de que si hubiera estado bien vestido, las anfitrionas del casino donde pasó varias horas antes de irse a dormir no lo hubieran ninguneado. Lo hicieron sentir como un gusano» (Nieto Degregori 2008: 203).

Tanto Alejandrino como quienes lo rodean se revelan como presas fáciles del bombardeo publicitario que define el gusto estético. La actitud de Laurita será la mejor muestra del éxito del boom propagandístico: ella estará convencida de poseer los genuinos estándares de belleza. Llegará incluso a intentar activamente forjar un poco de «estilo» en Alejandrino, «enseñándole» qué marcas de ropa hay que llevar, a dónde hay que ir cuando se sale, qué hay que comer y qué hay que decir. El romance con Laurita marchará sobre ruedas entre brósters en el Kentucky, pollitos a la brasa en el Norky's y paseos por Larcomar, hasta que se acabe el dinero. Más adelante, cuando Alejandrino, adinerado y fugitivo, se vea confrontado con la necesidad de adoptar un estilo acorde a su nueva condición económica, recorrerá desorientado esa geografía ignota en busca de los símbolos de status. La situación se complicará aún más, ya que esta vez se trata de la apropiación y manejo de los mismos; la ironía es que lo único que le

---

[9] Hipólito Unanue, un alto representante de la ilustración peruana, al describir las razas que habitaban la capital del virreinato, escribía: «El color blanco salpicado de carmín en las mejillas, pelo rubicundo, ojos azules, facciones hermosas, solidez de pensamiento y un corazón lleno de una fuerza genovesa, son los caracteres del Europeo en su perfección y cultura. Un color cobrizo o amarillazo (sic), pelo negro y largo, ojos negros, facciones delicadas, ayre melancólico, imaginación pronta y fuerte, corazón sensible y tímido: he aquí el retrato del Americano. Un pelo enrizado que no levanta del casco, facciones salvajes, color negro, espíritu pesado, y un corazón bárbaro han tocado en triste herencia a la mayor parte de Africanos» (Millones 2004: 79-80).

servirá de guía serán extractos de afirmaciones hechas precisamente por aquellos que –aún compartiendo su condición de provinciano pobre– han conseguido perfeccionar la careta de las apariencias para impresionar a los demás. Su guía es una identidad inexistente pero asida a ella, como él mismo dice, va «[…] redescubriendo esa ciudad que hasta hace tan poco veía desfilar ajena desde la ventanilla de la camioneta blindada» (Nieto Degregori 2008: 225).

Más delirante resulta su accidentada búsqueda de una mujer que comparta sus momentos de felicidad a cambio de una buena paga. Aquí podemos observar de qué manera las fronteras que definen la exclusión se extienden hasta el terreno más íntimo de la sexualidad. Alejandrino está convencido que no se trata de conseguir una mujer cualquiera, de aquellas que se ofrecen por las calles, y que tampoco se trata de echarse a buscar de manera ordinaria entre los avisos de los periódicos. Alejandrino sigue en este terreno el discurso del más palabrero de sus colegas e incursiona en internet. Simbólica incursión de los provincianos, a quienes se estereotipa como anti-modernos, en el manejo de la parafernalia de la modernización[10]. Después de sortear dificultades que jamás hubiera imaginado que pudieran surgir en estos menesteres, «www. placeres del Perú» le proporciona su primera candidata: «Su carita es redonda, su piel casi rosada y el pelo lacio, teñido de rubio le cae hasta los hombros, con el blue jean y la chompa que lleva puestos parece una universitaria de esas que viajan sin mirar a nadie» (Nieto Degregori 2008: 196). La segunda muchacha –esta vez de «Vellasvip»– lo deja pasmado «[…] al ver a esa joven que tiene todo el estilo de las que se pasean en el Jockey Plaza o en Larcomar sin fijarse ni por error en tipos como él» (Nieto Degregori 2008: 213). El argumento aspiracional, que sostiene que el colectivo desea alcanzar cierto status y estilo de vida y por eso al vincular una cierta apariencia física con el lujo, el éxito y el poder, se motiva y promueve el alcance de esos valores, adquiere –en el caso peruano– un matiz de feroz violencia excluyente. Cada vez que el habitante peruano promedio compara la diaria imagen del espejo con las expresiones publicitarias, se les recuerda que pertenecen a un colectivo sólidamente unido por la no pertenencia, por la exclusión y la postergación. No es posible reconocerse en las características presentadas, y para el caso de las grandes mayorías, la propaganda anuncia también la imposibilidad de acceso a aquellos valores positivos propagados por

---

[10] En la misma línea se ubica el texto de la música de fondo del relato interpretado por La Sarita que dice: «Porque yo soy el guachimán, no sólo toco el pito, yo soy mucho más. Yo voy a internet, navego en la web, me gusta la poesía, Beethoven también […]».

las imágenes blancas. Los esfuerzos por acercarse a este modelo lo observamos en las protagonistas al teñirse el cabello de rubio. En el caso de Alejandrino, lo que se irá modificando será su nombre: Laurita lo convierte en Alex y cuando se movilice, ya con dinero, se hará llamar Richard. Sus preferencias al seleccionar sus parejas resultan también evidentes: «Su gusto ha resultado muy definido: chicas de no más de veintidós años y, a juzgar por las fotos, blanconas y con el cabello castaño o rubio» (Nieto Degregori 2008: 193).

La complejidad de las clasificaciones raciales, aunque teóricamente eliminadas del universo biológico, se mantienen en el imaginario social y resultan también multidireccionales, y es aquí donde aparece el otro elemento hábilmente integrado al relato de «El Guachimán»: todo aquello que sea susceptible de ser identificado como perteneciente al universo cultural provinciano en la capital, despertará el mismo gesto despectivo con que son tratados los habitantes. Este imaginario, al que se ha denominado chicha, recorre el relato complementando la narración de la segregación. Cada vez que parece producirse el enfrentamiento de dos instancias discursivas exhibiendo cada una sus valores, el perdedor evidencia serias vinculaciones con la maraña semicivilizada, inculta, vulgar, ordinaria, chillona, caótica e improvisada de lo chicha.

Quispe Lázaro describe en un artículo las dimensiones de la cultura chicha, cuyas áreas abarcan:

> 1. Lo estético cultural: colores estridentes, combinación de las comidas, mezcla de tradiciones y culturas, etc., que más de las veces se ha asociado con «mal gusto» desde cánones culturales distintos.
> 2. Lo informal, la mezcla, el pandemonium, etc.
> 3. La flexibilidad de las normas y los valores: lo inescrupuloso, fuera de las normas, etc. (Quispe Lázaro 2004: 3).

La vinculación con el imaginario chicha funciona devaluando al sujeto, de allí que los personajes se esfuercen por alejarse al máximo de semejante asociación. Laurita tiene bastante definidas dichas fronteras, como lo demuestra su reacción durante una escena romántica en que los enamorados seleccionan su canción especial: «No, esta no es nuestra canción. Es tu canción [...] remarcó Laurita el tú y soltó la risa» (Nieto Degregori 2008: 170).

La mencionada canción favorita del protagonista y el grupo que la interpreta merecen especial atención. Estos elementos son complementarios, pero importantes, a la hora de construir el escenario en que se desenvuelve el personaje[11]. El grupo que interpreta la canción, «La Sarita», es parte del complejo fenómeno de construcción identitaria de la Lima actual. El género que interpretan mezcla lo que para los colectivos provincianos sería el rock capitalino con ritmos claramente andinos, al tiempo que aluden a una temática popularizada entre los originales cantautores chicha: las penurias del provinciano en la gran capital, en este caso un guachimán.

Pero ¿qué o quién es La Sarita de quien este grupo toma su nombre? La sencilla mención del nombre delata ya la importancia del personaje, que no necesita apellidos ni mayores referencias. Con este nombre se honra al ícono de las barriadas limeñas, Sarita Colonia, e ingresamos así al terreno de la religiosidad popular.

Sarita Colonia era una muchacha provinciana, de Huaraz, que se trasladó con su familia a Lima persiguiendo un sueño. Se establecieron en el puerto del Callao, un lugar altamente peligroso e insalubre a comienzos del siglo XX, donde el trabajo y la pobreza se confabularon para tejer una historia provinciana más en la capital. Cuando sólo tenía 26 años, la tuberculosis liberó a Sarita de las penurias mundanas. Después de su muerte, se dice que entre los años sesenta y setenta, empezaron los milagros y creció la devoción sin fronteras (el culto se extiende a nivel internacional) hasta la actualidad, en que se ha convertido en una de las santas más honradas del panteón popular.

Las prostitutas, y sobre todo las jóvenes que se inician en el oficio, dicen identificarse con ella porque dos negros pretendieron violarla. Las sirvientas, porque como ellas, era maltratada por sus patrones. Los pescadores, porque intentando escapar de la violación se lanzó al mar. Los choferes, porque, por el mismo empeño, fue atropellada por un auto. Las mujeres pobres porque libraba a sus maridos de las «garras de la otra», porque «sanaba a sus hijos», porque los alejaba «del alcohol, la droga y las mujeres». Pero, para todos, «Sarita es nuestra porque es pobre y miserable como nosotros» (Franco 1991: 113).

---

[11] La manera en que la música popular aborda un fenómeno social es importante, en el caso de nuestro trabajo contribuye a construir el universo socio-cultural del relato. Distinto es por ejemplo el caso de las bachatas con que cantantes de la República Dominicana abordan el mismo tema. Tony Berroa menciona el hecho que la labor del guachimán es cuidar dinero ajeno sin poder tocarlo, pero su mensaje central es que las continuas ausencias terminarán dejando al guachimán sin mujer. El caso de «Mi Wachiman» de Sonia Silvestre, narra la historia de una mujer que se atreve a salir sola por las calles de noche y al ser atacada por unos malhechores será salvada por un wachiman.

Esta multiplicidad de discursos que le otorga contenido al culto de Sarita refleja la evolución y transformación de sus fieles mismos. Probablemente Sarita se haya convertido también en motivo de análisis, porque su culto constituye la mejor muestra de ese continuo proceso que Franco denomina de «[...] transfiguración, trasmutación o resignificación realizado por la imaginación popular» (1991: 115). Sin embargo hay un detalle aun más interesante, la ausencia o débil presencia de testimonios colectivos que construyan un sólido historial que oficialice las virtudes de Sarita acercándola a la beatificación, lo cual permite a Franco concluir que nos encontramos ante un ejemplo de creación o invención colectiva. En ese sentido aludir al culto a Sarita es aludir a los grupos sociales que la crean y sus respectivos marcadores sociales,

> [...] desocupados, ambulantes, vendedores de loterías, limpiadores de carros, llenadores de micros, servidoras domésticas, estudiantes de CENECAPES, microbuseros, choferes de buses interprovinciales, peluqueras, obreros, verduleras, caseritas de los mercados y las tiendas de abarrotes, jubilados, ancianos, prostitutas, homosexuales, ladrones, enfermos [...] tímidos, ofendidos, avergonzados, sospechosos, infelices (Franco 1991: 117).

El culto a Sarita Colonia reúne, a nivel espiritual, a los contingentes de aquel mundo que se ha denominado chicha. Como señala el preámbulo del libro de Gonzáles Viaña dedicado al estudio del fenómeno Sarita: «Los sectores más proclives a la práctica de este culto fueron, desde el comienzo, los que corresponden a la marginalidad urbana y a las actividades económicas informales, a la desocupación y al subempleo» (Gonzáles Viaña 1990: 13).

Mencionar a Sarita aludiría entonces, en el universo del relato, a ese pueblo «pobre, cholo, migrante y urbano» (Gonzáles Viaña 1990: 117) del cual forman parte también los protagonistas de «El Guachimán». Tenemos entonces la impresión de que cada elemento integrante del relato es susceptible de abrirnos las puertas hacia las coordenadas que construyen el complejo universo de los habitantes de la Lima actual.

Alejandrino cae en la desorientación después de su brusco poder adquisitivo. Una vez solo, comprende que debe alejarse de ciertas prácticas y actitudes que Laurita ha dejado en claro que resultan inaceptables. En cuanto puede se compra mejor ropa, y ya cargado de paquetes se instala en un hotel de categoría, pero aun entonces su único pensamiento es: «Si Laurita me viera». El drama y la búsqueda de Alejandrino parecen ser entonces más profundos que lo económico, la nostalgia que lo abruma es significativa: «Vuelve a pensar en Laura. Ella fue la que le hizo conocer Mc Donald's, Kentucky, Ripley, Saga. Antes de salir con ella ni se le ocurría entrar a sitios así» (Nieto Degregori 2008: 255). Alejandrino se aferra a un modelo que ya sabe que es fallido[12], ¿cómo no estar condenado entonces al fracaso?

Probablemente el genuino Alejandrino, de una personalidad más sólida, emerja durante su detención. Allí vemos a un personaje paciente, reflexivo, disciplinado, que se revela sumamente calculador y analítico, que no sigue ya ni obedece las opiniones o impresiones de otros, ni siquiera cuando lo someten a violentas presiones. Nos enteramos que ha analizado qué tipo de pena le correspondería por el robo, que va observando la reacción de la policía hasta concluir, certeramente, que sólo buscan su beneficio personal. Se revela incluso como el artífice de una maraña de total confusión, con la cual desubica a las instancias oficiales desesperadas por recuperar el dinero: acusa ante su jefe de la agencia de seguridad a los policías de haberse llevado ya el dinero, aduciendo, eso sí, que no puede hablar públicamente de eso y muestra su cuerpo golpeado como evidencia de la persuasión. Su único temor a estas alturas es su propia debilidad, no poder soportar más el castigo físico «¡Ahí sí que estará jodido! ¡Cinco años de cárcel por gusto! ¡Para volver a salir de cana a la vida de mierda que tenía antes!» (Nieto Degregori 2008: 272). El relato concluye con un Alejandrino optimista que ha comprendido que sólo tiene que soportar un poco más antes de salir a una nueva vida, donde incluso quizás consiga finalmente hacer realidad su gran sueño de la empresa de seguridad propia.

Esta visión del futuro provisor que parece dar fuerzas a Alejandrino es descrita de tal manera que consigue despertar en el lector la sensación de encontrarse ante un final feliz. La aspiración humilde de la empresa propia al final de la peripecia casi nos hace olvidar el pequeño detalle de la procedencia del capital que financiará este proyecto. Alejandrino tiene un objetivo, una meta, un sueño. Nuevamente el relato nos remite a la escena nacional de comienzos del siglo XXI, al deslizar sutilmente un matiz presente en el discurso nacional de los últimos tiempos. Bajo la denominación de la corriente «emprendedora» se describe en términos halagadores las ya evidentes conquistas del colectivo

---

[12] Después del robo y antes de ser capturado, Alejandrino se atreve a regresar a la empresa donde trabajaba con Laurita y la enfrenta: «¡Estás chiflada! ¿Qué te crees? ¿Que estás en una telenovela? ¡Te juras la muy pituca, la muy especial, pero eres igual de misia que yo! ¡Perdón! ¡Eres más misia que yo! ¡Yo ahora tengo un huevo de plata y voy a vivir a lo grande! ¡De nada va a servir que avises a la policía!» (Nieto 2008: 258).

provinciano en la nueva Lima. El final del siglo XX es el momento en que surge un discurso que reconoce que tras décadas de lucha por la sobrevivencia en la capital, los migrantes provincianos han triunfado. Al referirse a este «nuevo» actor social, se impone modificar las antiguas denominaciones predominantemente despectivas. Si anteriormente sus actividades sólo podían pertenecer al denominado sector informal, se habla ahora del colectivo de «emprendedores migrantes», de no sólo plena sino sobre todo exitosa presencia en los mercados nacionales, regionales y locales. Lo que empezó, en muchos casos, como «un negocito», con el paso de los años demostró ser capaz de sobrevivir períodos de ajuste económico, crecer, multiplicarse y consolidarse generando a su vez prosperidad en otros rubros familiares: educación, propiedad, vivienda y hábitos de consumo. Con el cambio discursivo, se han iniciado también los análisis de las condiciones de éxito de estos sectores emergentes.

Un ejemplo de ello lo constituye el caso del jirón Wilson, famoso por haber sido reducto de negociantes de mal vivir, revendedores de artículos robados y centro de la piratería feroz, que se describe hoy como un «fenómeno» generador de oportunidades, cuna de dinámicos negociantes con una «visión». Es apreciado por la creatividad y el talento de sus técnicos, ejemplo de lo que puede lograr todo peruano emprendedor. «Y es que estos emprendedores tienen el mérito de despegar, es una nueva ilusión de país que durante mucho tiempo nos han hecho creer que no somos capaces de lograr: ser uno de los primeros como país en tecnología» (Guerra-García 2008b: 1). Esta descripción corresponde al blog del nuevo gurú del «emprendedorismo», Nano Guerra-García Campos, quien se define como el «referente nacional en temas de emprendedorismo.» Es Presidente del directorio de SomosEmpresa Grupo ACP, Director y conductor de los programas Somos Empresa (Televisión), Perú Emprendedor (Radio) y de la revista *Somos Empresa*. Su libro *Los secretos del carajo* (Guerra-García 2009) es el más vendido en el Perú probablemente porque en él revela las claves de este éxito profundamente peruano.

Es significativa la presencia de este discurso porque se dirige a ese contingente de nuevos empresarios provincianos exitosos, convirtiéndolos en ejemplo a seguir, y refuta así en la práctica el tradicional discurso aspiracional y excluyente antes mencionado. Su propuesta rompe también con la mentalidad laboral conservadora con la que el provinciano de los primeros tiempos asumió su supervivencia en la capital: conseguir un empleo y asirse a él hasta su jubilación. Guerra-García sostiene que precisamente el problema radica en concebirse como empleado: «El problema está en que te asumas sólo como empleado, que pienses como tal, que te sientas un trabajador alienado por quien te emplea, y que esperes el sueldo del fin de mes. Eso es lo que te estanca» (Guerra-García 2009: 1). La esencia radica entonces en asumir el futuro como una tarea personal, en asumir la idea que el futuro lo construye uno mismo, con esfuerzo e innovación. Esa es la definición de ser emprendedor. Así se superaría también las barreras que representan las instancias gubernamentales y el Estado, a lo largo de su historia concebidas por el provinciano más como obstáculos que como apoyo. Además los ejemplos que refuerzan la propuesta de Guerra-García son provincianos ubicados en las altas esferas del éxito en base a esa mentalidad de riesgo y empuje (Máximo San Román, Diógenes Alva o Pablo Guerrero Jara). El público a quien se dirige esta nueva mentalidad son las masas de jóvenes habitantes de la gran ciudad:

> Si hay algo que mueve a las personas en los últimos tiempos es precisamente la idea de un futuro propio e independiente. El pequeño fuego que anima a miles de jóvenes en muchos sitios de nuestro país es el sueño de un negocio propio y la conquista de su libertad financiera. Miles de personas quieren ser sus propios jefes, quieren ser los artífices de su destino (Guerra-García 2008a: 1).

En un contexto que posibilita este discurso es donde hay que ubicar la lucha diaria del joven guachimán. Al ser parte del contingente de ciudadanos históricamente postergados y víctimas del sistema tradicional excluyente, sus sueños y expectativas, así como las estrategias para realizarlos, adquieren peculiares características. El sociólogo Francisco Durán explica que la dicotomía de lo formal e informal ya no define la economía peruana. Hay que hablar más bien de lo formal, lo informal y lo delictivo, definiéndose lo informal como una forma de transgresión tolerada por la ley debido a la presencia de la pobreza (Sánchez H 2006: 1). Si el último dilema, relativo a la procedencia del capital que financiaría el proyecto del guachimán, aún nos confronta con un malestar ético, es importante conocer que el mencionado cambio de polarizaciones en el mundo económico ha hecho posible que ciertas transgresiones, dentro de las cuales se ubican muchas estrategias del mundo informal, se consideren justificables. Francisco Durán señala que la pobreza existente, la debilidad del Estado y la cultura de la transgresión –que considera un valor el «ser vivo»– han conseguido hacer ver como positivo algo que antes era considerado negativo.

En este trabajo, a partir de la lectura de un relato, hemos mostrado la gama de desafíos que presenta el análisis de una sociedad como la peruana, cultural y étnicamente diversa. Hemos asistido también a la complejidad y riqueza de los temas abordados por un escritor andino al describir la epopeya de los nuevos habitantes de la capital. A estas alturas, negar que son los migrantes y sus descendientes los encargados de gestar una manera diferente de sentirse peruano, de perfilar la comunidad nacional y de construir innovadoras identidades socioculturales, sólo puede ser un absurdo.

Resuenan, más actuales que nunca, los ecos de la poesía de José María Arguedas que en su himno «A nuestro padre creador Túpac Amaru», vislumbraba ya esta imagen:

> Somos miles de millares, aquí, ahora. Estamos juntos; nos hemos congregado pueblo por pueblo, nombre por nombre, y estamos apretando a esta inmensa ciudad que nos odiaba, que nos despreciaba como a excremento de caballos. Hemos deconvertirla en pueblo de hombres que entonen los himnos de las cuatro regiones de nuestro mundo, en ciudad feliz, donde cada hombre trabaje, en inmenso pueblo que no odie y sea limpio, como la nieve de los dioses montaña donde la pestilencia del mal no llega jamás (Arguedas 1992: 121).

Bibliografía

Angeles Caballero, César (2003): *El Cholo en la literatura peruana (El Cholismo literario)*. Lima: Editorial San Marcos.

Arguedas, José María (1992): «A nuestro padre creador Túpac Amaru (himno-canción)». En *Una recuperación indigenista del mundo peruano*. Barcelona: Anthropos.

Bruce, Jorge (2007): *Nos habíamos choleado tanto. Psicoanálisis y racismo*. Lima: Fondo Editorial Universidad de San Martín de Porres.

Clerici, Annina (2006): «Conversación en la carretera y el burdel: la función del acto comunicativo en dos novelas peruanas de inicios del siglo xxi». En Clerici, Annina & Mendes, Marília (eds.): *De márgenes y silencios. Homenaje a Martin Lienhard*. Madrid: Iberoamericana / Vervuert.

De Lima, Paolo (2007): «Luis Nieto Degregori: La sociedad criolla no tiene la capacidad de ver los conflictos del Perú actual». En <http://zonadenoticias.blogspot.com/2007/02/nieto-degregori-la-sociedad-criolla-no.html> (consultado el 04.07.2011).

Franco, Carlos (1991): *Imágenes de la Sociedad Peruana: la «otra» modernidad*. Lima: Centro de Estudios para el desarrollo y la participación (CEDEP).

Gonzáles Viaña, Eduardo (1990): *Sarita Colonia viene volando*. Lima: Mosca Azul Editores.

GUERRA-GARCÍA, Nano (2009): *Los secretos del carajo. Para ser un empresario de éxito*. Lima: Grupo Editorial Norma.
— (2008a): «Educación para el emprendimiento no para el empleo». En *Saber que se puede. El blog de los emprendedores del Perú. SOMOS EMPRESA*. En <http://somosempresa.wordpress.com/2008/12/01/educacion-para-el-emprendimiento-no-para-el-empleo/> (consultado el 04.07.2011).
— (2008b): «Wilson, más que un negocio, una esperanza». En *Saber que se puede. El blog de los emprendedores del Perú. SOMOS EMPRESA*. En <http://somosempresa.wordpress.com/2008/12/01/wilson-mas-que-un-negocio-una-esperanza/> (consultado el 29.06.2011).
— (2009): «Y si soy empleado». En *Saber que se puede. El Blog de los emprendedores del Perú. SOMOS EMPRESA*. En <http://somosempresa.wordpress.com/2009/02/05/%c2%bfy-si-soy-empleado/> (consultado el 29.06.2011).
LIENHARD, Martin (2000): «Voces marginadas y poder discursivo en América Latina». En *Revista Iberoamericana* 193. 785-798.
MANRIQUE, Nelson (1999): *La Piel y la Pluma. Escritos sobre literatura, Etnicidad y Racismo*. Lima: Sur, Casa de Estudios del Socialismo.
MATOS MAR, José (1987): *Desborde Popular y crisis del estado. El nuevo rostro del Perú en la década de 1980*. Lima: Instituto de Estudios Peruanos.
MILLONES, Luis (2004): *Ser Indio en el Perú: La fuerza del pasado. Las poblaciones indígenas del Perú (costa y sierra)*. Buenos Aires: Siglo XXI.
NIETO DEGREGORI, Luis (2008): *El guachimán y otras historias*. Lima: Alfaguara.
QUISPE LÁZARO, Arturo (2004): «La Cultura Chicha en el Perú». En *Revista Cultural Electrónica Construyendo nuestra Interculturalidad* 1 (1). 1-7. En <http://www.scribd.com/doc/19532735/Arturo-Quispe-Lazaro-La-cultura-chicha-en-el-Peru> (consultado el 04.07.2011).
SÁNCHEZ H, Enrique (2006): «La sociedad peruana está muy enferma». En *Peru Election blog. Interview with Francisco Duran*. En <http://blogs.ubc.ca/peru/2006/06/26/interview-with-francisco-durand-2/#more-1486> (consultado el 03.07.2011).

III. El cuerpo ciudadano: la inscripción de la carne

En los bordes internos de San Pablo: una lectura de *Paranoia* de Roberto Piva

Mario Cámara
Universidad de Buenos Aires

> Hablaremos de la rebelión amarga, apasionada, en contra del catolicismo, que así es como Rimbaud, Lautréamont, Apollinaire trajeron al mundo al surrealismo.
>
> Walter Benjamin

Roberto Piva publicó en 1962, en San Pablo, el manifiesto «Os que viram carcaça»[1]. Una de las traducciones posibles de aquel título es «los que se transforman en esqueleto». Estructurado sobre un sistema binario, por momentos dramático, por momentos paródico, el manifiesto establecía un sistema de adhesiones y oposiciones, en el que quedaba claro que quienes «perdían el cuerpo» o quienes nunca lo habían tenido eran la «familia burguesa», la «poesía ascética», pero también «Valery», «Hegel», el «gobierno» y hasta la «lambreta», la clásica *Vespa* italiana. Del lado de las adhesiones, encontrábamos entre otros a Artaud, Sade, Di Chirico, «querubins homossexuais», la motocicleta, y por

---

[1] El manifiesto se componía de cuatro fragmentos: «O minotauro dos minutos»; «Bules, bilis e bolas»; «A máquina de matar o tempo» y «A catedral do desordem». Todas las citas pertenecen al manifiesto compilado en *Um estrangeiro na legião*. Alcir Pécora (org.) (2005: 135-141).

sobre todos los anteriores a Lautréamont –«contra tudo por Lautréamont» (141)–, con quien el poeta paulista cerraba el manifiesto.

Piva establecía de este modo un antagonismo literario y existencial. En la recuperación de la «carne» y el «cuerpo» dejaba ver sus lecturas surrealistas, una tradición con escasa fortuna en Brasil, sobre la que José Paulo Paes escribiría, años más tarde, «do surrealismo literário no Brasil quase se poderia dizer o mesmo que da batalha de Itararé: não houve»[2]. A partir de ellas, especialmente en las referencias a Sade y Lautréamont, establecía que el antagonismo pasaba por un determinado uso del cuerpo: dispendioso, soberano y transgresor.

El manifiesto también dejaba ver otras lecturas. En la cuarta parte, titulada «A catedral da desorden», Piva sostenía: «Só a desordem nos une. Ceticamente, Barbaramente, Sexualmente» (2005: 141). Citaba de este modo, al mismo tiempo que rescribía, el inicio del Manifiesto Antropófago (Oswald de Andrade, 1928). Ese trípode de desorden, barbarie y sexualidad funcionaba como la contracara, dentro del propio manifiesto, de «Metodistas, psicólogos, advogados, engenheiros, estudantes, patrões, químicos, cientistas» (2005: 141). Piva colocaba de un lado el sexo –desordenado y bárbaro- y del otro, como se puede inferir por el listado que conjuga profesiones, estudiantes, patrones y científicos, el trabajo diurno de la *polis*.

Inadvertido para la crítica del momento, Piva «já era conhecido em São Paulo, por participar de episódios ou protagonizálos em uma cidade que, mesmo alguns milhões de habitantes, ainda era provinciana o bastante para registrá-los» (2005: 144). Al modo de un «animador cultural», congregó a su alrededor una bohemia diferenciada de la producción concreta y de la producción comprometida, en la que participaron Claudio Willer, Celso Luiz Paulini y el artista plástico Wesley Duke Lee entre otros. Duke Lee acompañó a Piva en sus dos primeros libros con una serie de fotografías[3].

Utilizo aquí la categoría «bohemia» en el sentido de una nueva «rebeldía», que en ese tiempo está surgiendo y afianzándose en Estados Unidos a través de

---

[2] Apud Cláudio Willer. «Surrealismo no Brasil – rebelião e imagens poéticas». Fortaleza/São Paulo. Agulha. Revista Agulha., Agosto de 2002. <http://www.jornaldepoesia.jor.br/ag27willer.htm> (Acceso 10/10/2008).

[3] Para un estudio de la vida cultural véase *Roberto Piva e a «periferia rebelde» na poesia paulista dos anos 60*. Tesis de Maestría de Thiago de Almeida Noya (2004). En relación a Duke Lee, éste realizó en 1963 el primer *happening* en Brasil, en el João Sebastião Bar: una bailarina hacía un anti strip-tease mientras que un ventilador desparramaba espuma de jabón sobre el público, que con linternas contemplaba una serie de pinturas eróticas tituladas «Ligas».

la *beat generation*, y que durante los siguientes años se va a difundir en el resto de Occidente. Piva, como Mautner, pertenecen a una nueva franja poblacional que desde mediados de los años cincuenta toma conciencia de sí: los jóvenes que se oponen al mundo «ordenado» y «civilizado» de los mayores[4]. Piva elige presentarse como estandarte de esa nueva rebeldía y para ello invoca en su auxilio al cuerpo, «contra a mente pelo corpo» (2005: 141); y practica una sexualidad disidente, «contra a vagina pelo anus» (2005: 141). Inaugura de este modo un proyecto poético que se traducirá en dos libros, *Paranoia* (1963) y *Piazzas* (1964), en los que el cuerpo y la sexualidad son los investimentos centrales contra la ideología del trabajo, la institución familiar y un modo ascético y *bel-letrista* de pensar y practicar la poesía. Desde esa perspectiva, afirma Claudio Willer,

> os autores centrais eram e continuariam a ser, em poesia, o Rimbaud das iluminações, da rebelião e do desregramento dos sentidos, e em filosofia o Nietzsche do dionisíaco e da critica ao cristianismo e ao racionalismo ocidental (2005: 145).

La poética de Piva escoge la noche como escenario privilegiado. Aunque como ha señalado Eliane Robert Moraes, Piva no está sólo. «A pesar de misteriosos, os cenários noturnos de Piva pouco têm em comum com as noites funestas evocadas pelos artistas românticos, muitas vezes vividas por personagens solitários, perdidos em meio a uma natureza erma, silenciosa e melancólica» (2005: 152). Desde «Os que viram carcaça», pasando por *Paranoia* y *Piazzas*, Piva convoca una nueva comunidad: «os macumbeiros, os loucos confidentes, imperadores desterrados, freiras surdas, cafajestes com hemorroides» (2005: 139).

La rebeldía en Piva posee un principio libertario en el que no tienen lugar las formas de organización política tradicionales. Sin embargo, su poesía es política, no al modo, claro está, de la que se está practicando y produciendo en los Centros Populares de Cultura (CPC), en donde se reivindica e idealiza al obrero y al campesino, sino al modo del «provocador», para utilizar la definición que Walter Benjamin escogió para Baudelaire. Por ello, Alcir Pécora, en la introducción a la reciente reedición de sus obras completas, ha sostenido, en relación a «Os que viram carcaça», pero también a *Paranoia*:

---

[4] Véase Hobsbawn 1996.

A escolha sem nuances é condição desta escrita libertina, no sentido forte do termo: aquele no qual está em jogo assinalar os interditos e investir decididamente contra eles num gesto cujo valor fundamental é o da transgressão (2005: 11).

Rebeldía, provocación y transgresión son entonces los tres términos en los que se funda una escritura libertina –y libertaria– que inviste en la sexualidad, en tanto prohibición privilegiada y experiencia a ser recuperada. Experiencia en la que se subraya el carácter improductivo de la misma –«contra vagina pelo ânus» (2005: 135)–, como un modo de hacer más visible la contraposición a una ideología del trabajo, que circula como dominante en esos momentos.

Piedra y carne

> –Foi culpa dos Evangelistas
> «Screverem de diante para tras»:
> Tal Yankee ao hebreu
> Entendeu
> Que eis Bíblia a formar Satanás!
>
> Sousândrade

Tanto en los datos de la economía real como en el imaginario social y cultural, San Pablo funcionó como emblema del desarrollo industrial desde los primeros años del siglo xx. Oswald de Andrade la imaginó en 1925 con «postes», «gasômetros» y «rails», y los poetas concretos renovaron el estatuto del poema, liberándolo de toda expresividad, para transformarlo en un «objeto útil», teniendo como paño de fondo a esa pujante ciudad. Piva, tanto en «Os que viram carcaça», donde elige *Praça da República* contra *Jardim Europa*, como luego en *Paranoia*, traza una axiología urbana diferente. La elección referida, por ejemplo, corresponde a un espacio emblemático del centro degradado de la ciudad, donde paran ladrones, prostitutas y travestis[5]; *Jardim Europa*, en cambio, es uno de los barrios burgueses y «bonitos» de San Pablo.

Al modo surrealista, la ciudad burguesa –e industrial– aparecerá en Piva como algo objetivo y a la vez algo soñado. En efecto, en *Paranoia* la objetividad proviene de una serie de nombres –de calles, plazas y parques– que remiten a una San Pablo real, a la que se le adiciona una caracterización paranoico-crítica.

---

[5] Armando Silva (1992) ha mostrado la escasa aceptación de aquella plaza para los paulistas.

De esa ciudad caída –como el París de Baudelaire– Piva hace emerger un paisaje urbano subterráneo pero público o semipúblico, incrustado en el centro mismo de la ciudad, que se manifiesta y adquiere sus contornos en los baños públicos, en las plazas, los parques y las galerías comerciales. Podemos afirmar entonces que en *Paranoia* sexualidad y ciudad no son ámbitos diferenciables, sino superpuestos. Sin embargo, esa superposición siempre esta tensionada entre una moral sexual reproductiva, adjudicada al orden burgués, y un ejercicio no reproductivo de la sexualidad, que se practica en estos márgenes internos de la ciudad: baños públicos, plazas, parques, galerías. Por ello se puede hablar de transgresión (Bataille 2001: 71), porque se excede ese mundo del trabajo pero sin destruirlo. No hay ninguna utopía de salida del tejido urbano en procura de una sexualidad «natural»: la ciudad es un infierno, que contiene en sí misma sus líneas de fuga, sus frágiles y artificiales paraísos.

Los desplazamientos de Piva por San Pablo nos recuerdan lo que Walter Benjamin había señalado para el trapero: que éste estaba en condiciones de ver la fantasmagoría del progreso del nuevo París –el infierno del siglo XIX que se disimulaba bajo la brillante imagen del acero y del cristal (1998)–. Sin embargo, y a diferencia de lo que propone Benjamin, en la poesía de Piva el yo lírico, en lugar de ser un sufrido transhumante, es, como veremos, un cuerpo errante. No sólo hay fantasmagoría y sufrimiento, sino una experiencia sexual que, a efectos de enfrentarse al infierno urbano, se presenta como «sagrada» y se experimenta como «epifánica».

Paseos infernales

En «Visão 1961», poema con el que comienza *Paranoia*, el primer nombre que surge, a modo de tributo, es el de otro escritor modernista, Mário de Andrade,

> na solidão de um comboio de maconha6 Mário de Andrade surge como um Lótus colando sua boca no meu ouvido fitando as estrelas e o céu que renascem nas caminhadas (2005: 38).

---

[6] Resulta interesante observar la referencia a la marihuana en un poema publicado en 1963. En este sentido, Claudio Willer, escritor y poeta paulista, que publicó su primer libro de poesías casi al mismo tiempo que Roberto Piva, nos ofrece una información importante: «Piva havia feito que viessem de San Francisco as publicações *beat* da City Lights Books de Lawrence Ferlinghetti e da New Directions Paper-backs, com obras de Ginsberg, Gregory Corso, Philip

Mário volverá a aparecer en el poema «No Parque Ibirapuera»,

«A noite traz a lua cheia e teus poemas, Mário de Andrade, regam minha / imaginação» (2005: 64).

En el primer caso el escritor modernista emerge como resultado de una experiencia con marihuana y, pegando su boca al oído del yo lírico, provoca un renacimiento del cielo y de las estrellas. En el segundo, son los poemas de Mário de Andrade los que estimulan la imaginación del yo lírico. En ambos casos, el nombre del poeta modernista funciona como guía e invocación. Cual Virgilio demoníaco, Mário de Andrade abre las puertas de San Pablo para que el yo lírico inicie sus desplazamientos[7].

El «desarreglo de los sentidos» rechaza el mundo emblemático y racional del día y va entregándonos otro escenario, más nocturno, en el que el poeta deambula por calles, bares, plazas y parques, saunas de suburbio y sexuales baños públicos. «Todo é noite na poesia de Roberto Piva» (2005: 152), ha señalado Eliane Robert Moraes, pero debemos agregar que desde la noche se ven los espectros del día, se observa con mayor detalle la ciudad caída, la infernal luz del trabajo y la moral.

Lamantia e do próprio Ferlinghetti. Reuníamo-nos para traduzir do inglês os livretos sem lombada, cadernos com capas em preto-e-branco da Pockett Poets Series, incluindo um *Kaddish and other poems* recem-saído do forno, lançado nos Estados Unidos naquele ano de 1961. Até então, poesia *beat* era disseminada no Brasil em nível jornalístico, com ênfase na mítica dos boêmios viajantes. Foram pioneiras aquelas sessões empolgantes em que desvendávamos textos percebendo que as apresentações condensadas, mesmo em verso longo, das aventuras e peripécias de poetas, outros artistas, marginais, alucinados, apresentavam correspondência com episódios que havíamos presenciado ou vivido (e com o que viria a seguir)» (2005: 148). Lo que narra Willer como experiencia grupal es la recepción, muy temprana por cierto, de la *beat generation*.

[7] Se ha vinculado *Paranoia* con *Paulicéia desvairada*, libro con el que Mário de Andrade inauguró la poesía de vanguardia brasileña durante los años veinte. Sin embargo, en Mário de Andrade, la ciudad imaginada como metrópolis todavía era un signo ambivalente, que por partes iguales fascinaba y atemorizaba. Además de la poesía de *Paulicéia* resulta productivo detenerse en el «Prefácio Interessantíssimo», una suerte de manifiesto poético, con el que Mário de Andrade comenzaba su libro. Allí señalaba: «*Leitor:* / Está fundado o Desvairismo». La definición del «desvairismo» que formulaba Mário de Andrade señalaba lo siguiente: «Quando sinto a impulsão lírica escrevo sem pensar tudo o que meu inconsciente me grita. Penso depois: não só para corrigir, como para justificar o que escrivi» (1922 [2005]: 7, edición facsimilar).

En los bordes internos de San Pablo: una lectura de *Paranoia* 165

Las referencias a San Pablo se multiplican en los poemas: la Avenida Río Branco, la *rua* São Luís, la estatua de Álvares de Azevedo, la praça da República, el parque Shangai, las escaleras de Santa Cecilia o la *rua* das Palmeiras. A aquellas referencias Piva adiciona algunos símbolos institucionales:

> a Bolsa de Valores e os fonógrafos pintaram seus lábios com ortigas (2005: 31)

> ao sudeste do teu sonho uma dúzia de anjos de pijama urinam com transporte e em silêncio nos telefones nas portas nos capachos das *catedrais* sem Deus (2005: 31)

> a apito disentérico das *fábricas* expulsando escravos (2005: 57),

y personajes relacionados con el saber,

> «os *professores* são máquinas de fezes conquistadas pelo Tempo invocando

> em jejum de Vida as trombetas de fogo do Apocalipse (2005: 32)

> os *professores* falavam da vontade de dominar e da luta pela vida (2005:41)

> O *Homem Aritmético* conta em voz alta os minutos que nos faltam contemplando a bomba atômica como se fosse seu espelho (2005: 48).

La trama urbana diurna –relacionada con el consumo, el trabajo y la reproducción– se va construyendo a través de tres grupos: referencias topográficas reales, espacios emblemáticos y tipologías ciudadanas. Si analizamos más en detalle los dos últimos, podremos observar cómo se connota esa ciudad infernal. Así, se puede observar que el segundo grupo se encuentra relacionado con espacios dedicados a la especulación, la producción y la religión. La Bolsa de Valores aparece con la seducción del maquillaje, pero esconde en su boca pintada el veneno de la ortiga; las catedrales han sido abandonadas por los dioses siendo apenas una carcasa vacía, y las fábricas más que mercancías producen esclavos. El tercer y último grupo refiere siempre a profesores, es decir, al ámbito del saber, que aparece relacionado con el poder: el hombre aritmético se proyecta en la amenaza atómica, mientras un conjunto de profesores invoca al Apocalipsis y otro se adhiere a un discurso darwinista de la supervivencia del más apto.

Dada esa específica caracterización de espacios emblemáticos y tipologías ciudadanas, las topografías reales –primer grupo– van a adquirir otra connotación. La significación negativa de estos contamina la totalidad del contexto urbano. Más que ser un espacio neutro, la ciudad misma se transforma, desde el inicio, en un personaje central de *Paranoia*. Se presenta como encantada debido tanto a la personificación de la Bolsa de Valores como de las fábricas, y poblada de profesores que convocan al Apocalipsis o a la amenaza atómica. Estos dos términos, «Apocalipsis» y «amenaza atómica», funcionan como un enunciado conjunto. La amenaza atómica, resultado del desarrollo técnico, es el nuevo Apocalipsis moderno. San Pablo adquiere la fisonomía de una ciudad caída e infernal, dominada por la especulación, la explotación y la técnica, que son presentadas como los nuevos pecados de la modernidad.

Dicho retrato termina de configurarse como infernal a través de una serie de procedimientos. Uno de ellos, ya presente en Lautréamont[8] consiste en la construcción de imágenes a través de la idea de «máxima extensión», un conjunto de imágenes y referencias aparentemente contrapuestas que tienen por función establecer una relación de contigüidad[9]. Veamos un ejemplo en el primer poema del libro:

já é quinta-feira na avenida Rio Branco onde um enxame de Harpias vacilava com cabelos presos nos luminosos e minha imaginação gritava no perpétuo impulso dos corpos encerrados pela Noite (2005: 31)

Aquella combinatoria establece una relación de contigüidad que, por desplazamiento, incorpora a ese espacio degradado algo del orden de lo mitológico[10].

---

[8] En los poemas que componen *Paranoia* hay varias referencias a Lautréamont y a Maldoror. La máxima extensión se puede percibir en el famoso verso de Lautréamont «Bello como el encuentro fortuito en una mesa de disección de un paraguas y una máquina de coser».

[9] Se suele filiar a Roberto Piva con el surrealismo o se lo suele señalar directamente como surrealista. Creo que más que intentar definirlo en uno u otro lugar, resulta interesante destacar su proximidad a dicha vanguardia como un síntoma más del lugar alternativo, más bien marginal, que ocupó este autor durante los años sesenta en la escena literaria brasileña.

[10] Recordemos que las arpías (en portugués *harpia*) eran hijas de Electra y Taumante y hermanas de Iris. El mito cuenta que Fineo, un rey de Tracia, tenía el don de la profecía. Zeus, furioso con él por haber revelado secretos de los dioses del Olimpo contra la voluntad de éstos, lo castigó confinándolo en una isla con un festín del que no podía comer nada, pues las arpías siempre robaban la comida de sus manos justo antes de que pudiera tomarla. La versión básica de este mito, a medida que fue contada una y otra vez, añadió nuevos detalles: a saber, que las arpías no robaban la comida, sino que la ensuciaban con sus excrementos, haciéndola incomible.

Piva repite el procedimiento acudiendo a un conjunto de imágenes monstruosas, como por ejemplo «no espaço de uma Tarde os moluscos engoliram suas mãos» (2005: 31), o «sob o chapéu de prata do ditador Tacanho e o ferro e a borracha / verteram monstros inconcebíveis» (2005: 31).

La puesta en relación de referencias reales, espacios emblemáticos y tipologías urbanas y el procedimiento de la máxima extensión constituyen los recursos que *Paranoia* despliega. La ciudad de Piva es entonces la metrópolis industrial que se convierte en infierno que se transforma, finalmente, en escenario propicio para que emerja el erotismo.

Por un erotismo sagrado

Hemos visto cómo Mário de Andrade funcionaba como invocación y guía en el comienzo de *Paranoia*; ahora quiero referirme al erotismo y la sexualidad en torno a su figura. Las referencias al poeta modernista se instalan en un terreno en el que la abundante crítica respecto de su figura ha evitado profundizar, me refiero a su homosexualidad. Respecto de ella, Piva ha señalado,

> além disso, há diálogos mais explícitos, por exemplo, com a «Meditação sobre o Tietê» e com «Girassol da Madrugada». Aliás, já da primeira vez que eu li o Mário, percebi que era um poeta com forte sensibilidade homossexual. Repare bem: «Tudo o que há de melhor e de mais raro / Vive em teu corpo nu de adolescente / A perna assim jogada e o braço, o claro / Olhar preso no meu, perdidamente». No «Girassol da Madrugada» isso aparece de modo muito nítido. O que não quer dizer que eu desconsidere os outros modernistas, mas o Mário foi uma descoberta que me interessou pelo lado homoerótico (2000: 8).

Por ello, la inclusión de Mário de Andrade como musa inspiradora debe leerse no sólo como una filiación posible entre *Paranoia* y *Pauliceia desvairada*, sino como una específica relectura del poeta y novelista modernista. Un homenaje peculiar que no recupera el «monumento» tal como aparece, por ejemplo, en el retrato realizado por Cándido Portinari –un Mário viril, de anchas espaldas, con la mirada puesta en el horizonte de la historia–, sino más bien la figura plasmada por Lasar Segall, que Mário de Andrade condenaba

---

Pronto las arpías fueron vistas como difusoras de suciedad y enfermedad, adquiriendo también su más famosa apariencia monstruosa. La máxima extensión consiste en hacer funcionar a las arpías en medio de la avenida Río Branco.

por haber captado lo que de más demoniaco y oscuro había en él (Miceli 1996: 90). Piva rescata al Mário de Andrade amante de la belleza de los jóvenes, y más precisamente de los adolescentes.

En los poemas de *Paranoia* los jóvenes y los adolescentes también están presentes. Y, junto a los pederastas, serán elevados a una condición angélica y sagrada. En el primer poema, «Visão 1961», ángeles coléricos aparecen inmediatamente después de estos versos:

> os banqueiros mandam aos comissários lindas caixas azuis de excrementos secos enquanto um milhão de anjos em cólera gritam nas assambléias (2005: 31)

Se repite el procedimiento de la máxima extensión, banqueros y comisarios puestos en relación con un millón de ángeles. En la imagen, los ángeles enfrentan el mundo materialista de banqueros y comisarios. La segunda referencia a los ángeles aparece en el poema «Visão de São Paulo à noite. Poema Antropófago sob Narcótico», ya vinculando «ángel y sexualidad»; el verso dice así: «há anjos de Rilke dando o cu nos mictórios» (38). A partir de aquel verso, el sustantivo «ángel» se desplaza en dos direcciones. En primer lugar, se convierte en adjetivo y se transforma en una cualidad de los vagabundos, «angélicos vagabundos gritando entre as lojas e os templos» (39); en segundo lugar, permite establecer una equivalencia entre

> meninos visionários arcanjos de subúrbio entranhas em êxtase alfinetados nos mictórios atômicos (2005: 53)

Obsérvese que además de la equivalencia planteada «meninos visiónarios» = «arcanjos de subúrbio», el adjetivo «*visiónarios*», que sería más propio de los «*arcanjos*», funciona en relación a los «*meninos*». De modo tal que no sólo hay equivalencia, y por lo tanto desplazamiento significante, sino que la adjetivación reafirma dicho desplazamiento. Se construye una serie angelical en la que los significados se van sedimentando de verso en verso. Al final de la serie, la pureza se torna equivalente de la condición visionaria y estas dos últimas de la condición sexual.

El circuito, sexual, se completa con la aparición de la pederastia. En relación a ellos, se dirá,

> bacharéis praticam sexo com liquidificadores como os pederastas cuja / santidade confunde os zombeteiros (2005: 48)

Si el joven a ser sodomizado va transformando esa juventud en una cualidad angelical, el pederasta se dota de un halo de santidad. Esa relación se despliega en lo que voy a denominar un «suburbio» interno –y nocturno– de la ciudad: baños públicos, plazas y parques. Todos esos lugares son la contracara de la ciudad infernal.

Precisamente, uno de los últimos poemas, «No parque Ibirapuera», tiene como referente el emblemático parque, sede, a partir de 1953, de las Bienales de Arte y sitio de consagración del arte abstracto-geométrico. Allí podemos observar un nuevo y definitivo desplazamiento de lo angélico, que alcanza al propio parque,

> eu asistía uma guerra de chapéus e as brancas /
> lacerações dos garotos no Ibirapuera angélico (2005: 69)

La cualidad angélica del parque se contrapone al cronotopo histórico que ya es Ibirapuera en ese momento. En ese espacio, el yo lírico alcanzará una epifanía,

> no Ibirapuera esta noite eu perdi minha solidão
> ROBERTO PIVA TRANSFERIDO PARA REPARO DE VÍSCERAS
> todos os meus sonhos são reais oh milagres epifanias (2005: 69).

Aunque el poema no lo explicite, teniendo en cuenta las series descritas, se puede pensar que lo que allí sucedió fue un encuentro sexual entre un «joven angélico» y un «santo pederasta». Es posible justificar esa elipsis puesto que lo que acontece en ese encuentro es precisamente un milagro y una epifanía, acciones que se resisten a ser integradas al orden de lo discursivo.

Tal como ha señalado Georges Bataille, «si el cuerpo llega a triunfar, el lenguaje que expresa esos triunfos no tiene la fuerza de hacerlo más que en un movimiento de retirada» (2001: 84-85). Nada se dice de este último encuentro. Se nombran apenas sus contornos y sus efectos: el parque Ibirapuera, la noche, la pérdida de la soledad, pero en el centro hay un vacío. La retirada del lenguaje de la que habla Bataille significa entonces el testimonio de la imposibilidad de testimoniar esa experiencia. Al prevalecer la «carne» –esas vísceras de las que habla el poema– se excede el límite de la corporalidad como límite de nuestra individualidad, y se llega con ello a un límite en la representación.

Una vez más, como los discursos en torno al cuerpo del Neoconcretismo, de Jorge Mautner, lo que podemos observar es un trabajo en contra de unos límites definidos –prohibiciones, territorializaciones, formaciones– a efectos de arribar, precisamente, a estados de intensidad en los que la forma corporal, sin ser destruida, pueda ser alterada.

RELECTURAS MODERNISTAS

Quiero retomar la referencia a los modernistas, puesto que si bien *Paranoia* ataca –pero no abandona, reitero– una ciudad emblemática para el modernismo como fue San Pablo, Piva en su manifiesto «Os que viram carcaça» cita y reescribe, ya habíamos señalado, a uno de los dos escritores más importantes del modernismo brasileño: Oswald de Andrade. Por otra parte, como hemos observado, la presencia del otro gran escritor modernista, Mário de Andrade, resulta significativa en *Paranoia*.

Paranoia se publicó casi al mismo tiempo en que los poetas concretos empezaban a recuperar la figura de Oswald de Andrade[11]. Es decir, en el momento en que el modernismo literario de los años veinte, luego de un ostracismo que duró décadas, comenzó a ser rehabilitado. Haroldo de Campos procuró rescatar la iconoclastia y el contenido político de la obra de Oswald de Andrade. Para ello, aproximó la poesía del poeta modernista a las experimentaciones dadaístas y la enfrentó a la «oligarquía latifundaria» y la «consciência letrada dos grêmios fátuos e das tertúlias inócuas». El poeta concreto encontró esa iconoclastía en los procedimientos lingüísticos de Oswald de Andrade, en una poesía «sem preâmbulos ou prenúncios, sem poetizações», y reivindicó ese linaje para la poesía concreta –post-salto participante–. Hallaba en la estética y en la poética de Oswald de Andrade un despojamiento, un equilibrio entre destrucción (de tradiciones anquilosadas) y construcción (de nuevas tradiciones), que la hacía operativa políticamente en los agitados días previos y posteriores a la dictadura del 64.

La breve cita que Roberto Piva hace del Manifiesto Antropófago y las referencias a Mário de Andrade parecen orientarse en una dirección completamente

---

[11] Haroldo de Campos publica «Estilística Miramarina» (24/10/1964 en *O estado de São Paulo*) y en 1965 el texto «Una poética da radicalidade», prefacio de la reedición del texto *Pau Brasil* de Oswald de Andrade (2000).

diferente[12]. Más que un principio constructivo, Piva relee una fuerza pulsional y escandalosa. Como si el modernismo, efectivamente, contuviera una carga de sexualidad y sensualidad que aun pudiera ser activada. Alcir Pécora, respecto de ello, ha señalado,

> Pode-se dizer então que Piva tende a dissolver os componentes iluministas do modernismo paulista para acentuar a dimensão menos recatada e mental da sua criação. Isso está claro no próprio mapa paulistano que compõe, balizado pelos bares, inferninhos, praças e avenidas do antigo centro, mas no qual não cabe o menor traço de deslumbramento diante do maquinismo tecnológico, assim como não há qualquer vontade de progresso ou expectativa de futuro nacional. Evidentemente o Mário de Andrade *by* Roberto Piva é inteiramente outro em relação ao púdico professor e ideólogo nacionalista que vingou nas escolas (2006: 16).

El dramaturgo José Celso Martinez, algunos años después, hará algo semejante con la puesta en escena de la pieza teatral *O rei da vela*, de Oswald de Andrade. En el Manifiesto que acompañó la puesta Celso Martinez escribió,

> fidelity to the autor means trying to reclaim a climate of violent creation in a savage state and doing so in terms of how actors, scenes, costumes, music, etc., are developed (2007: 233).

Una idea que Raúl Antelo utilizó en su ensayo «Rama y la modernidad secuestrada» puede contribuir a esclarecer todavía más está última afirmación. En relación a la modernidad latinoamericana, Antelo escribe que la misma se encuentra atravesada por dos focos divergentes, responsables por las tensiones entre juego y trabajo, entre soberanía y servidumbre. Por un lado, el foco marxista que propone la abolición de la propiedad privada de los medios de producción; y por otro, el foco Nietzsche, que ilumina la servidumbre del trabajo como última rémora de «un ser cautivo por atávico temor a la muerte». El foco Nietzsche es el foco con el que Piva ilumina el modernismo, y es el foco con el que afirma una vida que, aún no siendo universal, permite «distribuir afectos y armar enlaces comunitarios electivos y efectivos» (2008: 197).

---

[12] Resulta por demás interesante señalar que cuando Haroldo de Campos se abocó a la novela *Macunaima*, de Mário de Andrade, hizo un análisis estructural.

La de Piva puede considerarse como una pionera lectura corporal y sexual del modernismo brasileño[13]. Testimonia la búsqueda de alternativas al discurso más técnico y, por lo tanto, más mental, del concretismo, a la modernidad desarrollista que está emergiendo de los claustros de la Universidad de San Pablo, y a la poesía militante y «piadosa» de la izquierda literaria brasileña. Como reescribe Piva, «Só a desordem nos une. Ceticamente, Barbaramente, Sexualmente» (2005: 141).

Bibliografía

Almeida Noya, Thiago de (2004): «Roberto Piva e a "periferia rebelde" na poesia paulista dos anos 60». Tesis de Maestría. Universidad Federal de Rio de Janeiro

Andrade, Mário de (1922): *Pauliceia desvairada (edición facsimilar)*. Sao Paulo: Casa Mayença.

Antelo, Raúl (2008): *Crítica acéfala*. Buenos Aires: Editora Grumo.

Bataille, Georges (2001): *La felicidad, el erotismo y la literatura*. Buenos Aires: Adriana Hidalgo.

Benjamin, Walter (1998): «París del segundo Imperio». En *Iluminaciones II. Poesía y capitalismo*. Madrid: Taurus.

Campos, Haroldo de (1964): «Estilística Miramarina». En *O Estado de São Paulo* 24.10.

— (2000): «Una poética da radicalidade». En Oswald de Andrade (ed.): *Pau Brasil*. Sao Paulo: Editora Globo.

Celso Martínez, José (2007): «O rei da vela. Manifesto do Oficina». En Carlos Basualdo (ed.): *Tropicália: uma revolução na cultura brasileira (1967-1972)*. Centro Cultural de Belém, Bronx Museum of the Arts, Ill Museum of Contemporary Art (Chicago, Barbican Art Gallery, Museum of Contemporary Art (Chicago, Ill.), Museum of Contemporary Art (Chicago, Ill.), Barbican Art Gallery, Centro Cultural de Belém, Bronx Museum of the Arts.

Costa Lima, Luiz (1991): *Pensando nos trópicos*. Rio de Janeiro: Rocco.

Miceli, Sergio (1996): *Imagens negociadas: Retratos da elite brasileira, 1920-1940*. São Paulo: Companhia das Letras.

---

[13] Respecto al Manifiesto Antropófago resulta interesante la lectura que hace Luiz Costa Lima, quien luego de compararlo con la experiencia del Collège de Sociologie, llevado adelante entre otros por Georges Bataille entre el 37 y el 39, escribe: «Lembrando Nietzsche, pode-se-ia acrecentar que a ênfase na devoração –na necessidade cultural da devoração do outro –assumia o significado de uma "reabilitação da sensibilidade do gosto", que vinha corrigir a tendência descorporizante acentuada desde o Iluminismo» (1991: 32).

PECORA, Alcir (2006): «Introdução». En Roberto Piva (ed.): *Mala na mão & asas pretas*. São Paulo: Globo.
PIVA, Roberto (2000): «Pauliceia (entrevista)». En *Revista Cult* 34 (8).
— (2005): «Um estrangeiro na legião». En Alcir Pécora. São Paulo: O Globo.
ROBERT MORAES, Eliane (2005): «A cintilação da noite». En Roberto Piva (ed.): *Mala na mao & asas pretas*. São Paulo: Globo.
SILVA, Armando (1992): *Imaginarios urbanos. Bogota y São Paulo: cultura y comunicación urbana en América Latina*. Bogota: Tercer Mundo Editores.
WILLER, Claudio (2005): «Uma introdução à leitura de Roberto Piva». En Alcir Pécora (ed.): *Um estrangeiro na legião*. São Paulo: Globo.

Los ritmos de la megalópolis: la poesía en voz alta en la Ciudad de México y en Spanish Harlem, Nueva York

Cornelia Grabner
Lancaster University

> El espacio es al lugar lo que se vuelve la palabra al ser articulada, es decir cuando que atrapado en la ambigüedad de una realización, transformado en un término pertinente de múltiples convenciones, planteado como el acto de un presente (o de un tiempo), y modificado por las transformaciones debidas a contigüedades sucesivas. A diferencia del lugar, carece pues de la univocidad y de la estabilidad de un sitio «propio».
>
> Certeau (2000: 129)

El epígrafe de Michel de Certeau ilustra bien el propósito de este artículo: el intento de entender la relación entre la palabra enunciada y el espacio urbano de la megaciudad contemporánea. Certeau sugiere que el significado de la palabra se determina tanto por la relación con el momento en que se enuncia como por la relación con sus «contextos» geográficos, y conceptualiza la relación entre lo geográfico y lo temporal a través de la distinción entre «lugar» y «espacio». Según él:

> Un lugar es el orden (cualquiera que sea) segun el cual los elementos se distribuyen en relaciones de coexistencia. Ahí pues se excluye la posibilidad para que dos cosas se encuentren en el mismo sitio. Ahí impera la ley de lo «propio»: los elementos considerados están unos al lado de otros, cada uno situado en un sitio «propio» y distinto que cada uno define. Un lugar es pues una configuración instantánea de posiciones. Implica una indicación de estabilidad (129).

Con respeto a la poesía, la página se puede considerar como el «lugar» de la poesía escrita. Allí cada palabra ocupa su propio espacio, y el significado del poema se produce por relacionar las palabras entre sí y con sus connotaciones. La poesía en voz alta, por otro lado, no da sitio «propio» a la palabra; la percibe y la enuncia como un elemento entre varios, los cuales se encuentran en el momento efímero de la *performance*:

> Hay espacio en cuanto que se toman en consideración los vectores de dirección, las cantidades de velocidad y la variable del tiempo. El espacio es un cruzamiento de movilidades. Está por alguna manera animado por el conjunto de movimientos que ahí se despliegan. Espacio es el efecto producido por las operaciones que lo orientan, lo circunstancian, lo temporalizan, y lo llevan a funcionar como una unidad polivalente de programas conflictuales o de proximidades contractuales (129).

La *performance* de poesía se puede considerar un espacio en sí; sin embargo, aquí nos interesa cómo la *performance* de poesía se relaciona con los lugares y espacios urbanos. Según Certeau, el «espacio» urbano se construye a través de una gran variedad de prácticas, entre ellos el movimiento del habitante por la ciudad y su enfrentamiento con espacios que considera suyos o también con espacios ajenos. Aquí seguiremos la analogía que sugiere el investigador entre palabra enunciada y espacio, y consideraremos la manera en que varios poemas responden al lugar que es la ciudad y, también, cómo contribuyen a la construcción del espacio urbano. Aunque nos basamos en la conceptualización de la interacción entre lugar y espacio según Certeau, nos interesa otro tipo de ciudad: la megaciudad contemporánea, más precisamente México D.F. y New York.

La creación del espacio urbano tal y como lo analiza de Certeau presupone la noción de una ciudad planeada, panóptica, que es transparente a través de sus mapas, que son a su vez legibles. Pero una de las características de la megaciudad contemporánea es precisamente que en ella los mapas o cualquier otro tipo de orden parecen volverse parcialmente obsoletos por las intervenciones desorganizadas de actores distintos y por la fragmentación de las experiencias urbanas de los habitantes. Emilio Duhau y Ángela Giglia llegan incluso a preguntarse en su libro *Las reglas del desorden* si la extrema fragmentación de la experiencia y las prácticas urbanas en las grandes metrópolis resultaría en una ausencia completa de cualquier tipo de orden, incluso de orden narrativo, o si «es posible construir claves interpretativas del espacio urbano-metropolitano» (2008: 13). Duhau y Giglia desarrollan claves interpretativas a través de su análisis del uso de los espacios públicos. En este artículo nos ocuparemos de la contribución que puede hacer la poesía en voz alta a la construcción de claves interpretativas para la vida cotidiana en las megaciudades contemporáneas, a través de la disciplina que desarrolló Henri Lefebvre en su último libro, *Rhythmanalysis*.

En aquella recopilación de ensayos –algunos de ellos incompletos– Lefebvre desarrolla categorías de análisis para una nueva forma de reflexionar sobre la vida cotidiana en las grandes ciudades: el ritmoanálisis. La persona que la ejerce es el ritmoanalista. La descripción de las habilidades del ritmoanalista recoge las categorías analíticas de su disciplina. El ritmoanalista es

> More sensitive to times than to spaces, to moods than to images, to the atmosphere than to particular events, he is strictly speaking neither psychologist, nor sociologist, nor anthropologist, nor economist; however he borders on each of these fields in turn [...]. He is always «listening out»; but he does not only hear words, discourses, noises and sounds; he is capable of listening to a house, a street, a town as one listens to a symphony, an opera. Of course, he seeks to know how this music is composed, who plays it and for whom. He will avoid characterising a town by a simple subjective trait [...]. Attentive to time (to tempo) and consequently to repetitions and likewise to differences in time, he separates out through a mental act that which gives itself as linked to a whole: namely rhythms and their associations (Lefebvre 2004: 87-88).

Como veremos, la poesía en voz alta se presta a la disciplina del ritmoanálisis por varias razones. Lefebvre mismo establece la relación entre estas dos disciplinas cuando dice que el ritmoanalista es «casi» un poeta (23). Exploraremos la relación entre ritmoanálisis y poesía en voz alta a través de la *performance* del poema «Teté», del grupo chilango La Lengua y Rodrigo Solís, y del poema «De donde soy», del Nuyoriqueño Willie Perdomo. La *performance* tuvo lugar en el centro cultural Casa del Lago de la Universidad Nacional Autónoma de México (UNAM), como parte del festival poesiaenvozalta.05, en noviembre del 2005. El poema del grupo mexicano conceptualiza el espacio urbano de la megaciudad a través del tráfico; en el poema de Perdomo el espacio urbano está conectado con la identidad de un barrio específico.

La poesía en voz alta y la megaciudad contemporánea

La poesía de estos poetas se puede denominar «poesía en voz alta» o «poesía en *performance*», una denominación que usamos aquí para referirnos a aquella poesía que ha sido escrita para la *performance*. Distinguimos entre la *performance* y el recital según las pautas que propone Gaston Franssen (2011), con referencia a dos tradiciones distintas en la poesía en *performance* holandesa: una responde a lo que Franssen llama una tradición de declamación, mientras que la otra tiene sus raíces en la contracultura estadounidense. Los recitales que siguen la pauta de la tradición declamatoria procuran sobre todo la mayor fidelidad posible al texto escrito del poema. Los poetas que siguen la tradición contracultural exploran la poeticidad del poema, aquella que viene dada por su puesta en escena (Franssen 2011: sn). Tanto La Lengua y Rodrigo Solís como Perdomo siguen esa segunda línea, si bien en el caso latinoamericano otras tradiciones y costumbres se juntan con lo contracultural. La poesía en *performance* que se basa en la contracultura puede definirse, según Paul Beasley (1996), a través de varias características que serán el punto de partida de la siguiente reflexión desarrollada a la luz de investigaciones más recientes[1].

Una primera característica viene dada por la presencia del poeta en el sitio de la *performance*. Con su presencia física y su enunciación del poema, el poeta asume responsabilidad pública por su obra. Por lo tanto, elementos como el estilo de vestir o el lenguaje físico contribuyen al significado del poema. Además, la presencia del poeta enfatiza su relación con el público, ya sea como parte de su comunidad o como extranjero. Por lo tanto, la *performance* de la poesía busca construir un contexto en el que la autoridad y la función pública del poeta se pueden cuestionar, redefinir, debatir.

---

[1] Véase Beasley 1996: 28-38. Este artículo se publicó en un número especial del *Critical Quarterly*, coordinado por la poeta Jean Binta Breeze (1996). Este número especial incluye artículos de investigadores y poetas, con enfoque en la poesía en voz alta en lengua inglesa, y constituye uno de los primeros intentos de conceptualizar la poesía en voz alta en términos de un género poético independiente. Véanse también Bernstein 1998, Middleton 1998 y 2005, y Gräbner & Casas 2011.

La tercera característica está relacionada con la cuarta: la poesía en voz alta se presta a la expresión de identidades culturales que se encuentran al margen de lo socialmente aceptado. La poesía en *performance* acoge dialectos e incorpora acentos: los valora como una expresión de identidad. No aspira a recrear la «poesía» como arte puro, que de por sí conecta distintos grupos sociales porque apela a valores humanos, al contrario: afirma identidades diferentes aunque esa afirmación se vuelva controvertida o conduzca a desacuerdos. La poesía en voz alta no busca ser neutra: toma posición en los contextos e incluso en las luchas sociales, da espacio a la expresión de identidades que no se acojan al *establishment* literario[2].

La cuarta característica es la hibridez mediática de la poesía en voz alta. La música y los instrumentos musicales, elementos visuales como la fotografía o la imagen en movimiento, o bien elementos propios de la representación teatral, forman parte a menudo de la *performance*. Sobre todo, la poesía en *performance* usa la estrategia de la simultaneidad: el ritmo del lenguaje enunciado interactúa con el significado de las palabras y con los gestos del poeta, y en ocasiones también con imágenes que se proyectan o con algún otro elemento visual. En otro contexto, y con referencia a la poesía de Willie Perdomo, he conceptualizado esta estrategia como «capas polysensuales» (Gräbner & Casas 2011: sn).

Las *performances* de La Lengua y de Willie Perdomo en la Casa del Lago ponen de manifiesto varias de las características que acabo de definir. Por un lado, el lugar de la performance era significativo. La Casa del Lago se encuentra en el Parque de Chapultepec de la Ciudad de México, justo al lado de Reforma, una de las avenidas centrales de la ciudad. Antes de ser centro cultural de la universidad pública más grande de Latinoamérica, la Casa del Lago era propiedad de una familia influyente. En el siglo XIX se reunían en ella los miembros de un club de automovilistas. El ambiente de la Casa del Lago mezcla de por sí varias connotaciones sociales y culturales. Por un lado, la universidad pública «tomó posesión» de un lugar con connotaciones burgueses. El Parque de Chapultepec, además, durante el día es lugar de descanso y de diversión de las clases media y media baja. El contraste entre

---

[2] Véanse también Breeze 1996 y Echavarren 2011. Echavarren subraya el papel importantísimo que jugó la poesía en voz alta en la creación de espacios culturales alternativos. Echavarren se refiere sobre todo a las identidades del género y a la interacción entre poesía en voz alta y el movimiento gay.

el pasado burgués de la Casa del Lago y su presente como casa de cultura de una institución dedicada a promocionar la movilidad social crea, ya de por sí, un ambiente lleno de contradicciones[3].

La presencia de los poetas en el escenario añadía otra capa más de significado. Los de La Lengua, a través de su forma de vestir y de su discurso, se posicionaron en oposición al discurso establecido de la poesía como producto de un arte elitista. El acento argentino de Judith de León *vis-à-vis* los acentos chilangos de Rodrigo Solís y Santiago Chavez, unidos al uso enfático del caló chilango por el grupo, expresaban su conceptualización de la poesía como un producto de uso diario, distanciándose así de las connotaciones burguesas del pasado de la Casa del Lago y de aquellas otras asociadas al «prestigio» de la cultura. Las ambivalencias del ambiente hicieron ver que los miembros del grupo pudieron leer el contexto social en que se encontraban, pero en ningún momento se insertaron en él ni lo reconocieron como «su comunidad».

Willie Perdomo se encontraba literalmente «fuera de lugar». Como veremos, la poesía de Perdomo está muy localizada dentro del Spanish Harlem de Nueva York, y sus *performances* en ese contexto apelan fuertemente al sentido de comunidad de su público. Además, Perdomo escribe en inglés. Al empezar su *performance* el poeta no podía saber si el público iba a entenderlo mientras hablaba, ni el público sabía si iba a poder entender al poeta. Sus poemas venían acompañados con una traducción al castellano para los que no hablaban inglés, pero cuando tuvo lugar su *performance* estaba anocheciendo y la falta de luz hacía difícil leer las traducciones distribuidas. Perdomo resolvió el problema a través del paratexto[4]. Antes de comenzar con su performance, Perdomo se dirigió brevemente al público, en castellano; al dejar claro que dominaba el idioma, empezó a romper barreras. Comentó que el DF le gustaba mucho y que ya no tenía ganas de irse. Su invitación al público de responder a su interpelación de «¡chilango!» y ¡chilanga!» con la respuesta tradicional de «¡presente!» demostró que en los pocos días que llevaba allí ya estaba al tanto de una de las expresiones más importantes del caló: los chilangos son personas que han nacido y crecido en el Distrito Federal. La respuesta positiva del público rompió el hielo entre el público nativo y un poeta que tan obviamente provenía de otro contexto. La barrera lingüística y el estilo de la *performance* de Perdomo,

---

[3] Véase Carrara García & Martínez Ramírez 2001.

[4] El concepto del «paratexto» se basa en Genette 1997. Uso el concepto con referencia a las intervenciones narrativas del poeta entre los poemas.

más la presencia de un hijo de emigrantes puertorriqueños de un barrio muy humilde de Nueva York en un lugar con las connotaciones de clase que ya se han explicado, hubieran podido crear fácilmente una sensación de desencuentro entre poeta y público; sin embargo, el desencuentro no se dió gracias a la intervención paratextual del poeta, quien insertó las diferencias dentro de una simpatía general entre hispanohablantes, a la vez que reconocía el aprecio de su habitat por los habitantes de megaciudades.

El tema de esta noche de *performances* se puede resumir como intentos distintos de «producir espacio» en la megaciudad a través de las prácticas cotidianas. Veremos que en el caso de La Lengua, el espacio se produce por transitar la urbe, por lo que llamaremos «poéticas del tránsito». En el caso de Perdomo, el espacio se produce a través de la poética de espacios íntimos. El concepto de la «poética de espacios íntimos» se refiere al estudio de Gaston Bachelard (1969) quien enfoca su análisis en espacios privados, cerrados: espacios como la casa, nidos o jardines. En el caso de la poesía de Perdomo veremos cómo ciertos espacios que parecen públicos –por ejemplo la calle– se vuelven íntimos, mientras espacios que parecen íntimos y protegidos resultan invadidos por el espacio público.

Poética del tránsito: Viajes en la Ciudad de México

En un ensayo titulado «Viajes e imaginarios urbanos», Néstor García Canclini sostiene que

> Las ciudades no se hacen sólo para habitarlas, sino también para viajar por ellas [...] Las travesías por la capital son formas de apropiación del espacio urbano y lugares propicios para disparar imaginarios. Al reconocer las zonas que desconocemos, nos cruzamos con múltiples actores, imaginamos cómo viven «los otros» en escenarios distintos de nuestros barrios y centros de trabajo (1999: 107-108).

Se trata de una de las tres conferencias donde García Canclini desarrolla el concepto de imaginario urbano. El investigador identifica distintos imaginarios de la megalópolis y analiza a través de qué prácticas se construyen. Llega a la conclusión de que todos los imaginarios de la megalópolis demuestran la fragmentación de la población metropolitana. Arguye que «en alguna medida, ese carácter fragmentario de las experiencias urbanas parece superarse y, sin embargo, persiste en los viajes» (1999: 111).

Canclini se refiere varias veces a de Certeau. El investigador francés, igual que Canclini, mantiene que la apropiación del espacio urbano tiene lugar a través del movimiento por él, y que este proceso de apropiación conlleva la invención de lo que es «la ciudad». Sin embargo, los dos teóricos se refieren a maneras distintas de moverse: Canclini se refiere a viajes en transporte público y en coche, en tanto que de Certeau habla casi exclusivamente de los peatones. Para de Certeau, la eficacia del caminar como acto de apropiación de la ciudad está relacionada con el contacto inmediato con el ambiente urbano que conlleva el hecho de estar físicamente en la calle. La ausencia relativa del peatón en las reflexiones de Canclini se debe parcialmente a cuestiones prácticas. En la megaciudad de México, las personas tienen que recorrer distancias demasiado largas para caminar. Pero más allá de lo práctico, caminar se considera peligroso por la cultura vial y por la contaminación. Además, la forma de participar en el tráfico de la Ciudad de México tiene una fuerte connotación ideológica y/o de clase social. Viajar en el transporte público implica que el viajero se tiene que exponer a lo que se considera «feo», «subdesarrollado» y parte del «país tercermundista» (122). En cuanto al peatón, se considera que está expuesto a la contaminación y al agresivo estilo de conducción de los automovilistas.

La posición de García Canclini hacia el tránsito en la megalópolis se puede contrastar en cierto modo por lo que Emilio Duhau y Ángela Giglia describen como desorden metropolitano; en su análisis de qué exactamente crea y perpetúa ese desorden, el tráfico aparece en primer plano:

> Es común que haya bloqueos en las vías de circulación más importantes, es frecuente observar que el espacio público es invadido por diferentes sujetos, [...] el transporte público concesionado no inspira confianza ni por su estado de mantenimiento ni por la condición legal y el estado mental de quienes lo manejan, los policías no reaccionan frente a infracciones de tránsito evidentes [...]. En la ciudad coexisten a toda hora toda clase de vehículos: las bicicletas, los bicitaxis y las motos compiten en los semáforos con los trailers de carga de veinte metros de longitud. Cualquiera que llegue de fuera y no sepa cómo usar la ciudad, se percata inmediatamente de lo difícil que es caminar en las aceras [...]; trasladarse en transporte público sin padecer distintas dificultades; atravesar vialidades rápidas; enfrentarse en los cruceros con automovilistas que ignoran al peatón. En suma, el peatón que llega de afuera tiene que aprender a sobrevivir en un medio que parece no estar hecho para él (2008 11).

Los peatones y ciclistas son los más vulnerables en este escenario vial. Viajar en bicicleta se considera una manera peligrosísima de transitar la ciudad, y sin duda lo es. Sin embargo, si aceptamos que García Canclini tiene razón, es decir, si transitar la ciudad es una forma de apropiarse del lugar y de crear el espacio urbano, y que el tránsito es una forma de encontrarse con –por consiguiente, de exponerse a– lo «otro», caminar la ciudad o transitarla en bicicleta son maneras de hacerse físicamente vulnerable a los peligros que presupone el tráfico. De ahí que las clases sociales que se lo pueden permitir suelan viajar en coche. Viajar en transporte público, en bicicleta o a pie es resultado de la falta de acceso al coche o un acto explícitamente ideológico en contra de una cultura vial clasista y antiecológica. La Lengua y Rodrigo Solís tematizan las connotaciones sociales y culturales del tráfico, y critican un contexto urbano que está patas arriba, para quedarnos con la expresión que usa Eduardo Galeano en su libro del mismo título (1998) sobre el mundo neoliberal.

La lógica del mundo al revés o «patas arriba» –resultado de la desigualdad y su institucionalización en el mundo neoliberal– se manifiesta en los sucedidos que narra el poema «Teté». El poema cuenta la historia de Teté, una chica de 14 años, que vive en el DF:

> 1 cigarro, Teté.
> 1 cigarro más
> y te mueres.
>
> Así dijo el doctor.
> Y la cosa es que Teté tenía 14 años
> nunca había fumado.
>
> Creyó que por vivir en una ciudad tan contaminada
> había inhalado el humo humanamente posible.
> Que le quedaba de vida
> el humo que cupiera en 1 cigarro.
>
> ¿cuánto humo le cabe a 1 cigarro?
>
> Tal vez llene 1 coche… 1 pequeño cuarto…
>
> entonces pasó un camión y le tiró encima 1 nube de humo negro
> que Teté pensó: ¡me muero!

Y trató de no respirar

pero atrás dese camión venía otro y otro y siguió Teté viviendo por
acá, respirando lo menos posible para mantenerse viva hasta que se
puso azul y metió mucho la panza –paró las chichis, sacó las nalgas–
y los muchachos pensaron que era hermosa y la mandaron besos
entre el humo

y a Teté le gustaban los muchachos
pero pensó: si un cigarro me mata
un beso peor

Así en nombre de la sobrevivencia se contuvo

hasta que un día sintió que la vida así no es vida
se prendió 1 cigarro
y le fumó

y le regresó el color a sus cachetes
se le aflojó el brasier y sintió alivio por abajo de las chichis
se le movieron las tripas y se echó unos pedos
sintió su sexo sus piernas
y se fue arrullando bien sabroso
hasta que se durmió con el cigarro encendido
y el colchón se prendió en llamas

y se murió (Solís 2005: 11-12)

La narrativa juega con una leyenda urbana que equipara vivir en el DF –y por consiguiente, respirar en el DF– con fumar un determinado número de cigarros por día. Solís recurre a esa leyenda urbana para construir un malentendido, el cual arrastra al lector dentro de una dinámica de falta de comunicación que reafirma y es a un tiempo resultado de la desigualdad social y el poder del estatus social. El uso de ritmos en la enunciación del poema es crucial para el significado. Es útil distinguir entre ritmos externos y ritmos internos. La distinción se basa en la elaborada por Derek Attridge, con referencia al poema escrito. Attridge arguye que los ritmos de un poema pueden tener una orientación externa o interna. Los ritmos externos «work by establishing relations between the linguistic artefact and the world beyond it other than those determined by the normal processes of signification». Los ritmos internos «work by highlighting or linking elements within the poem and thereby modifying its semantic texture» (Attridge 1982: 287).

En la *performance* de «Teté», Rodrigo Solís usa ritmos internos para jugar con un malentendido. El primer verso del poema da al oyente la impresión de que el poema es sobre una fumadora empedernida, y reafirma esa impresión a través de la referencia a una autoridad reconocida sobre la salud: el doctor de Teté. Por ende, el diagnóstico, si bien trágico, no resulta del todo sorprendente. La cita indirecta del doctor evoca la impresión de que la propia Teté será responsable de su muerte porque no deja de fumar. Solamente después Solís informa al oyente que Teté sólo tiene 14 años y que nunca ha fumado. En la *performance* del poema, Solís hace una pequeña pausa después de esta observación. Ésta le sirve al oyente para reorientar su comprensión del contexto de la historia de Teté, y para asumir un cambio en la perspectiva del narrador: mientras al principio Solís prestó su voz al doctor, a partir de ahora va a asumir la perspectiva del narrador omnisciente, en una narrativa en tercera persona.

En el poema en voz alta, el oyente no puede pensar más rápido de lo que el poeta enuncia; es decir, que en este caso concreto el entendimiento del oyente no se puede adelantar al tempo de la enunciación de Solís, es igual de rápido. En ningún momento el doctor le pregunta a Teté si ella fuma; gracias a su educación y su posición social, él se considera la autoridad y no cuestiona su propio diagnóstico ni el juicio que implica. Además, el doctor no parece entender el grado de contaminación al que están expuestas las personas que se mueven en el DF sin coche. Si su hija tuviera el mismo problema que Teté, se mudarían a un lugar menos contaminado; Teté, obviamente, no tiene el apoyo de una madre o un padre que puedan permitirse ese lujo. Las consecuencias para la calidad de vida de Teté son terribles: para ella, la necesidad de respirar se convierte en peligro, al punto que un cumplido amenaza su proyecto de supervivencia: lo que casi la mata hace que parezca bella, y un beso termina pareciéndole más peligroso que un cigarro –aunque finalmente resulte que no es así.

Los ritmos externos se usan en la segunda parte del poema, cuando Solís evoca los movimientos de Teté en el tráfico de la ciudad de México y crea, a través de esa evocación, la impresión de que los ritmos del tráfico invaden el poema. Como Teté se mueve en pesero o a pie, el ritmo de su movimiento está definido por interrupciones, las cuales se vuelven aun más tajantes porque el tráfico influye sobre el ritmo de su respiración. Solís recrea esta dinámica a través de su propia respiración: cuando Teté deja de respirar, él también deja de respirar; cuando Teté suelta su cuerpo, Solís hace lo mismo. Cuando Teté se mueve rápido dentro del tráfico de la ciudad, el tempo de enunciación se acelera, las frases son largas, la enunciación es fluida. Cuando Teté se para, las frases se vuelven más cortas, la enunciación incluye pausas –hasta que otra vez Solís suelte el ritmo de la enunciación y entre en otro movimiento fluido.

El cuerpo –tanto el cuerpo imaginario de Teté como el cuerpo real de Solís– forma parte del ritmoanálisis poético. Lefebvre subraya la importancia del cuerpo para la nueva disciplina:

> The rhythmanalyst calls on all his senses. He draws on his breathing, the circulation of his blood, the beatings of his heart and the delivery of his speech as landmarks. Without privileging any one of these sensations, raised by him in the perception of rhythms, to the detriment of any other. He thinks with his body, not in the abstract, but in lived temporality (2004: 21).

La respiración es una de las funciones corporales más básicas; el choque entre la respiración natural del personaje central y del poeta, al que se suma la del tráfico, determinan la mayoría de los ritmos del poema. Siguiendo la argumentación de García Canclini y conectándola con Certeau y Lefebvre, podemos decir que por medio del ritmoanálisis los poetas se aproprian del espacio urbano a través de sus viajes; pero el espacio urbano está tan definido por la lógica de la desigualdad social, y resulta tan dañino para las personas indefensas –se ha vuelto un mundo «patas arriba»– que hay que cuestionar si esa apropiación no implica un gesto de sumisión. Con referencia a Duhau y Giglia se puede decir que los poetas dan pautas de interpretación para el desorden de la megalópolis, pero cabe preguntarse para qué sirven esas pautas interpretativas si el oyente se queda con la comprensión de un mundo «patas arriba», sin dar el paso hacia la resistencia y la construcción de «otro mundo». Es a este paso al que invitan La Lengua y Rodrigo Solís, sobre todo por combinar en sus performances poemas como «Teté» con textos y canciones que denuncian explícitamente los abusos de los gobiernos neoliberales y la apatía de las personas, y que buscan fomentar la subjetividad de sus oyentes como fuente de resistencia contra políticas injustas y abusivas.

Poéticas del lugar en Spanish Harlem

La poesía de Willie Perdomo viene de un contexto muy distinto aunque él, como los poetas de La Lengua, vive en una megaciudad: Nueva York. Willie Perdomo es hijo de inmigrantes puertorriqueños. Creció en el barrio Spanish Harlem, y de es de ese ambiente que surge su poesía. En sus poemas nos habla de un mundo de fuertes tensiones sociales, de pobreza, droga y represión social por parte de la policía. En muchos momentos de su obra sugiere preguntar qué tipo de poesía se puede escribir en ese contexto, y cuál sería la poética de un ambiente como el que viven los protagonistas –puertorriqueños, jóvenes, hombres– de su poesía. Da una respuesta a esa cuestión en poemas como «Papo's Ars Poética» (Perdomo 2005: 25) o «Writing About What You Know» (Perdomo 2005: 64), textos metapoéticos en su reflexión sobre el arte de la poesía. Aquí me centraré en el espacio urbano en la poesía de Perdomo, sobre todo en su reflexión sobre la relación entre espacios públicos y espacios íntimos.

De Certeau dice que las ciudades se apropian a través del uso de los espacios públicos. Lefebvre, cuando dice que el ritmoanalista debe ser capaz de escuchar una casa igual que una avenida, pone de manifiesto que en el ritmoanálisis lo público y lo íntimo confluyen. Para Bachelard esos espacios se encuentran sobre todo «dentro», o se caracterizan por su función protectora en contra de algo de «fuera». La casa o las cáscaras tienen una función protectora; dentro de la casa se encuentran objetos como cajones o armarios, por ejemplo, que también albergan memorias, cuentos y secretos. Según él, los espacios se vuelven íntimos sobre todo por delimitar lo que está «dentro» y lo que está «fuera». Aquí me interesa cómo Perdomo localiza lo íntimo tanto en espacios públicos como en espacios privados. Como veremos a través del análisis del poema «De donde soy», «Where I'm From», el Spanish Harlem se presenta como un lugar íntimo, pero esa intimidad surge precisamente porque el hogar y la calle son permeables y pueden considerarse, por lo tanto, espacios privados y públicos a la vez. Perdomo enuncia el poema en un tono tranquilo y con un ritmo fluido. Escuchando el poema sin verlo, el oyente imaginaría un poema en verso libre. Al ver el texto, el hecho de que se trate de un poema en prosa resulta sorprendente[5].

---

[5] Traducción y original provienen del folleto distribuido por la Casa del Lago. En la traducción del poema al castellano, se ponen en cursiva las frases que son en castellano en el poema original.

En el poema Perdomo intenta explicar de dónde es, pero ya al principio del poema se da cuenta de que su procedencia no puede explicarse en términos geográfico; para usar la terminología de Certeau, se da cuenta de que él no es de un «lugar»:

> Porque a ella le gustó el «tipo de música» que toqué, y la manera en que caminé así como el modo en que hablé, siempre quiso saber de dónde soy.
> «Soy de Nueva York».
> «¿Qué parte de Nueva York?»
> «Manhattan».
> «¿Qué parte de Manhattan?»
> «Spanish Harlem».
> «¿Spanish Harlem?»[6]

Perdomo intenta explicar de dónde es a través de nombres propios, como «Nueva York», «Manhattan», «Spanish Harlem». Según Certeau, los nombres propios ejercen cierto control sobre el caminar de las personas en la ciudad. Ellos ordenan la superficie de la ciudad y establecen una jerarquía; sin embargo, con el tiempo pierden o cambian de significado (2000: 117).

En el diálogo que da arranque al poema se ve que Perdomo y su interlocutora no entienden lo mismo cuando dicen «New York», «Manhattan» o «Spanish Harlem». Estos nombres propios han perdido su significado para los dos. Es más, para la interlocutora tal vez nunca lo han tenido; los nombres no tienen poder descriptivo porque denominan un lugar, pero no dicen nada sobre el espacio que lo caracteriza. La interlocutora de Perdomo parece incluso no saber qué es o dónde está el Spanish Harlem.

En un cambio de perspectiva muy similar al que hace Solís después del segundo verso de «Teté», Perdomo sale del diálogo que mantiene con una persona que no lo entiende, y se dirige directamente al oyente:

> Si yo hubiera dicho que soy de la 11th con Lexington Avenue, justo en el corazón de un barrio portorriqueño, donde los hodedores [sic] viven y la noche

---

[6] Because she liked the 'type of music' that I played and she liked the way I walked as well as the way I talked, she always wanted to know where I was from. / «I'm from New York». / «Where in New York?» / «Manattan». / «Where in Manhattan?» / «Spanish Harlem». /«Spanish Harlem?»

se hace día sin sueño, ¿tú crees que entonces ella podría saber de dónde era yo? Claro que no⁷.

En lo que sigue, Perdomo evoca el espacio del Spanish Harlem. El ambiente particular de la comunidad se construye en los espacios privados y públicos: los más obvios son el hogar y la calle. Los espacios privados, es decir, los hogares de los habitantes del Spanish Harlem, son el escenario de los primeros tres versos:

De donde soy, Puerto Rico permanece en nuestras mentes cuando la fresca brisa del café con leche y pan con mantequilla llega a través de nuestras ventanas medio abiertas, y se mete bajo nuestras puertas cuando el sol empieza a salir.

De donde soy, los bebés se duermen [arrullan] con los ladridos de un pastor alemán llamado Tarzán. Nosotros escuchamos sus pasos vagabundos bajo el sol de medianoche. Tarzán aprendió rápidamente a ignorar a la mujer que le ruega a su hombre para que ya no la golpee con su puño. ¡Please papi! ¡Por favor! Te juro que no fui yo. Te lo juro por mi madre. ¡¡¡Mamiiiii!!! (Su madre muerta le dijo que esto iba a pasar algún día).

De donde soy, el Día de la Independencia se celebra cada día. Al disparo final del asesinato de anoche le sigue el golpe oficial de una brigada que viene para llevarse tu pan, café y libertad.

De donde soy, la policía entra a tu casa sin golpear. Nos tiran por los tejados y dicen que nos resbalamos. Le disparan a mi padre y dicen que él estaba loco. Meten una bala en mi cabeza y dicen que me encontraron así⁸.

Aquí puede verse como el espacio íntimo de la casa es invadido por lo exterior y, a la vez, desborda del interior hacia lo exterior. En el primer párrafo

---

⁷ If I said that I was from 110th Street and Lexington Avenue, right in the heart of a transported Puerto Rican town, where the hodedores live and night turns to day without sleep, do you think then she might know where I was from? Nope.

⁸ Where I'm from, Puerto Rico stays on our minds when the fresh breeze of café con leche y pan con mantequilla comes through our half-open windows and under our doors while the sun starts to rise. / Where I'm from, babies fall asleep to the bark of a German shepherd named Tarzan. We hear his wandering footsteps under a midnight sun. Tarzan has learned quickly to ignore the woman who begs her man to stop slapping her with his fist. «Please, papi! Por favor! I swear it wasn't me. I swear to my mother. Mameee!» (Her dead mother told her that this would happen one day). / Where I'm from, Independence Day is celebrated every day. The final gunshot from last night's murder is followed by the officious knock of a warrant squad coming to take your bread, coffee and freedom away. / Where I'm from, the police come into your house without knocking. They throw us off rooftops and say we slipped. They shoot my father and say he was crazy. They put a bullet in my head and say they found me that way.

se trata de una «invasión» positiva: del olor a un tipo de comida que simboliza la noción de pertenencia. En el segundo, son los ladridos los que vuelven permeable el espacio íntimo de la casa, esta vez a través del sonido. Los niños escuchan los ladridos del perro que, como un hombre lobo, camina por el barrio «bajo el sol de medianoche». La tranquilidad nocturna del perro a su vez es interrumpida por los sonidos que salen del espacio de la casa hacia fuera, es decir, por los gritos de la víctima de violencia doméstica. En los siguientes dos párrafos es la policía la que invade violentamente el espacio íntimo de la casa, haciéndolo vulnerable a las fuerzas que provienen de fuera. Se podría decir, por lo tanto, que lo privado no se queda dentro de la casa, y que la violencia –tanto la violencia doméstica como la violencia del Estado– destruye la función protectora que según Bachelard, tienen los muros de la casa.

A su vez, hay historias íntimas que tienen lugar en el espacio público de la calle:

> De donde soy, tú puedes escuchar a Big Daddy contando nuevamente historias en su esquina. Pasa una pinta de Bacardi, y sirve el trago-tributo a los muertos en la calle. Su filosofía es bien simple: «Yo soy Dios cuando pongo una pistola en tu cabeza. Soy el juez y tú estás en mi sala de justicia». Reímos cuando nos convierte en el héroe de sus historias. Y algunos de nosotros esperamos a que nadie esté mirando; entonces podemos llorar porque el precio que pagamos por la madurez fue demasiado y jodidamente caro.
>
> De donde soy, el ruido de las patas de las ratas muy tarde en la noche explica lo que mi madre quiere decir cuando susurra «Bueno, mijo, esa es la vida del pobre».
>
> No te asustes. De donde soy es dulce como mi abuela recitando una rápida oración sobre un tarro caliente de arroz y frijoles. El lugar de donde soy es bonito como cuando mi sobrina me detiene en el medio de la calle, para decirme que observe las estrellas en el cielo[9].

---

[9] Where I'm from, you can listen to Big Daddy re-telling the stories on his corner. He passes a pint of light Barcardi, pouring the dead's tributary swig on the street. His philosophy is quite simple: «I'm God when I put a gun to your head. I'm the judge and you in my courtroom». We laugh when he makes us the heroes in his stories. And some of us wait until no one is looking so we can cry because the price we paid for manhood was too goddamned expensive. / Where I'm from, it's the late night scratch of rats feet that explains what my mother means when she says slowly, «Bueno, mijo, eso es la vida del pobre» (Well, my son, this is the life of the poor). / Don't get scared. Where I'm from, it's sweet like my grandmother reciting a quick

En el primer párrafo la calle se convierte en el escenario, con Big Daddy como director. Él controla la vida de los demás muchachos a través de las historias que inventa; ellos desean ser héroes, pero al mismo tiempo su desesperación y dolor ante el mundo de violencia y delincuencia se manifiesta a escondidas. El segundo párrafo resume en una sola frase lo que significa ser pobre. El grado de intimidad de la conversación entre madre y hijo se enfatiza más por el verbo «susurrar» y el uso afectuoso de «mijo». A esas horas el niño estará acostado en su cama, escuchando el sonido de las patas de las ratas. El comentario de la madre expresa el intento de consolar a su hijo, pero también contextualiza la angustia del niño dentro del fenómeno social de la pobreza, y lleva el concepto abstracto de pobreza a sus consecuencias íntimas, personales, para la vida cotidiana de las personas que la sufren.

En el verso final queda muy claro que «de donde soy» no se explica ni a través de una casa ni de una calle. «De donde soy» se construye a través de «las operaciones que lo orientan, lo sitúan, lo temporalizan» (Certeau 2000: 117); aquí, por la oración de la abuela del yo lírico y por un gesto de su sobrina quien, en pleno espacio público, lo invita a mirar las estrellas. Cabe preguntarse si de verdad se pueden distinguir estrellas en el cielo desde el ambiente urbano de New York o si, más bien, se han vuelto invisibles por la contaminación lumínica. Al dejar abierta la cuestión, Perdomo subraya que el espacio se construye a través de la imaginación.

Conclusiones

Las *performances* y poemas de los dos grupos reflejan espacios urbanos profundamente distintos. Se distinguen sobre todo por el papel que juegan en ellos nociones como «comunidad» e «intimidad». Como vimos en la definición misma de la poesía en voz alta, se considera que la experiencia de la performance expresa y promueve la cohesión social. Eso es así en el caso de Perdomo, cuyo estilo de *performance* refleja la importancia que tienen nociones como comunidad y intimidad: en un lugar ajeno, como la Casa del Lago en la Ciudad de México, Perdomo usa el paratexto para evocar un ambiente comunitario

---

prayer over a pot of hot rice and beans. Where I'm from, it's pretty like my niece stopping me in the middle of the street and telling me to notice all the stars in the sky.

N.B.: «Manhood» se ha traducido por «madurez». Sin embargo, el término en inglés implica 'masculinidad' además de 'madurez'.

entre las personas que están presentes. El espacio urbano que articula en «De donde soy» se basa en la permeabilidad entre espacios privados y públicos. Para que estos espacios sean permeables, necesitan la protección relativa de la comunidad del barrio. Los protagonistas de sus poemas no parecen moverse fuera de su barrio: lo que a Perdomo le interesa es la construcción del espacio dentro de un barrio –es decir, un lugar– específico.

Sin embargo, la *performance* de La Lengua y Rodrigo Solís pone en cuestión este elemento de la definición de la poesía en voz alta. Para ellos, el espacio urbano se construye a través de la experiencia del tránsito. La desigualdad social se manifiesta de varias maneras a través del tráfico y del tránsito, de modo que la fragmentación y el desorden emergen como características definitorias de la Ciudad de México. Durante su *performance*, La Lengua y Rodrigo Solís hacen muy poco uso del paratexto; mantienen cierta distancia hacia su público. En el poema «Teté» se aprecia cómo la falta de comunicación, la insistencia en el estatus social y la falta de respeto hacia personas como Teté, sobre todo desde las clases sociales que se consideran «más altas», no permiten la intimidad y cohesión –a veces, violentas– que caracterizan el espacio del Spanish Harlem. Cuando los miembros del público muestran compasión hacia Teté hay que preguntarse si ellos realmente la entienden, o si se ríen de la falta de educación básica de salud que pone de manifiesto la reacción sumisa de la niña. Es posible que el público responda al absurdo ironizado de la lógica que se basa en la desigualdad, pero también puede ser que experimente el poema como una historia grotesca sobre un incidente curioso y finalmente, trágico. Puede ser que las risas del público durante la pequeña pausa que aclara el malentendido construido después del primer verso se burlen del doctor y busquen subvertir su posición privilegiada, pero ¿también los oyentes se percatan de que el doctor mismo comete un acto de subversión, del ideal de dar tratamiento igual a pacientes de todas las clases sociales?

Cuando recita «De donde soy», el ritmo de enunciación de Perdomo fluye sin interrupciones o ritmos conflictivos. Lefebvre caracteriza esta situación como «eurítmica», y sugiere que expresa consenso y cohesión social entre los miembros de la comunidad. Ese consenso no excluye la posibilidad de violencia entre ellos, como vimos; pero incluso la violencia que es interna a la comunidad es parte de su textura. Por eso es tan difícil escaparla.[10] Lo

---

[10] Véase mi análisis del poema «Writing About What You Know» en Graebner 2011. Uso allí las categorías categorías de la «eurítmia», «arrítimia» y «polirítmia» (Lefebvre 2004: 16)

que rompe los ritmos de la comunidad viene desde fuera: las preguntas de la interlocutora en las primeras líneas del poema, la violencia policial. En la performance de La Lengua y Rodrigo Solís, el espacio urbano está caracterizado por el movimiento, la complejidad, la desigualdad social y la fragmentación de experiencias. La ciudad y la experiencia de los poetas no se puede captar por un ritmo específico, ni siquiera por unos pocos. Se expresa a través de muchos ritmos que coexisten. Algunos de ellos –los del tráfico de coches, por ejemplo– intentan dominar a los demás. En otros momentos los ritmos coexisten más o menos pacíficamente, en una situación caótica que se vuelve más ordenada cuando el individuo intenta entenderla. La vacilación entre comentario, crítica y resistencia es característica del trabajo de este grupo y de su actitud hacia una megaciudad que sus habitantes apodan –a veces, con cariño– «el monstruo».

Los dos poemas muestran un espacio urbano donde ha fracasado el poder gubernamental. En Spanish Harlem el gobierno interviene a través de una fuerza policial que maltrata y abusa de los habitantes del barrio; en el nivel social el gobierno ha fracasado, como se ve por la presencia de la delincuencia, la falta de reacción del gobierno a la violencia doméstica, el mal estado de los alojamientos y la falta de perspectivas profesionales para los jóvenes. Del mismo modo, en la Ciudad de México de La Lengua y Rodrigo Solís el gobierno no provee los servicios médicos adecuados, no logra contener la contaminación ni manejar el caos vial. Como las autoridades han fracasado en poner un orden constructivo a la ciudad, se puede decir que es la poesía la que da las «pautas interpretativas» dentro del desorden de la megaciudad. Como indican Koonings y Kruijt (2009), la ausencia de orden y de estructura promueve la creatividad para desarrollar nociones alternativas que ordenen y estructuren la ciudad y la experiencia que se tiene de ella. Por lo tanto, el énfasis en las prácticas cotidianas, que de Certeau conceptualiza como resistencia a un orden panóptico, se convierte en estrategia de supervivencia en la megaciudad contemporánea.

---

para señalar cómo los ritmos del barrio de Spanish Harlem cambian de significado a lo largo de la niñez y adolescencia del protagonista de este poema. Mientras la cohesión del barrio da al protagonista un ambiente estimulante y protegido durante su niñez, ésta misma cohesión se vuelve claustrofóbica y dañina durante su adolescencia, cuando la cohesión interna del barrio arrastra al protagonista adentro un círculo de violencia, delincuencia y droga.

Bibliografía

Attridge, Derek (1982): *The Rhythms of English Poetry*. London/ New York: Longman.
Bachelard, Gaston (1969): *The Poetics of Space*. Boston: Beacon Press.
Beasley, Paul (1996): «Vive la différance!». En *Critical Quarterly* 38 (4). 28-38.
Bernstein, Charles (1998): *CLose Listening: Poetry and the Performed Word*. Oxford: Oxford University Press.
Breeze, Jean Binta (ed.) (1996): *Special Issue Word, Sound, Power; Critical Quarterly 38*.
Carrara García, Carmen & Martínez Ramírez, Javier (eds.) (2001): *Casa del Lago: Un siglo de historia*. México: Universidad Nacional Autónoma de México.
Certeau, Michel de (2000): *The Practice of Everyday Life*. Berkeley/ Los Angeles/ London: University of California Press.
Duhau, Emilio & Giglia, Ángela (2008): *Las reglas del desorden: Habitar la Metrópoli*. México: Siglo xxi y Universidad Autónoma Metropolitana Azcapotzalco.
Echavarren, Roberto (2011): «My Life and Performances». En Gräbner, Cornelia & Casas, Arturo (eds.): *Performing Poetry: Body, Place and Rhythm in the Poetry Performance*. Amsterdam/Atlanta: Rodopi.
Franssen, Gaston (2011): «Stage Fever and Text Anxiety». En Gräbner, Cornelia & Casas, Arturo (eds.): *Performing Poetry: Body, Place and Rhythm in the Poetry Performance*. Amsterdam/Atlanta: Rodopi.
Galeano, Eduardo (1998): *¡Patas arriba! Escuela del mundo al revés*. Madrid: Siglo xxi.
García Canclini, Néstor (1999): *Imaginarios urbanos*. Buenos Aires: Editorial Universitaria de Buenos Aires.
Genette, Gérard (1997): *Paratext: Thresholds of Interpretation*. Cambridge: Cambridge University Press.
Gräbner, Cornelia & Casas, Arturo (eds.) (2011): *Performing Poetry: Body, Place and Rhythm in the Poetry Performance*. Amsterdam/ Atlanta: Rodopi.
Koonings, Kees & Kruijt, Dirk (2009): *Megacities: The Politics of Urban Exclusion and Violence in the Global South*. London/New York: Zed Books.
Lefebvre, Henri (2004): *Rhythmanalysis: Space, Time and Everyday Life*. London: Continuum.
Middleton (1998): «The Contemporary Poetry Reading». En Charles Bernstein (ed.): *Close Listening: Poetry and the Performed Word*. Oxford: Oxford University Press. 262-99.
— (2005): *Distant Reading: Performance, Readership and Consumption in Contemporary Poetry*. Tuscaloosa: University of Alabama Press.
Perdomo, Willie (2005): *Smoking Lovely*. New York: Rattapallax.
Solís, Rodrigo (2005): *Pistas*. México: La Tortillería.

Mariconaje guerrero.
Ciudad, Cuerpo y Performatividad
en las Yeguas del Apocalipsis

Ángeles Mateo del Pino
Universidad de Las Palmas de Gran Canaria

> Quizás América Latina travestida de traspasos, reconquistas y parches culturales – que por superposición de injertos sepulta la luna morena de su identidad– aflore en un mariconaje guerrrero que se enmascara en la cosmética tribal de su periferia.
>
> Pedro Lemebel, «Loco afán»

Si hablamos de teatralidad, espectáculo y puesta en escena, debemos convenir que Pedro Mardones –más tarde Pedro Lemebel– y Francisco Casas eran conscientes de ello cuando conformaron, a mediados de los años ochenta, el colectivo de Arte las Yeguas del Apocalipsis. Entonces, y no parece gratuito, se dan a conocer estas yeguas que recorren la ciudad-cuerpo torturado, instalando su mirada impúdica para así testimoniar una época. En este sentido, Lemebel ha precisado con posterioridad que en la década del ochenta la ciudad de Santiago de Chile ofrecía problemáticas que se hacía necesario politizar (2006b). La homosexualidad no se mencionaba en los proyectos de democratización; el Sida, que había hecho acto de presencia en 1983, se cobraba otras vidas; los derechos humanos eran constantemente violados; los desaparecidos engrosaban nuevas listas; la represión, el pan nuestro de cada día… y Pinochet, cubierto por el manto de la virgen del Carmen, impertérrito continuaba su cruzada contra los marxistas. En medio de este clima de terror surge este colectivo de arte. Según Francisco Casas fue una noche en el bar Jaque Mate cuando se bautizaron como tal, Yeguas del Apocalipsis, pensando en la pandemia que se venía y aterradas con la muerte de Polo Escárate –la Pola Negri, como figura en la dedicatoria que incluye Pedro Lemebel en su *Loco afán. Crónicas de sidario* (1996: 5)–. Por ello, trataban de averiguar, mientras tiraban los dados sobre la mesa, «cuál de las dos era merecedora del premio mayor, cuál adornaría con sus sarcomas las portadas de los periódicos matutinos» (Casas 2004: 124).

Bajo esta denominación se presentan Pedro Mardones-María Félix y Francisco Casas-Dolores del Río, apodados los Traucos, creadores de una revista de igual nombre: *Trauco* (Casas 2004: 17). Estas Yeguas realizaron numerosas intervenciones públicas entre 1987 y 1995. La *performance*, el travestismo, la instalación, la fotografía, el video, el manifiesto... fueron las armas de un activismo convertido en algo necesario, entre otros motivos, como consecuencia de la aparición de la epidemia e impacto del Sida, la globalización, el cuestionamiento de las identidades sexuales y las nuevas luchas políticas. Sin embargo, de entre todas las acciones, en este trabajo nos detendremos a analizar las *performances* llevadas a cabo por las Yeguas del Apocalipsis. Sus cuerpos –soporte y texto, lienzo y pancarta– cabalgaron contra el olvido.

Activismo cultural y estrategia política

> Sólo cuenta en la historia individual lo que ha quedado cifrado en el cuerpo y que por ello mismo sigue hablando, narrando, simulando el evento que lo inscribió.
> La totalidad es una maqueta narrativa, un modelo: cada uno podría, leyendo sus cicatrices, escribir su arqueología, descifrar sus tatuajes en otra tinta azul.
>
> Severo Sarduy, *El Cristo de la rue Jacob*

El colectivo de arte las Yeguas del Apocalipsis, nombre tras el que se ocultan Pedro Mardones-María Félix y Francisco Casas-Dolores del Río, realizó, entre

1987 y 1995, numerosas intervenciones públicas: *performances*, travestismos, instalaciones, fotografías, videos, manifiestos... Imposible dar cuenta de todas y cada una de estas acciones, por lo que sólo nos detendremos en las *performances*.

Julio Ortega, en el capítulo que le dedica a Pedro Lemebel, recogido en su obra *Caja de Herramientas. Prácticas culturales para el nuevo siglo chileno* (2000), destaca sobre todo el interés *performativo* que lo guía, el hecho de que «cada fase (o actuación) de su identidad creadora (o *performativa*) está trazada sobre el paisaje de la cultura chilena de la resistencia desde una distinta transformación vital suya» (2000: 71). De este modo aúna identidad, *performance*, cultura y subversión en Chile. No en vano, dicho colectivo se dio a conocer a mediados de los años ochenta, en una época en la que por imperativos políticos se margina el arte y, por ende, la literatura:

> En una actividad que fue a la vez paródica y sediciosa, estos escritores convertidos en actores de su propio texto, en agentes de una textualidad en devenir (ni dada ni por hacerse, pura transición burlesca), desencadenaron desde los márgenes (desde la homosexualidad pero también desde el bochorno irreverente) una interrupción de los discursos institucionales, un breve escándalo público en el umbral de la política y las artes de lo nuevo. Su trabajo cruzó la *performance*, el travestismo, la fotografía, el video y la instalación; pero también los reclamos de la memoria, los derechos humanos y la sexualidad, así como la demanda de un lugar en el diálogo por la democracia (Ortega 2000: 72).

Las diversas actividades que llevó a cabo este colectivo fueron las siguientes[1]:

---

[1] Esta información ha sido extraída de un *dossier* (s/f.) que nos entregó personalmente Pedro Lemebel en 1995, en él se contiene un manifiesto, «A modo de presentación» de las Yeguas del Apocalipsis, además de una cronología de las obras, nota de los autores y recortes de prensa correspondiente a los años 1989, 1990, 1991 y 1994. El *dossier* presenta una portada con la imagen de las Yeguas del Apocalipsis en pose de cuadro de Frida Kahlo, con el título «Grupos humanos. Ser homosexual en Chile. Ellos, ellas y los otros». En la información que figura en la prensa el periodista Fabio Salas hace mención a otro tipo de acciones realizadas por las Yeguas, como, por ejemplo, una corona de espinas que le impusieron a Raúl Zurita en 1988 con motivo de la obtención del Premio Pablo Neruda y la clavada de una calavera de caballo en la puerta de Enrique Lihn –probablemente en 1987– en la noche de año nuevo (Salas 1989: 26). Existe otra información menos completa de las acciones artísticas de las Yeguas del Apocalipsis, la que recoge, en una nota a pie de página, Julio Ortega en *Caja de herramientas* (2003: 72-73). Una vez contrastados estos datos con los que nos cedió Lemebel hemos comprobado que existen discrepancias entre ellos, por lo que sólo hemos consignado los que no dio el propio autor. Figura con asterisco aquella información que hemos incluido nosotros y que,

– «Instalación de Stand con material informativo sobre homosexualidad y Sida», Feria chilena del Libro, Santiago, diciembre de 1987.

– «Travestismo con bandera», Intervención del espacio cultural (Acción de arte), Feria Chilena del libro, Santiago, diciembre de 1987. Registro fotográfico de Pedro Marinello.

– «Bajo el puente», intervención del espacio público (*Performance*), Paso a nivel en el Cerro Santa Lucía, Santiago, febrero de 1988. Registro fotográfico de Ulises Nilo.

– «Refundación Universidad de Chile», intervención espacio cultural (Acción de arte), Facultad de Arte, Universidad de Chile, agosto de 1988. Registro fotográfico de Ulises Nilo.

– «Tiananmen», *Performance*-Homenaje por estudiantes chinos asesinados, Sala de Arte «Garage Matucana», Santiago, junio de 1989. Registro fotográfico de las Yeguas del Apocalipsis.

– «¿De qué se ríe, presidente?», intervención en el espacio político (Acción de arte) (Proclamación presidencial), Teatro Cariola, Sala Carlos Cariola, Santiago, agosto de 1989. Registro fotográfico de Eduardo Ramírez.

– «La conquista de América», *Performance* (baile nacional –la cueca– descalzos sobre mapa de América con vidrios), Comisión Chilena de Derechos Humanos, Santiago, 12 de octubre de 1989. Registro fotográfico de Paz Errázuriz.

– «Lo que el SIDA se llevó», Exposición de fotografía y *performance*, Instituto Chileno-Francés de Cultura, Santiago, noviembre de 1989. Registro Fotográfico de Mario Vivados y Elías Jamet.

– «Estrellada», intervención espacio público (Acción de arte), Calle San Camilo (zona de prostitución travesti), Santiago, 25 de noviembre de 1989. Registro Video-arte de Gloria Camiragua: «Yeguas del Apocalipsis en *Performance*».

– «Suda América», *Performance*-Homenaje a Sebastián Acevedo, Ruinas del Hospital del Trabajador (Proyecto de Salud Pública del Gobierno de Salvador Allende), Santiago, 2 de diciembre de 1989. Registro fotográfico de Mauricio del Pino.

---

como se verá, corresponde a la participación en una muestra colectiva que se llevó a cabo en el Museo de Bellas Artes de Santiago de Chile, en 1990, y a una acción posterior a la disolución de las Yeguas del Apocalipsis, en La Habana, mayo de 1997.

– «Yeguas Troykas», intervención Congreso del Partido Comunista (Acción de arte), Estadio Santa Laura, Santiago, enero de 1990. Registro fotográfico de Yeguas del Apocalipsis.

– «Cuerpos contingentes», intervención espacio cultural (Acción de arte), Galería de Arte CESOC, Santiago, mayo de 1990. Registro fotográfico de Leonora Calderón.

– «Las dos Fridas», *performance*, Galería de arte Enrico Bucci, Santiago, julio de 1990. Registro fotográfico de Pedro Marinello.

– * «Museo abierto», exposición colectiva, instalación y *performance*, Museo Nacional de Bellas Artes, septiembre de 1990.

– «Teatro chino», intervención espacio cultural (Acción de arte), Museo Nacional de Bellas Artes, septiembre de 1990. Registro fotográfico de Ulises Nilo y Claudia Román.

– «Agua que se va», intervención espacio cultural (Acción de arte), Cine-Arte Normandie, Santiago, agosto de 1991. Registro fotográfico de Verónica Qüense y Alvaro Hoppe.

– «1º Encuentro Lésbico-Homosexual Chileno», lectura de ponencia «Las políticas de la homosexualidad: EL LOCO AFÁN, Playa Blanca, Concepción, noviembre de 1991.

– «Cal-sida-dos», instalación, video, *performance*, Facultad de Periodismo, Universidad de Concepción, diciembre de 1991. Registro en Video de Mónica Haute.

– «Foro Feminista «Eva dice a Adán»», lectura de ponencias: «La homofobia como excedente de violencia». «Valparaí-zaz, el eco de cincuenta puñaladas», Universidad de Valparaíso, agosto de 1992.

– «1º Encuentro Lésbico-Homosexual del Cono Sur», participación en mesas de debates, en Canelo de Nos, Santiago, noviembre de 1992.

– «Tu dolor dice-minado», instalación y *performance* por los derechos humanos, Facultad de Periodismo, Universidad de Chile, septiembre de 1993. Registro fotográfico de Paz Errázuriz.

– «N.N.», instalación por los detenidos desaparecidos, Universidad de Talca, octubre de 1993. Registro fotográfico de Yeguas del Apocalipsis[2].

---

[2] Al final del dossier, como nota, se recoge la siguiente información: «[Pedro Lemebel] su trabajo como cronista de la homosexualidad lo recopila en el libro *Ojo gótico Ciudad Paranoia*». Respecto a Francisco Casas se dice: «Actualmente se encuentra terminando su novela *Américón*». Sin duda, por el contexto, Lemebel está haciendo referencia al libro de crónicas que se publicará posteriormente en 1995: *La esquina es mi corazón. Crónica urbana*. En una entrevista que se le hace en *La Nación*, octubre de 1994, señala que en breve publicará un

— * «Yeguas del Apocalipsis», VI Bienal de Arte en Cuba, La Habana, mayo de 1997.

Además de estas acciones, en aquellos primeros años, ya firmando como Lemebel, y esto lo hará a partir de 1991, participó en el Seminario Internacional «Utopías», presentando al escritor mexicano Carlos Monsiváis, y en el Seminario «El Arte Actual en Chile», ambos celebrados en Santiago en 1993. Poco después fue invitado al Festival Stonewall (New York, 1994) y a la Conferencia «Crossing National and Sexual Borders, Latin America Lesbian, Gay, Bisexual and Transgender» (New York, 1996). Su producción literaria abarca varios registros, desde el cuento –*Incontables* (1986)– a la novela –*Tengo miedo torero* (2001)–, pasando por la crónica, aunque sin duda este último género es el que le ha resultado más productivo y la crítica ha valorado más. Su obra cronística figura recogida en los siguientes volúmenes: *La esquina es mi corazón. Crónica urbana* (1995), *Loco afán. Crónicas de sidario* (1996), *De perlas y cicatrices. Crónicas radiales* (1998), *Zanjón de la Aguada* (2003), *Adiós Mariquita linda* (2004) y *Serenata Cafiola* (2008). Como cronista ha colaborado en diversos medios de comunicación, tanto en revistas como en periódicos nacionales y extranjeros. En este sentido cabe citar su participación en los diarios *La Nación* y *The Clinic*, y en las revistas *Página Abierta*, de la que además ha sido editor,

---

libro de crónicas y adelanta otros títulos, *Buitres sobre el Sidario* u *Ojo gótico* (Lemebel 1994). En lo concerniente a Casas su novela no apareció hasta el 2004, bajo el significativo título de *Yo, Yegua*. En otro *dossier*, en este caso individual firmado como Pedro Lemebel, igualmente cedido por el autor, cuya portada es una foto de la *performance* que Lemebel hizo como invitado al Festival Stonewall de New York en 1994, se incluye la siguiente anotación: «Actualmente está en prensa el libro *Loco afán (Crónicas de sidario)* y escribo la novela *La loca del Frente (o Tacoaltos en el atentado)* para publicarla el próximo año. También se está traduciendo al inglés *La esquina es mi corazón*, para publicarla en N. York a mediados de 1996. Es posible que los registros visuales y textos de las "Yeguas del Apocalipsis" se traduzcan en un libro documental que haríamos con Francisco Casas». La novela que menciona Lemebel apareció en Santiago de Chile, en 2001, con el título *Tengo miedo torero*. Hasta el momento no contamos con ninguna obra gráfica de las Yeguas. Sin embargo, en el año 2007 los periodistas Aracelly Rojas, Diego Zurita y Consuelo Ábalos hicieron un documental, *Yeguas del Apocalipsis*, registro audiovisual de dicho colectivo de arte, lo que junto a una memoria les sirvió para obtener el título de Periodistas en la Escuela de Periodismo, Instituto de Comunicación e Imagen, de la Universidad de Chile. Aun cuando Pedro Lemebel se negó a participar, sí lo hicieron, además de Francisco Casas, aquellas personas que estuvieron cerca de las Yeguas del Apocalipsis, tales como Pía Barros, Isabel Larraín, Sergio Parra, Rita Ferrer, Pedro Marinello, Jorge Aceituno, Ana María Saavedra y Maura Brescia.

Punto Final y *Revista de Crítica Cultural* de Santiago de Chile. Igualmente importante ha sido su labor en el programa de crónicas «Cancionero» en Radio Tierra de Santiago. Ambos espacios han propiciado la circulación y difusión masiva de sus textos.

Ahora bien, cabe preguntarse el porqué del nombre Yeguas del Apocalipsis y a ello responde Pedro Lemebel cuando hace unos años fue invitado a La Habana, donde se le dedicó la Semana de Autor en Casa de las Américas, del 21 al 24 de noviembre de 2006. Al respecto señala el escritor:

> En 1987 el SIDA ya cobraba muchas vidas en Chile, donde el primer caso documentado databa de 1983. El término *Apocalipsis* aludía precisamente a la oscura connotación que tenía para la humanidad la epidemia, en un contexto nacional, además, marcado al rojo vivo por la tenebrosa dictadura pinochetista y el auge de la oposición popular al régimen. [*Yegua*] es nombre como puerca, perra, peyorativo para la mujer. Tampoco éramos jinetes. Nuestra primera obra fue este nombre, llamarnos *Yeguas del Apocalipsis*, no Pepe y Lucy y las chicas del Rincón... Era ya en sí una agresión, provocábamos ya una reacción a partir del nombre. Nos preguntaban por qué éramos tan agresivos, pero igual se lo han preguntado a los negros, a los jóvenes, a las minorías cuando reivindican sus derechos (Lemebel 2006b; las cursivas son nuestras)

Una denominación, *Yeguas del Apocalipsis*, sumamente significativa. Si *Apocalipsis*, palabra de origen griego, significa «revelación», *lo apocalíptico*, según Pérez-Rioja (2003:71), es, por una parte, simbólico de lo profético; por otra, de lo emblemático, misterioso, equívoco o confuso. En este sentido, alude a una alegoría oscura, de ahí que las plagas de la humanidad se hayan representado a través de los Cuatro Jinetes del Apocalipsis –conquista, guerra, hambre y peste–. Por este motivo, los artistas chilenos utilizaron el término para referirse a esa época de catástrofe y espanto que supuso el Sida en los años ochenta, considerado una nueva epidemia exterminadora. Además, no se trataban de *cuatro jinetes*, número simbólico del mundo físico, sino de *dos*, que sugiere la contraposición, el eco, el reflejo y el conflicto (Pérez-Rioja 2003: 181, 148). A pesar de que, como ha subrayado Lemebel en alguna ocasión, cuando se decía «¡Que vienen las Yeguas!» la gente esperaba la llegada de un tropel de equinos (Gómez B. 1997). Ahora bien, más revelador resulta sobre todo el hecho de apropiarse de una voz –*yegua*– que aplicada al género femenino ha servido para denostar. A este respecto, veamos lo que consigna el *Diccionario del habla chilena*:

Yegua. adj. fig. vulg. Grande, excesivo, monstruoso, descomunal. Se aplica a lo material y a lo inmaterial.

Yegua. f....//**Yegua rabona**. Fig. fam. y vulg. Mujer ordinaria y pendenciera (Academia Chilena 1978: 250).

Por su parte, el *Diccionario del hampa y del delito* amplia estos significados, pues refiere que con este término en Chile se alude a una mujer mala, perversa y traidora. Vulgarmente a una mujer degradada, de contornos marcados, voluptuosa, erótica, buscona. Pero también dañina, de mala entraña (Escobar 1986: 336).

Al parecer éste no sólo es un término que hallamos en Chile, de igual manera figura como entrada en el *Diccionario ilustrado de voces eróticas cubanas*. En este caso la significación difiere de lo visto hasta ahora, pero, sin embargo, su sentido parece avenirse bien con los propósitos reivindicativos de los artistas chilenos:

Yegua. 1. F. Homosexual masculino *pasivo* y afeminado. Según Paz (1998:55), muchos coinciden en señalar que esta voz peyorativa —*yegua*— surge para denominar al afeminado, «por relación con el contoneo al caminar que caracteriza a estos individuos, y que semeja la forma de andar de estos animales». La vulgar comparación, además, pudiera estar dada por la capacidad que tiene esta hembra de recibir del caballo un falo tan desproporcionado para el criterio humano. El término también se extiende al homosexual masculino no afeminado. **2.** F. Hombre afeminado (García & Alonso 2001: 208).

Por último, no queremos dejar de mencionar a la escritora argentina María Moreno, quien, en su libro *A tontas y a locas* (2001), bajo el elocuente título de «Breve diccionario machista (Para enderezar el diccionario feminista de Victoria Sau)», recoge la voz «Yegua» y a ella, de manera irónica, atribuye el protagonismo de la fábula de madera empleada por los griegos para lograr la rendición de Troya:

Metáfora de mujer. Abunda en la literatura argentina y en las obras de escritores como Miguel Briante, David Viñas, Rodolfo Rabanal y Jorge Asís. Estos autores, para definir la belleza de ciertos personajes femeninos, aluden a «cascos», «caderas», «belfos», «lomos» y «crines». La literatura oral utiliza esta expresión tanto de manera admirativa como peyorativa. Diversos eruditos aseguran que el caballo de madera a causa del cual se perdió Troya era una Yegua (Moreno 2001: 98).

Una vez elegido el nombre –acaso la primera acción artística, como destacaba Lemebel más arriba– el compromiso con la sociedad se hace presente. De esta forma, las Yeguas se erigen en medio de expresión y denuncia, un arte de acción que obliga a revisar los discursos políticos, sexuales, sociales... del Chile de la época, y lo hacen a cara descubierta, poniéndoles voz y dándoles cuerpo a tantos silenciados. En el año 1994, «A modo de presentación», las Yeguas del Apocalipsis firman el siguiente manifiesto[3]:

> Las YEGUAS DEL APOCALIPSIS es un colectivo de arte homosexual que se inició el año 1987, constituyéndose en el primer gesto público de la homosexualidad chilena, cuando el país sufría la peor dictadura militar de su historia. En este marco de absoluta marginación, donde todos los esfuerzos políticos estaban destinados a la defensa y organización de los valores democráticos, se hace imprescindible por primera vez en la historia del país, fundar una colectividad que dé cuenta de los atropellos, crímenes impunes, castigos sociales y otras formas de segregación padecidas calladamente por la homosexualidad chilena. Por estas razones, desde la doble marginación proletaria y utilizando el cuerpo como soporte de arte, Pedro Lemebel y Francisco Casas desarrollan un trabajo de intervenciones y acciones públicas, con todo el riesgo que para la época significa, logrando incidir políticamente en los espacios culturales alternativos que la institucionalidad dominante no tenía tomados.
>
> El colectivo hizo suyas, en primera instancia, las demandas socio-políticas de los sectores homosexuales chilenos más agredidos y desamparados, como el travestismo que permanece hacinado y expuesto al crimen y a la explotación. También sacó a la luz pública, en entrevistas, los chantajes de la dictadura a los jueces homosexuales. Y denunció, en acciones de activismo cultural, los cientos de crímenes impunes que amenazan diariamente a cada homosexual (Comisión de Derechos Humanos 1989). Así, este trazado de obras, que van desde la acción de arte, la *performance*, el video, la fotografía, la instalación –por nombrar algunas– conforman un discurso político-artístico de lo minoritario, que establece un referente con la cara descubierta y que se inscribe como subversión reivindicativa de la homosexualidad chilena.
>
> El trabajo de las Yeguas del Apocalipsis tiene como fundamento una estrategia cultural que busca multiplicar en su propuesta, el desate de las inhibiciones y demandas por justicia y libertad. El colectivo asume el arte como estrategia política, con la finalidad de incidir en el proceso de las reformas democráticas respecto a

---

[3] Este manifiesto forma parte del *dossier* «Grupos humanos. Ser homosexual en Chile. Ellos, ellas y los otros», que nos fuera entregado por Pedro Lemebel.

los cambios legales necesarios para la dignificación del movimiento homosexual chileno; sobre todo en el Chile de hoy, donde las demandas minoritarias aún no encuentran acogida.

El cuerpo como soporte de arte, demandas socio-políticas, activismo cultural, discurso político-artístico de lo minoritario, estrategia cultural y política... Hagamos un repaso de todo ello.

Una de las primeras *performances*, la que se conocerá como «Refundación Universidad de Chile» (1988), es recordada desde la ficción por Francisco Casas. Éste relata que fue María Félix –Mardones– quien le dijo a Dolores del Río –Casas– que el oráculo había predicho que, a las doce en punto del mediodía, debían entrar a la Facultad de Arte de la Universidad de Chile, totalmente desnudas y montadas a caballo (Casas 2004: 146). Más adelante cuenta cómo durante mucho tiempo estuvieron recorriendo la zona precordillerana de Peñalolén, a la búsqueda de un caballo, aunque al final encontraron tan sólo un «huesudo jamelgo» junto a un muchacho. «Te arriendo tu caballo» –grita Dolores–, pero «el mozuelo lanza una carcajada que resplandece en su piel morena. Pregunta si el par de maricones son artistas, que para qué queremos su corcel». «¡Además que no es caballo, mire usted, es potranca y se llama *Parecía*! (Casas 2004: 151). Una vez conseguida la jaca, la *performance* tiene lugar. María Félix y Dolores despojadas de todo atavío cabalgan la yegua, mientras Carolina Jérez abre paso con los sones de su flauta traversa. *La marcha triunfal* de *Aída* pone las notas y Carmen Berenguer arrea el animal (Casas 2004: 166). A pesar de que la Universidad está tomada, las *Ladys Godivas* acceden a la Facultad de Arte de la Chile, cuando los estudiantes llevan varios días exigiendo la renuncia del rector militar y el retorno del país a la democracia. El propósito de la *performance* era la «re-fundación», volver a fundar, a caballo, tal y como hizo Pedro de Valdivia, el territorio, en este caso el lugar ilustrado del saber, la Universidad, que la institucionalidad dominante también tenía tomada, y hacerlo en calidad de homosexuales, no sólo a cara sino a cuerpo descubierto.

«¿De qué se ríe, presidente?», fue una intervención en el espacio político, en el acto «Los intelectuales por la democracia», que se celebró en agosto de 1989 en Santiago de Chile. Las Yeguas, sin ser invitadas, se sentaron en la primera fila con unos abrigos largos, pero cuando se apagaron las luces aprovecharon la ocasión para quitarse el sobretodo, saltar al escenario y desplegar una pancarta: «Homosexuales por el cambio». Pedro se acercó a Ricardo Lagos, quien será ministro de Educación durante el gobierno de Patricio Aylwin, y lo besó. El hecho ocasionó un gran desconcierto, pues la prensa se hizo eco de «la intempestiva irrupción de dos extraños personajes en el acto de adhesión de artistas e intelectuales a la candidatura de Patricio Aylwin [...] Se trataba de dos sujetos vestidos con mallas de ballet [...] desaparecieron sin dar más señas» (S/n 1989). En esta ocasión el objetivo era hacerse presente –significarse– en un espacio político para desde ahí poner en escena la homosexualidad, que no estaba contemplada en el programa del gobierno democrático que se presentaba. «Se quedaron con la boca abierta, hasta que empezaron a aplaudir. Después nos sacaron a empujones y se censuraron las fotos» (Lojo 2010).

«La conquista de América» es la *Performance* que tiene lugar en la sede de la Comisión Chilena de Derechos Humanos, el 12 de octubre de 1989. Para la ocasión escenificaron descalzos el baile nacional –la cueca– sobre un mapa de América cubierto con vidrios rotos de botellas de Coca Cola. De nuevo recurrimos a Francisco Casas, quien desde la ficcionalización nos narra lo acontecido:

> Dolores y María, inmóviles, sentadas en un taburete frente a la cartografía dibujada a mano alzada en enormes pliegos de papel blanco. Descalzas, desnudas de la cintura hacia arriba, cada una con un *walkman* adherido al pecho –como un corazón taiwanés–, sujetado a la piel por cintas adhesivas negras (de esas que se ocupan para aislar la corriente eléctrica de los cables pelados) y conectados por audífonos a sus orejas, que eran invadidas de una música silenciosa, muda, compuesta para sordos.
> Sobre sus regazos parecen dormitar dos pañuelos blancos, los cuales sujetan con decisión por uno de los extremos. Cuando todo estuvo listo, miró la hora en su reloj de pulsera.
> –¡Las doce del día en punto! –dijo, y solo entonces, Mirna abrió las puertas de la comisión (Casas 2004: 191).

Una vez que hubo entrado el público y se fue colocando alrededor del mapa, siempre en silencio, las Yeguas se levantaron, se tomaron del brazo y dieron una primera vuelta sobre el territorio dibujado. «Los pies parecieron hundirse entre los filosos vidrios repartidos en la superficie» (Casas 2004: 195). Luego, acabado el primer pie de cueca, se fueron cojeando, igualmente en sigilo, mientras alguien quitaba los cristales trizados sobre el mapa y doblaba cuidadosamente ese lienzo de América ensangrentada. Parafraseando a Néstor Perlongher, podríamos afirmar que el mensaje de esa *performance* se sustenta en el hecho de evidenciar que en América hay sangre: «Hay cadáveres» (Perlongher 1997: 109-123).

Lo significativo de esta acción de arte, además de la fecha elegida, el día de la Hispanidad, y la sede, la Comisión Chilena de Derechos Humanos, es haberse hecho eco, una vez más, de los silenciados, no sólo manifiestamente por ese mutismo que lo inundó todo, sino por dejar hablar a esos carteles que figuraban en el recinto: la Declaración Universal de los Derechos Humanos y, sobre todo, los *affiches* realizados por la Agrupación de Familiares de Detenidos y Desaparecidos. De este modo fue el silencio el que *gritó* desde la ausencia. Acallados, censurados, reprimidos… bailaron la cueca nacional hermanados en y con ese continente latinoamericano que en el danzar deviene sangre y herida.

En el mismo año, 1989, pero en este caso un mes después, realizan otra actividad digna de mención, «Lo que el SIDA se llevó»; esta vez no intervienen el espacio público sino el Instituto Chileno-Francés de Cultura, ya que contaban con el auspicio de esta entidad. Coincidiendo con la llegada a Chile de Georges Rousse (1947), artista parisino, conocido por sus intervenciones urbanas y el registro de éstas en fotografías, las Yeguas, junto a otros artistas, llevan a cabo varias acciones que se enmarcan en una serie de diez Intervenciones Plásticas en el Paisaje Urbano. Recordemos que la *performance* de las Yeguas tiene lugar en una época en la que el SIDA era una dolencia letal, lo que unido al desconocimiento que se tenía de ella provocó el miedo generalizado. Las primeras muertes acaecidas en Chile por esta enfermedad datan de 1983. Sin embargo, con posterioridad se sabrá que su aparición se remontaba a fines de los años setenta, aun cuando se debió esperar hasta 1982 para que el Departamento de Salud de Estados Unidos la nominara con el término oficial de AIDS-SIDA –*Acquired Immune Deficiency Síndrome*, síndrome de inmunodeficiencia adquirida–. En 1986, tras un acuerdo internacional, al agente causante se le denomina Virus de la Inmunodeficiencia Humana, VIH. En 1987 se aprueba el uso de zidovudina –AZT–, primer fármaco antirretroviral contra el VIH; aunque su coste es elevado, tiene efectos secundarios y no puede evitar la muerte del enfermo. Por tanto, cuando asistimos a esta *performance* el SIDA provocaba numerosos fallecimientos en el mundo; todavía faltaban algunos años para que el «cóctel antiviral» fuese una realidad y aún más para que fuese una realidad al alcance de muchos[4].

---

[4] En 1996, del 7 al 12 de julio, durante la XI *International Conference on AIDS* –Conferencia Internacional sobre Sida–, celebrada en Vancouver, se da a conocer el «cóctel antiviral»,

«Lo que el SIDA se llevó» (1989) evoca desde el título *Gone with the Wind* (1939) –*Lo que el viento se llevó*–, una de las películas más famosas de la historia del cine. Si el espectador ante el drama cinematográfico era conocedor de los entresijos de la Guerra de Secesión, junto al no menos dramático desencuentro amoroso entre Scarlett O'Hara y Rhett Butler –Vivien Leigh y Clark Gable–, en esta ocasión las Yeguas «escenificarán» la pérdida que ha causado otra ofensiva mortal, el SIDA, rindiendo un homenaje a los desaparecidos por la epidemia. En realidad se trataba de intervenir el Instituto Chileno-Francés exponiendo una serie de fotografías de Mario Vivados y junto a ellas las mismas ropas que las Yeguas usaron para posar ante el ojo de la cámara, de esta manera se conseguía transformar el espacio en una *boutique,* que era lo que había sido en el pasado, aunque ahora, según las noticias aparecidas en las páginas culturales del periódico *La Época*, «todo era muy *kitsch*, con los vestuarios, pelucas y postizos usados por los travestis» (Brescia 1989a). De este modo se logra el propósito artístico, convertir el lugar cultural en una zona prostibularia. Además, hacía acto de presencia un Pedro-San Sebastián, pero en lugar de flechas se encuentra ensartado por inyecciones, símbolo de la contaminación: «Fue el *body-art* de un cuerpo sobre un pedestal [...] una metáfora del cuerpo homosexual atravesado por jeringas, por escupos, por insultos» (Brescia 1989a). Recordemos a propósito la cita que inaugura *Loco afán. Crónicas de sidario*: «La plaga nos llegó como una nueva forma de colonización por el contagio. Reemplazó nuestras plumas por jeringas, y el sol por la gota congelada de la luna en el sidario» (Lemebel 1996: 7).

La segunda acción, conectada con la anterior, «Estrellada», realizada el 25 de noviembre de 1989, consistió en intervenir la calle San Camilo, pero a la inversa del caso anterior. Ahora, una zona prostibular devendrá zona cultural, gracias a que a ella se lleva a un grupo de críticos, fotógrafos, periodistas... En este sentido, las Yeguas apuntan que eligieron este lugar porque era una de las últimas zonas de tráfico sexual que iba quedando en Santiago, con prostíbulos y residuos de travestis: «una copia del modelo latinoamericano de personajes famosos, como Marilyn Monroe, Greta Garbo, Marlene Dietrich, en que el modelo original va decayendo ostensiblemente» (Brescia 1989a).

---

combinación de tres medicamentos –Indinavir, Ritonavir y Saquinavir– que logra desacelerar el avance del virus en el organismo y prolongar la vida a las personas que viven con él, con lo cual la enfermedad deja de ser mortal para la mayoría de los afectados y se convierte en crónica.

La intención fue alumbrar e iluminar zonas de desecho para «transformar San Camilo en un Teatro Chino, un Hollywood decadente» (Brescia 1989a). La producción fue de Gloria Camiragua, quien instaló haces de luces, reflectores, focos que iluminaban todo el espacio, filmando a tres cámaras, como si de una gran película se tratase. Las Yeguas del Apocalipsis aparecieron en medio de esta escenografía, con el cuerpo pintado de blanco y adornado con tinta china negra, la cabeza se la cubrieron con una media, algunos opinaban que parecían androides o calaveras. Así, durante una noche, una zona de tráfico sexual se convierte en zona de tráfico cultural y con ello se logra alterar, transformar, la memoria colectiva del barrio. Para fijar esta intervención, los artistas dibujaron a lo largo del suelo de San Camilo diversas estrellas con trazos blancos y negros, símbolo del positivo y negativo con el que se representa el drama de la enfermedad, ser portador del virus del SIDA.

No obstante, en este caso el Sida y San Camilo era tan sólo una metáfora. Los propios artistas aclaran que no quieren refrendar la ecuación Sida = Homosexualidad, pues lo de ellos consistía en la estructuración de una intervención plástica: «Nosotros somos el Apocalipsis, y por eso tomamos este barrio como símbolo del fin» –aseveró Pedro Mardones– (Brescia 1989a). Recordemos, una vez más, el desconocimiento que se tenía de la enfermedad en aquellos primeros años, lo cual dio lugar a que en 1981, cuando los Centros de Control de Enfermedades (CDC) de los Estados Unidos comienzan a observar un índice alarmante de una rara forma de cáncer (Sarcoma de Kaposi) y de afecciones pulmonares, los medios de comunicación hablen entonces de «cáncer rosa», puesto que se pensaba que era un síndrome desconocido que afectaba particularmente a homosexuales masculinos muy promiscuos. De ahí que la primera denominación de esta enfermedad fuera *gay cancer*, aunque pronto fue rebautizado como GRID (*Gay Related Immune Deficiency* –Inmunodeficiencia relacionada con los gays–), por lo cual los medios siguen hablando de «cáncer rosa»; sin duda, viejos ecos del pasado que consideraba la homosexualidad como pecado, delito o enfermedad. En 1982 se encuentran nuevos casos entre heroinómanos, hemofílicos y haitianos, además de los homosexuales, y se empiezan a utilizar las expresiones «las cuatro haches» o «grupos de riesgo». Sin duda, todo ello está muy presente cuando las Yeguas del Apocalipsis llevan a cabo su *performance*, de ahí que se hiciera pertinente la aclaración de Mardones.

Pero esta intervención contó además con el favor del azar. El día de la puesta en escena, 25 de noviembre de 1989, sábado por la noche –para más *inri* cumpleaños de Pinochet–, se produjo un apagón justo cuando las Yeguas del Apocalipsis estaban terminando la *performance*, con lo cual en medio de la oscuridad sólo alumbraban las estrellas de una calle del barrio San Camilo, tal y como se hizo eco la prensa del momento (Brescia 1989a).

Las Yeguas recurren así a un *glamour* hollywoodense, que tan presente se hará luego en las crónicas de Lemebel, sobre todo como elemento *performativo* que le permite contrastar la homosexualidad estadounidense con la latinoamericana, especialmente aquella que remite a ese *loquerío* de travestis «tercermundistas». Esta acción de arte será evocada por Lemebel en su libro *Loco afán. Crónicas de sidario* (1996), obra donde alude con más frecuencia a sus intervenciones artísticas, recordando acciones y anécdotas. No resulta gratuita esta coincidencia, pues conviene destacar que existe una correspondencia entre su arte y su escritura, tal como ha señalado Fernando Blanco, quien hace expresa mención a las *performances* «Lo que el SIDA se llevó» (1989) y «Tu dolor dice minado» (1993) y su vinculación con los textos recogidos en *Loco afán. Crónicas de sidario* (1996) y *De perlas y cicatrices* (1998) (Lemebel 2006a). En cierta ocasión, además, el propio escritor al aludir al primer título señala que es el más ligado a la militancia ejercida en la década del ochenta, pues en él se cruza el tema del Sida con la historia homosexual y política del Chile de los últimos veinte años:

> Es un libro que quiero mucho como embarazo largamente esperado, quizá el libro más ligado a la tardía militancia que conocimos sólo en los ochenta. Al final del continente todo llega atrasado, hasta el sida que hizo su estreno a comienzos de los ochenta, como una antigua película extranjera que nos conquistó nuevamente con los vidrios technicolor de su tráfico letal. Este libro ya está publicado por la editorial LOM y son crónicas que resucité de los escombros. Tal vez la ironía metafórica de esos escritos detone en humor sobre la forma cristiana y piadosa como se transa la plaga, la risa sube las defensas (Blanco & Gelpí 1997: 98).

Cabe precisar que en este trabajo haremos referencia a las dos ediciones de *Loco afán. Crónicas de sidario*, tanto a la primera, publicada por LOM en Santiago de Chile, 1996, como a la española, editada por Anagrama en Barcelona, 2000. Ello se debe a que se aprecian cambios entre una y otra. Si la primera recoge un total de veintinueve crónicas, la segunda recopila treinta y una. De esta manera desaparecen algunos textos –«Cecilia», «Juan Dávila» y «La loca del pino»– y se incorporan otros –«Crónicas de New York», «Homoeróticas urbanas», «Loco afán», «Rock Hudson» y «El fugado de La Habana»–.

En la larga dedicatoria con que se abre *Loco afán*, aparece una alusión a Francisco Casas y a las Yeguas del Apocalipsis: «por las huellas de ese carnaval ceniciento» (1996: 5). Por lo tanto, desde el inicio de esta obra se presagia ese halo de reminiscencias de un pasado ligado al arte en acción y, como subrayamos con anterioridad, esto no hace más que denotar la estrecha vinculación existente entre el arte y la escritura.

En la crónica «La muerte de Madonna» –correlato textual del hecho *performativo*– se trae a colación la figura de la Madonna, una travesti con cara de mapuche, que contrajo el virus en el barrio San Camilo, zona –como señalamos– de travestismo prostibular, donde casi todas las travestis estaban infectadas. Sin embargo, a modo de ambientación, Lemebel nos introduce en la conciencia artística de los años ochenta, cuando, según afirma, el arte corporal era el *boom* de la cultura chilena: «Cuando el cuerpo expuesto podía representar y denunciar los atropellos de la dictadura» (Lemebel 1996: 35). Por este motivo, las Yeguas intervinieron el espacio público de la calle con su «Estrellada» (1989). Al decir del cronista, «la intervención escenografiaba un homenaje, una estrellada nocturna desplegada en el cemento sucio. Una parodia de *Broadway* en el barrio de la sodomía latinoamericana» (Lemebel 1996: 35). Con esta acción lograron –ya lo apuntamos más arriba– el desplazamiento territorial del travestismo, intercambiar las zonas de tráfico, de modo que la calle de San Camilo, espacio de deseo lumpen, se transformó en lugar para lo cultural. Por su parte, el Instituto Chileno-Francés, sitio de intercambio cultural, se convierte en área de comercio lumpen (Brescia 1989b: 27). En este punto advertimos cómo Lemebel remite al *glamour* hollywoodense para remarcar las diferencias entre ese esplendor *fashion* de la alfombra roja estadounidense y el pavimento sucio de la ruta chilena. Lo que nos recuerda aquella otra imagen ofrecida por Nelly Richard, quien al definir cierto travestismo local lo hace en los siguientes términos: «la parodia de la parodia de una parodia: Latinoamérica» (Richard 1993: 68).

La *performance* en cuestión consistía en pintar en positivo y negativo una serie de estrellas, que sirvieran para reafirmar la poética del título de la acción «Lo que el Sida se llevó». Todo había sido preparado como si se tratara de un *atrezzo* hollywoodense, focos, cámaras de filmación, y «las travestis más bellas que nunca, engalanadas para la *premier*, posando para la prensa alternativa, mostrando la silicona recién estrenada de sus pechos» (Lemebel 1996: 35). De esta manera, ante las miradas de artistas, teóricos del arte, camarógrafos, fotógrafos… el barrio pobre se creyó un «Malibú de latas donde el universo de las divas se espejeaba en el cotidiano tercermundista. Calle de espejos rotos, donde el espejismo enmarcado por las estrellas del suelo, recogía la mascarada errante del puterío anal santiaguino» (Lemebel 1996: 36). La Madonna, la más fotografiada, la más profesional, la que estampó sus huellas en el «paseo de la fama», dejó que el ojo de la cámara de Gloria Camiruaga la viera desnuda con todos sus juegos de artificio:

> La única que le posó desnuda bajo la ducha. Tal como dios la echó al mundo, pero ocultando la vergüenza del miembro entre las nalgas. El candado chino del mundo travesti, que simula una vagina echándose el racimo para atrás. Una cirugía artesanal que a simple vista convence, que pasa por la timidez femenina de los muslos apretados. Pero a la larga, con tanto foco y calor, con ese narciso tibio a las puertas del meollo, el truco se suelta como un elástico nervioso, como un péndulo sorpresa que desborda la pose virginal, quedando registrado en video el fraude quirúrgico de la diosa (Lemebel 1996: 36).

Estas *performances* seguirán dando que hablar con el tiempo. Más tarde, llegada la «demos-gracia», tal como la ha denominado en varias ocasiones el propio Lemebel –*La esquina es mi corazón* (Lemebel 1995: 18); *De perlas y cicatrices* (Lemebel 1998: 20)–, el Museo Nacional de Bellas Arte, con su repuesto director, el artista Nemesio Antúnez[5], organizó en septiembre de 1990 una muestra colectiva, «Museo abierto», que incluía, además de la pintura y la escultura, el grabado, el video, la *performance*, la fotografía… De este modo, la Madonna, registrada en aquel video –«Casa particular»– que Gloria Camiruaga había realizado con las Yeguas del Apocalipsis en San Camilo, se mostró en todo su esplendor. Pero el *fatum* malicioso quiso que ese día los colegios visitaran los museos y que la mirada impúdica de los escolares focalizara con exactitud el lugar del simulacro, en ese acto en el que la vista se desliza en vertical para descubrir, parafraseando de nuevo a Nelly Richard, ese *«lapsus* que presagia el terror de que se ponga al descubierto el subterfugio travesti que amenaza con la revelación pánica de la mujer con pene» (Richard 1993: 69). Así, los ojos infantiles son testigos en primera fila de cómo esa «Venus pudorosa» (Lemebel 1996: 37) se transforma en una diosa libertina y perversa cuando «el elástico se suelta y un falo porfiado desborda la pantalla» (Lemebel 1996: 37). Y todo son

---

[5] Nemesio Antúnez, artista chileno, fue director del Museo de Bellas Artes entre 1970 y 1973. Con posterioridad, designado por Patricio Aylwin, se desempeña en el mismo cargo, entre 1990 y 1993.

risas, todo son fiestas, correr de secretarias, auxiliares, profesores… Nemesio Antúnez ve el video y aplica la censura. Luego tirones de orejas del presidente, expulsiones de artistas, críticas de la derecha… (Lemebel 1996: 38). A pesar del escándalo, Lemebel ha comentado (1996: 38) que la Madonna chilena nunca se enteró de nada, demasiado preocupada como estaba por su vestimenta y por conseguir ser amiga de la cantante estadounidense: el original de su copia.

Por este hecho las Yeguas fueron expulsadas del templo museístico, como los fariseos. Al parecer, según recogen los periódicos de la época, comenzó entonces una polémica de censuras y más censuras entre las Yeguas y Antúnez. Esto provoca que las Yeguas del Apocalipsis decidan preparar una *performance* frente al citado museo. Francisco Casas da su particular visión sobre este suceso: «En venganza, por ser arrojadas como bataclanas a la calle, Dolores y María se prendieron fuego a lo bonzo frente a las puertas de esta Institución» (Casas 2004: 155). En una noticia aparecida en el periódico *La Época*, fechada el martes 2 de octubre de 1990, se recoge la siguiente información, al pie de una foto en la que se ven a las Yeguas dentro de una estrella incendiada:

> El domingo a las 20 [alude al 30 de septiembre de 1990], frente al Museo Nacional de Bellas Artes, el colectivo «Las Yeguas del Apocalipsis», tal como lo habían anunciado, realizó una *performance* a la que acudió numeroso público. Pedro Mardones, a la izquierda de la fotografía, y Francisco Casas, con su rostro cubierto, aparecen abrazados y con vestidos femeninos. Ambos están de pie en el centro de una estrella de fuego en la intervención titulada «La conquista de América»[6] («"Las Yeguas" en una estrella», S/n 1990).

En una documentación posterior, a manera de repaso de las acciones efectuadas por las Yeguas del Apocalipsis, se hace expresa mención a esta intervención frente al Museo, pues también este hecho generó diferencias con el director. Los artistas decidieron hacer algo en la vereda. Antúnez les reclamó. Dijeron que la calle les pertenecía. El director respondió que no frente al Museo. Ellos contestaron que entonces lo tapara, y después de dimes y diretes las Yeguas actuaron el día y a la hora que habían señalado:

---

[6] Creemos que se trata de una confusión, pues «La conquista de América» es una *perfomance* que se realizó el 12 de octubre de 1989, en tanto que la información que se ofrece corresponde a la fecha del 30 de septiembre de 1990. Además los espacios intervenidos son diferentes, «La conquista…» se había llevado a cabo en la sede de la Comisión Chilena de Derechos Humanos y la que nos ofrece el periódico sucede en la calle, frente al Museo Nacional de Bellas Artes.

Repitieron lo de San Camilo. Pintaron estrellas y llegaron vestidas a lo Dolores del Río y Rita Hayworth. Llenaron cada astro de neoprén, estamparon su mano y quemaron para borrar la huella dactilar de las sobras de Hollywood (Robino 1991: 45).

Con anterioridad a este incidente, una de las Yeguas del Apocalipsis, en este caso Pedro Mardones, ofrece una nueva acción de arte. Se trata de «Suda América», *Performance*-Homenaje a Sebastián Acevedo, llevada a cabo en las ruinas del Hospital del Trabajador (Proyecto de Salud Pública del Gobierno de Salvador Allende), el 2 de diciembre de 1989. Sebastián Acevedo Becerra era un trabajador de la construcción de la ciudad de Coronel –VIII región–, quien el 11 de noviembre de 1983 se inmola quemándose a lo bonzo frente a la catedral de Concepción, para pedir así que la CNI —Central Nacional de Información— le devolviera a sus hijos represaliados. Este hecho y la utilización de un edificio tan emblemático, como era el inacabado Hospital del trabajador, son elegidos por el artista para manifestar su repulsa, exponiendo para ello, una vez más, el propio cuerpo. De esta manera, se cubre con ladrillos, se rocía con neoprén y se prende fuego, todo esto tiene lugar sobre los escombros de la abortada construcción y los numerosos desechos de alrededor. Dicha *performance* debe leerse entonces como una invocación al sacrificio ejecutado por Sebastián Acevedo, pero también una alusión al muro de Berlín –recién caído por esos días, el 9 de noviembre de 1989–, y a cualquier represión a la que haya sido sometido el cuerpo humano durante la dictadura. Hechos que aluden tanto al individuo de manera particular como a la sociedad como colectividad, al igual que a cualquier tipo de violencia que haya tenido lugar a lo largo de la historia. Dicho territorio se erige, pues, en zona alegórica de destrucción, esa que articula un Chile de atentados, torturas, amenazas de muerte o inmolaciones y sirve para denunciar cualquier tipo de injusticia cometida. De nuevo remitimos a los diarios de la época, espectadores de la acción *in situ*, en los cuales se resalta la figura humana frente a la labor arquitectónica, ambos igualmente desprotegidos por el Estado: «Mardones en la gigantesca mole de cemento […], el hospital que, con sus diez mil metros cuadrados y doce pisos de altura, es hoy un auténtico monumento al desprecio del régimen por el cuerpo como soporte de la salud y la vida» (Moreno 1989).

Además, el periodista, Marco Antonio Moreno, sumándose a la crítica, añade:

Ese hospital fue ideado por el gobierno de Frei, construido en el de Allende, echado al más absoluto abandono por el gobierno militar cuando tenía los ascensores y varias de sus terminaciones instaladas.

La acción de arte realizada el sábado en ese recinto fue un llamado de atención a ese testimonio vivo de estos 16 años, metáfora de la burla que el autoritarismo ha ejercido hacia los sectores más pobres. ¿Pasaría lo mismo si ese hospital se hubiese comenzado a construir en el barrio alto? Este sitio entregado hoy a pandilleros, drogadictos, neopreneros y violadores, fue iluminado el sábado por un rato. El artista interventor Pedro Mardones utilizó los mismos elementos que allí palpitan: el ladrillo, sinónimo de la construcción, y el neoprén, de la consecuencia última a que se arrastran los marginales. La resultante sólo busca transgredir la campaña que se ha iniciado (incluso en la TV con un programa de Don Francisco) para demoler esta construcción una vez por todas (Moreno 1989).

Años más tarde, Pedro Lemebel, en la piel del cronista, evoca en *De perlas y cicatrices* (1998) el recuerdo de ese Hospital del trabajador, esa «gran calavera» (Lemebel 1998: 210), ese «elefante de concreto» (Lemebel 1998: 210) que alguna vez fue esperanza para los pobres y que con el paso del tiempo quedó convertido en pura espera, en desesperación:

La bofetada golpista pilló al Hospital del Trabajador en paños menores, los militares se tomaron sus dependencias y jugaban tiro al blanco desde sus pisos altos. Por varios años, historias de detenidos y fusilados navegaron por los ecos nocturnos de metracas y balazos en sus enormes naves vacías. Y después, cuando ellos se fueron, el saqueo poblacional dejó la cáscara descarnada de esa ilusión en la penumbra del eriazo. Muchas casas de los alrededores amononaron sus baños y cocinas con las baldosas arrancadas del hospital. Los ascensores sirvieron de baños, los bisturíes para pelar papas, y las camillas con ruedas un novedoso juego para los cabros chicos.

Ya en plena época de protesta, ladrillos y fierros fueron material de barricadas para la resistencia. Durante una de estas acciones, una mujer con mal de Parkinson, regó de bencina el cerco de madera que le habían puesto los militares, y lo incendió, coronando de llamas el edificio que iluminó de lacre resplandor toda la comuna. Después fue guarida de vagabundos que encontraron tibieza de alojamiento en sus mudos sótanos. Son varios los cadáveres que se han descubierto en esas mazmorras de la indigencia urbana. Como también son muchos los usos que ha tenido ese gran teatro del desamparo. Así, las parejas pobladoras lo habrán usado de hotel, los locos volados para masturbarse, desatando su calentura violenta en esa soledad con olor a moho. Para algunos artistas, el hueco sobrecogedor de sus galpones les ha servido para hacer instalaciones, fotos, o filmar video clips. Y varias veces apareció en reportajes para la televisión como un testimonio arqueológico de la Unidad Popular (Lemebel 1998: 211).

«Las dos Fridas», una *performance* que tuvo lugar en la Galería de arte Enrico Bucci, en Santiago de Chile, julio de 1990, nos ofrece una nueva lectura en este catálogo de acciones artísticas de las Yeguas del Apocalipsis. En primer lugar, llama la atención el modelo elegido para realizar la parodia, el de Frida Kahlo, pues en tanto imagen de la resistencia, en la que se ha convertido, a menudo ha servido para hablar de la diferencia[7]. Al respecto, Nelly Richard rememora que cuando a mediados de la década del noventa en Chile la Iglesia y el Senado discutían la legitimidad conceptual de la palabra «género» y se debatían los planteamientos oficiales, en la Universidad de Chile se inauguraba el Programa Género y Cultura en América Latina. Por este motivo se invitó a Jean Franco, profesora de la Universidad de Columbia, para que impartiera un Seminario sobre «Género, Cultura y Poder». Dicho acto tuvo lugar en la Sala institucional Ignacio Domeyko de la Casa Central de la Universidad de Chile, durante los días 16, 17 y 18 de agosto de 1995. Para la sesión de apertura Franco inició la lectura de su conferencia proyectando una diapositiva: «Las dos Fridas»[8] (1990). Este gesto, en palabras de Richard, «condensó en sí mismo varias transgresiones de género(s)»:

> La proyección de la diapositiva rompía, primero, el formato magisterial de la conferencia universitaria con una visualidad marginal que atentaba contra la oficialidad académica del lugar. La proyección de la obra de *Las Yeguas del Apocalipsis* sometía, además, la autoridad patriarcal del conocimiento de la ciencia y de la filosofía —representada por la imagen de los rectores universitarios— al espectáculo de una contorsión homosexual montada desde el arte de la *performance*. La oblicuidad femineizante del travestismo iba destinada a perturbar el control de una verdad-del-saber, con sus enredos cosméticos y sus intrigas simulacionales. Además, la obra descolocaba el mercado de las representaciones de identidad con su parodia travesti que carnavaliza tanto lo femenino como la iconización feminista de Frida Kahlo que, después de haber sido emblematizada

---

[7] Para conocer algunos ejemplos de la «apropiación» que se ha hecho de Frida Kahlo en los últimos años, véase Mateo del Pino y Galván González (2009: 36-42).

[8] Un registro visual de esta *performance*, «Las dos Fridas», aparece como imagen de portada de la edición española del libro de Pedro Lemebel *Loco afán. Crónicas de Sidario* (Barcelona, Anagrama, 2000). La fotografía corresponde a Pedro Marinello.

como bandera de lucha y resistencia femeninas, terminó comercializándose a través de la moda «Frida». [...] La foto de *Las Yeguas del Apocalipsis* exhibía descaradamente la trampa sexual para excitar la imaginación crítica en torno al secreto de los pliegues y dobleces de la masculinidad y femineidad no-reglamentarias (Richard 1998: 212-215).

Según Jean Franco esta representación de las Yeguas del Apocalipsis adquiere un nuevo significado en los años del SIDA; se trata de otro dolor, de otro padecimiento, en aquellos tiempos en los que dicha enfermedad se consideraba letal. Si el «original» de Kahlo remitía a la separación desgarrada de Diego Rivera, simbolizada en esa mano que corta una arteria del corazón, la «copia» de las Yeguas se apropia de esos sentimientos que se han considerado «típicamente» femeninos, no sólo el llanto ante la pérdida de alguien sino, sobre todo, la exposición pública de esa desolación: «En el caso de la tarjeta-pastiche de la pintura de Kahlo, los artistas chilenos habían creado una copia en vivo que cuestionaba el patetismo que circunda el mito de Kahlo como mujer-víctima» (Franco 1996: 33).

«Agua que se va» fue una intervención en el espacio cultural, realizada en agosto de 1991, durante la última función del Cine-Arte Normandie. La película a visionar era *El barón de Munchausen*. Las Yeguas asistieron a la proyección, pero más tarde, antes del final, se fueron al baño y regresaron ataviadas con sus mejores galas, convertidas en verdaderas divas. De esta forma lloraron, más bien celebraron, con lágrimas artificiales la despedida cnematográfica: «porque está bien que se termine el Normadie, basta de mausoleos vivientes, donde se junta el *jet* chileno para después tomar en una bar apestoso donde le escupen la comida a los homosexuales» (Robino 1991: 45). De nuevo asistimos a la reivindicación por la diferencia, la denuncia social a la par que la sexual, envuelto todo ello en un *glamour* hollywoodense.

Poco tiempo después, en octubre de 1991, Francisco Casas publica su poemario *Sodoma mía*, dedicado a Pedro Lemebel –atrás queda ya Pedro Mardones–, y en él hace expresa mención al VIH. Igual que ocurrirá con los textos posteriores de Lemebel –*Loco afán. Crónicas de Sidario* (1996)–, podemos establecer una correlación entre este primer libro y las acciones artísticas que las Yeguas del Apocalipsis llevaban a cabo por esos años, en particular con la *performance* «Lo que el SIDA se llevó» (1989). Tal y como anota Soledad Bianchi, ya desde el propio título se advierte el juego de máscaras, «Sodoma mía, soma mío, sodomía»: «Sodoma, ciudad "viciosa", leyenda [...] Sodoma se actualiza porque Francisco Casas quiere quitar velos, desnudar, descubrir el hipócrita disfraz del "nada sé" y del "aquí no pasan esas cosas"» (Bianchi 1991: 9):

> Entumidos, piel carcomida entraron los nuevos internos,
> (enveladas divains) desfigurados por la cosmética de la muerta
> Los dejamos y nos fuimos danzando calle abajo, descalzos y
> camufleros, senderistas del parque Padre de la Patria.
>
> Desatinamos frente a las ventanillas de los consultorios
> Mirando carteles de propaganda en los sitios
> Manipulando desesperados máquinas de condones en los urinarios públicos
>
> Tu amor y el mío, *lo que el sida se llevó* de la marquesina
> junto con mis colitas Travestidos de Hollywood con sus
> laycras de calle Franklin, sentado en la última butaca
> esterilizada de la sala de espera, donde reemplazarán
> su cabaret por una mortaja blanca (Casas 1991: 63, la cursiva es nuestra).

Respecto a «Cal-sida-dos», instalación, video, *performance*, celebrada en la Facultad de Periodismo de la Universidad de Concepción en diciembre de 1991, no existen muchos datos. En la memoria elaborada por Ábalos, Rojas y Zurita (2007: 7-8), con el fin de obtener el título de periodista y que sirvió de base al documental *Yeguas del Apocalipsis*, se consigna, de manera errónea, que ésta es la tercera aparición del colectivo de arte en cuestión y, a continuación, se recogen las palabras de Francisco Casas:

> En Concepción colocaron cal en todo el piso. Sobre la cual dibujaron con carbón estrellas y al medio de cada estrella un monitor de televisión con fuego. Ellos, desnudos, tendidos en el suelo. En un momento de un extremo a otro una línea de fuego cruzó el recinto incendiando lo que encontró a su paso, sus torsos incluidos: «Fue bien tremendo porque se desprendió mucha cal, estuvimos un mes entero despellejados enteros», cuenta Pancho (Ábalos *et al.* 2007: 8).

Una de las últimas intervenciones de las Yeguas del Apocalipsis lleva por título «Tu dolor dice minado», instalación y *performance* por los derechos humanos, que se realizó en la Facultad de Periodismo, Universidad de Chile, en septiembre de 1993. El lugar de la instalación fue elegido con premeditación, pues según refiere Lemebel, en esta escuela, en un subterráneo lleno de enchufes, se torturó en tiempos de la CNI (S/n 1994). Para la ocasión *performativa* llenaron el suelo de copas con agua y a través de una pantalla leyeron el Informe Rettig[9] de espaldas al público. Cuatro horas duró el acto, así que terminaron con afonía, al mismo tiempo que se extinguía el reflejo de unas linternas sobre las copas. La *performance* evoca, desde el título, el poema de Pablo Neruda «Alturas de Macchu Picchu». Si Neruda poetizaba en el poema XII aquello de «Yo vengo a hablar por vuestra boca muerta» (v. 28), «Acudid a mis venas y a mi boca. // Hablad por mis palabras y mi sangre» (vv. 44-45), estas Yeguas vienen de igual modo a hacer presente «los silenciosos labios derramados» (v. 30), pero para ello, en una vuelta de tuerca, más bien del juego lingüístico y la homofonía, el vocablo «diseminado» se convierte en «dice minado». De tal forma, los significados se enriquecen a la misma vez que la ambigüedad se torna lúdica. Si «diseminado» alude a algo que está esparcido, repartido, «minado» apunta también al camino o galería abierta bajo tierra, a lo destruido poco a poco e incluso a la acción de enterrar, poner o colocar artificios explosivos. Desde luego, hemos dejado para el final la mención a la voz lunfarda «mina» = 'mujer', así podríamos entender que ese «minado» conecta con la imagen de homosexual, amanerado, (afe)minado. No obstante, cierto es que en esta *performance*, teniendo en cuenta la fecha en que se presenta –septiembre de 1993, veinte años después del golpe militar– y el lugar donde se produce, las diversas acepciones parecen avenirse bien y multiplicar el mundo de sugerencias y sentidos de lo destruido, aniquilado, marginado…, que igualmente observamos en el texto nerudiano. Con todo, recordemos aquel poema del *Canto General* (1938-1949):

---

[9] Informe Rettig, nombre con que se conoce el documento final entregado el 9 de febrero de 1991 por la Comisión Nacional de Verdad y Reconciliación sobre las violaciones a los derechos humanos acaecidas en Chile durante el régimen militar de Augusto Pinochet. La Comisión, también conocida popularmente como la *Comisión Rettig*, debido a quien fuera designado como presidente de la misma, el jurista Raúl Rettig, se reunió durante nueve meses y su informe cubrió el período que va desde el 11 de septiembre de 1973 hasta el 11 de marzo de 1990. Esto originó una controversia, pues distintas personas estimaron que también debía cubrir el gobierno de Allende, antecedente clave para comprender los hechos ocurridos durante el mandato de Pinochet. Dicho informe concluye que en total 2.279 personas perdieron la vida en este período, de los cuales a 164 los clasifica como víctimas de la violencia política y a 2.115 de violaciones a los derechos humanos. Véase Comisión Chilena de Derechos Humanos. *Nunca más en Chile*. Síntesis corregida y actualizada del Informe Rettig. Ediciones LOM. Santiago, 1999.

Sube a nacer conmigo, hermano.

Dame la mano desde la profunda
zona de tu dolor diseminado.
No volverás del fondo de las rocas.
No volverás del tiempo subterráneo.
No volverá tu voz endurecida.
No volverán tus ojos taladrados (vv 1-7).

La importancia de todas estas acciones llevadas a cabo por las Yeguas del Apocalipsis reside sobre todo en el sostenido discurso político de la resistencia que ponen en acción. Tal y como recoge Jean Franco, citando a Francisco Casas y el papel que jugó dicho colectivo artístico, éste resalta el hecho de haberse reinventado como cuerpo, «diferencia, mórbidamente sexuado y lumpen» (cit. Franco 2003: 299, Casas 2000: 220-222). De la misma idea resulta Pedro Lemebel, quien, en una entrevista concedida en 1997, manifestaba que las «Yeguas del Apocalipsis» fue una experiencia político-cultural que ejecutaron en el Chile custodiado de los ochenta. Pero, además, vincula aquellas actividades de arte a la escritura y a la misma elección del género que luego será su marca de registro discursivo, la crónica:

> Quizás esa primera experimentación en la plástica, la acción de arte, la *performance*, el video o las instalaciones fue decisiva en la mudanza del cuento a la crónica. Es posible que esa exposición corporal en un marco político fuera evaporando la receta genérica del cuento. Más bien se fue permeando con la noticia del diario, con el manifiesto homosexual que publiqué en esa época, con ciertas lecturas de mujeres escritoras que entonces daban la pelea. Tal vez el intemporal cuento se hizo urgencia crónica en los artículos sobre la homosexualidad y acontecer político que comencé a publicar en diarios y revistas. No sé, todo eso, Las Yeguas, el desacato, la invitación a mezclar géneros y artes desnutridas con panfletos militantes, la tentación de iluminar el suceso crudo y apagarle la luz a la verdad ontológica... (Blanco & Gelpí 1997: 94).

Más adelante añade, a raíz de que se le pregunta por la teatralidad presente en sus crónicas, que en realidad nunca fue tan devoto del arte dramático y justifica por ello la elección de la *performance*, porque ésta, según dicho autor, se vincula mejor con la plástica, aun cuando no deja de reconocer ciertos elementos teatrales a la hora de «representar» a sus personajes, tal y como observamos constantemente en sus textos:

> No me gusta la representación, ni la ópera, ni el ballet y todos esos montajes estéticos de la burguesía. Por eso Las Yeguas elegimos la *performance*, la acción de arte, ese riesgo plástico era más político y excitante. Pero también tienes razón, en mis crónicas hay algo de teatralidad, a veces me sorprendo interpretando al péndex poblador y pasa quizás por cierta maternidad incestuosa, una especie de doblaje que transita el deseo por mi lengua ventrílocua y esquizoide. Los otros personajes son aproximaciones afectivas, ironizaciones que corporizan mi libertad para decir (Blanco y Gelpí 1997: 95).

Por último, queremos que sea Roberto Bolaño, gran defensor de la obra de Pedro Lemebel, a quien consideró –y así lo afirmó cada vez que pudo– el más grande poeta de su generación y uno de los escritores más brillantes de Chile (2005b: 65 y 76), el que cierre este trabajo aludiendo al verdadero significado de este arte en acción:

> [Pedro Lemebel] durante un tiempo, un tiempo, por otra parte, bastante jodido, fue uno de los dos integrantes del grupo «Las Yeguas del Apocalipsis», cuyo nombre ya es un hallazgo y cuya sobrevivencia más bien fue un milagro.
> ¿Quiénes eran las Yeguas? Las Yeguas eran, antes que nada, dos homosexuales pobres, lo que en un país homofóbico y jerarquizado (en donde ser pobre es una vergüenza, y pobre y artista, un delito) constituía casi una invitación a ser pasado por las armas en todos los sentidos. Una buena parte del honor de la República real y de la República de las Letras fue salvado por las Yeguas. Después vino la separación y Lemebel comenzó su carrera en solitario. Travestido, militante, tercermundista, anarquista, mapuche de adopción, vilipendiado por un *establishment* que no soporta sus palabras certeras, memorioso hasta las lágrimas, no hay campo de batalla en donde Lemebel, fragilísimo, no haya combatido y perdido (Bolaño 2005a: 76).

Combate y pérdida, tal podría ser el lema de las Yeguas del Apocalipsis, quienes se fueron difuminando hasta desaparecer. Tal vez, como ha sostenido en alguna ocasión Francisco Casas, ellos tuvieron razón de ser antes de la llegada de la democracia; luego, paradójicamente las cosas cambiaron, se tornaron más difíciles para luchar por las minorías:

> Las Yeguas fuimos los primeros en Chile en declararnos homosexuales y escritores de izquierda [...] en lo nuestro había una intencionalidad claramente política. Con el retorno a la democracia se descubrió que Chile debía ser tolerante con las minorías, que debía soportarlas. A nosotros se nos anuló desde la tolerancia (Quiroz 2004).

Algo parecido opina Pedro Lemebel, para quien las Yeguas del Apocalipsis se quedaron en la frontera de la democracia:

> Nos paralizó esta bienvenida democracia. Nos detuvo en una instancia de reflexión, de pensar si tenía el mismo efecto seguir realizando nuestro rito en la escena del arte. Así estuvimos mucho tiempo, hasta que este año –se refiere a mayo de 1997– nos invitaron a la Bienal de Arte de La Habana, donde hicimos una *performance* sobre la memoria. Incluso actuamos para los pacientes del sidario (Gómez B. 1997).

Aun cuando Pedro Lemebel en alguna ocasión manifestó su intención de reactivar el imaginario de las Yeguas del Apocalipsis a través de una retrospectiva y que incluso señaló como fecha probable la de 1998, Año de los Derechos Humanos (Gómez B. 1997), ésta nunca se ha llevado a cabo. Sin embargo el relincho de estas Yeguas, ahora cabalgando por separado, sigue haciéndose presente[10], trotando sin cesar contra el olvido.

BIBLIOGRAFÍA

ACADEMIA CHILENA (1978): *Diccionario del habla chilena*. Santiago de Chile: Editorial Universitaria.

ÁBALOS, Consuelo & ROJAS, Aracelly & ZURITA, Diego (2007): *Yeguas del Apocalipsis*. Memoria para obtener el título de Periodista. Instituto de Comunicación e imagen, Escuela de Periodismo, Universidad de Chile. En <http://www.cybertesis.cl/tesis/uchile/2007/abalos_c/pdf/abalos_c.pdf> (consultado el 22.05.2010).

BIANCHI, Soledad (1991): «Maquillaje para una carcajada triste». En Francisco Casas (ed.): *Sodoma mía*. Santiago de Chile: Cuarto Propio. 9-11.

BLANCO, Fernando & GELPÍ, Juan (1997): «El desliz que desafía otros recorridos. Entrevista con Pedro Lemebel». En *Nómada* 3. 93-98.

BOLAÑO, Roberto (2005a): «El pasillo sin salida aparente». En *Entre paréntesis*. Barcelona: Anagrama. 71-78.

— (2005b): «Fragmentos de un regreso al país natal». En *Entre paréntesis*. Barcelona: Anagrama. 59-70.

---

[10] En junio de 2009 en Santiago de Chile se presentó el documental *Pedro Lemebel: Corazón en fuga*, duración 53 minutos. La dirección, la cámara y el montaje corresponden a la fotógrafa, poeta y cineasta chilena Verónica Qüense. Sonido de Santiago de la Cruz y música de Camilo Salinas. Productor ejecutivo Italo Retamal y productora de campo Valentina Salgado. La producción pertenece a Producciones La Perra.

Brescia, Maura (1989a): «Estrellas en calle oscura de Santiago». En *La Época* 01.12.
— (1989b): «Las Yeguas del Apocalipsis» en una acción de arte». En *La Época* 17.10.
Casas, Francisco (1991): *Sodoma mía*. Santiago de Chile: Cuarto Propio.
— (2000): «Las Yeguas del Apocalipsis: The Equine Lips of Exile». En Coco Fusco (ed.): *Corpus Delecti: Performance Art of the Americas*. London / New York: Routledge. 220-22.
— (2004): *Yo, yegua*. Santiago de Chile: Planeta.
Comisión Chilena de Derechos Humanos (1999): *Nunca más en Chile. Síntesis corregida y actualizada del Informe Rettig*. Santiago de Chile: LOM Ediciones.
Escobar, Raúl Tomás (1986): *Diccionario del hampa y del delito*. Buenos Aires: Editorial Universidad.
Franco, Jean (1996): «Género y sexo en la transición hacia la modernidad». En *Nomadías* 1. 33-43.
— (2003): *Decadencia y caída de la ciudad letrada. La literatura latinoamericana durante la Guerra Fría*. Barcelona: Debate.
García, Marlene & Alonso, José Ramón (2001): *Diccionario ilustrado de voces eróticas cubanas*. Madrid: Celeste.
Gómez B., Andrés (1997): «Es necesario liberar algunas perversiones. Entrevista a Pedro Lemebel». En *La Tercera* 21.09. En <http://www.letras.s5.com/lemebel6.htm (consultado el 22.05.2010)>.
Lemebel, Pedro (1995): *La esquina es mi corazón. Crónica urbana*. Santiago de Chile: Cuarto Propio.
— (1996): *Loco afán. Crónicas de sidario*. Santiago de Chile: LOM.
— (1998): *De perlas y cicatrices. Crónicas radiales*. Santiago de Chile: LOM.
— (2000): *Loco afán. Crónicas de sidario*. Barcelona: Anagrama.
— (2001): *Tengo miedo torero*. Santiago de Chile: Planeta Chilena/ Seix Barral.
— (2003): *Zanjón de la Aguada*. Santiago de Chile: Planeta Chilena/ Seix Barral.
— (2004): *Adiós Mariquita linda*. Santiago de Chile: Sudamericana.
— (2006a): *Adiós Mariquita linda*. Barcelona: Mondadori.
— (2006b): «Las razones del exceso y la provocación». En *La Ventana 23/11*. En <http://laventana.casa.cult.cu/modules.php?name=News&file=article&sid=3446> (consultado el 25.05.2010).
— (2008): *Serenata cafiola*. Santiago de Chile: Planeta Chilena/ Seix Barral.
— (s/f.): *Dossier: Grupos humanos. Ser homosexual en Chile. Ellos, ellas y los otros*. Cedido por el autor.
Lojo, Martín (2010): «Entrevista a Pedro Lemebel. Mi escritura es un género bastardo». En *La Nación* 13.10. En <http://letras.s5.com/pl130310.html > (consultado el 22.05.2010).
Mardones, Pedro (1986): *Incontables*. Santiago de Chile: Ergo Sum.

Mateo del Pino, Ángeles & Galván González, Victoria (2009): «La cultura de la contracultura». En Mateo del Pino, Ángeles & Galván González, Victoria (eds.): *A contracultura. Insurrectos, subversivos, insumisos.* Valencia: Aduana Vieja. 13-44.

Moreno, Marco Antonio (1989): «Sobre Yeguas, abandonos y el Apocalipsis chileno». En *FORTÍN Mapocho* 05.12.

Moreno, María (2001): «Breve diccionario machista (Para enderezar el diccionario feminista de Victoria Sau)». En *A tontas y a locas.* Buenos Aires: Sudamericana. 95-98.

Neruda, Pablo (1999): «Alturas del Macchu Picchu». En *Canto General. Obras completas. Vol. I.* Barcelona, Galaxia Gutenberg/Círculo de Lectores: 434-447.

Ortega, Julio (2000): «Pedro Lemebel». En *Caja de herramientas. Prácticas culturales para el nuevo siglo chileno.* Santiago de Chile: LOM. 71-80.

Perlongher, Néstor (1997): «Cadáveres». En *Poemas completos.* Buenos Aires: Seix Barral (109-23).

Quiroz, Rodrigo (2004): «Las Yeguas del Apocalipsis. El último relincho». En *La Nación* 18.04. En <http://www.lanacion.cl/p4_lanacion/antialone.htm/?page=htp://www.lanacion.cl/p4_lanacion/site/artic/20040417/pags/20040417185040.html> (consultado el 22.05.2010).

Richard, Nelly (1993): «Contorsión de géneros y doblaje sexual; la parodia travesti». En *Masculino / Femenino: Prácticas de la diferencia y cultura democrática.* Santiago de Chile: Francisco Zegers. 65-76.

— (1998): «Género, valores y diferencia(s)». En *Residuos y metáforas. (Ensayos de crítica cultural sobre el Chile de la Transición).* Santiago de Chile: Cuarto Propio. 199-218.

Robino, Carolina (1991): «Las últimas locas del fin del mundo». En *Hoy* 736. 42-45.

Salas, Fabio (1989): «La Yeguas del Apocalipsis». En *Cauce* 204. 26-29.

S/n (1989): «Colectivo identificado». En *La Tercera* 28.09.

— (1990): «Las Yeguas» en una estrella de fuego». En *La Época* 02.10.

— (1994): «Pedro Lemebel, escritor. Desnudo sobre una yegua». En *La Nación* 16.10.

FICCIONES DE CIUDAD: DIAMELA ELTIT
O EL TERRITORIO DEL DESVIACIONISMO

Lizabel Mónica
Princeton University

> Me preguntó: –¿cuál es la utilidad de la plaza pública?
>
> Diamela Eltit, *Lumpérica*

La ciudad es hoy el espacio donde tiene lugar la pugna política. La globalización en tanto discurso, y en tanto forma de organización económica, se apoya fundamentalmente en estrategias locales, fortaleciendo un sujeto trasnacional –que sostiene la trasnacionalización del trabajo- cuya subjetivación se desplaza desde la retórica y prácticas nacionales hacia la efectividad de las identidades locales.

A pesar de ello, tal y como señala Doreen Massey, habitualmente lo «local» y lo «global» es contrapuesto en los discursos de intelectuales y políticos (2008: 185-196)[1]. Dos caras de una misma moneda, «lo local no es simplemente un producto de lo global, sino que lo global es producido en lugares locales» (2008: 187):

> Si el espacio es conceptualizado de manera relacional, como producto de prácticas y flujos, compromisos, conexiones y desconexiones, como el resultado

---

[1] Véase también Sassen 2001.

constante de relaciones sociales movibles, entonces los lugares locales son nódulos específicos, articulaciones, dentro de esta geometría del poder más amplia (187).[2]

En tal contexto la producción literaria de Diamela Eltit, autora chilena nacida en 1949, cuyos libros se encargan de problematizar la ciudad y la escritura misma en un proceso que cuestiona las diferentes subjetivizaciones ciudadanas, cobra singular importancia.

En el caso de la ciudad latinoamericana el crecimiento no lleva implícito un desarrollo. Sus particularidades están dadas por el enfrentamiento de la urgencia estructural enfrentada a la organización modélica. Es además fundamental tener en cuenta que su tránsito no ocurre desde un Estado-nación hacia una ciudad mundial, ya que como dijera Quijano «en ningún país latinoamericano es posible encontrar una sociedad plenamente nacionalizada ni tampoco un genuino Estado-nación» (1993)[3].

Las novelas de Diamela Eltit, que explicitan una política literaria más allá de las márgenes del libro, no han sido difundidas por el mercado –lo que no incomoda a la escritora–, y son poco promovidas en su país. Se trata sin embargo de una de las autoras más estudiadas desde la academia norteamericana, atendida también por algunos circuitos europeos. Nos interesa en este ensayo develar la práctica artístico-literaria sostenida de Eltit en torno al binomio ciudad/ciudadano; práctica que puede catalogarse, según una frase de la autora en su novela más reciente, como «el territorio del desviacionismo» (Eltit 2007: 57).

Introducción a la ciudad de Diamela Eltit

La ciudad para Diamela Eltit es una ciudad vigilada (1994)[4], sobre la cual se ensayan las políticas de control. Allí tiene lugar la puesta en escena del

---

[2] En el campo investigativo puede seguirse esta visión desde la aplicación cada vez más frecuente del análisis de redes sociales o ARS (*social network analysis*) y la Teoría Genérica de Redes (Isomorfismo) dentro del ámbito de las ciencias sociales. Para las distinciones entre espacio y lugar ver los trabajos de Verónica Zidarich y Horacio Gnemmi. Para el concepto de «geometría de poder» ver Doreen Massey: *Geometría del poder y la conceptualización del espacio*.

[3] Quijano precisa: «La construcción de la nación y sobre todo del Estado-nación han sido conceptualizadas y trabajadas en contra de la mayoría de la población, en este caso, de los indios, negros y mestizos. La colonialidad del poder aún ejerce su dominio, en la mayor parte de América Latina, en contra de la democracia, la ciudadanía, la nación y el Estado-nación moderno».

[4] Este tópico de Eltit se hace explícito en *Los Vigilantes* (1991), donde los personajes de la madre y el hijo experimentan una continua vigilancia ciudadana, estigmatizados por no

poder, cuya faceta textual Eltit explora desde la inscripción. La narrativa de la autora chilena trabaja directamente sobre el cuerpo de la ciudad, cuerpo que se confunde en la práctica de su escritura política con el cuerpo silenciado del ciudadano. En el relato de nuestras sociedades contemporáneas se trata a estas de corpus generadores de síntomas y flujos, mientras que la experiencia del individuo es reducida a un aséptico lenguaje civil[5]. El doble relato es subvertido en estas novelas, desde la contaminación del lenguaje de documentos oficiales y mensajes civiles con discursos escamoteados a la tensión ciudadana como el litigio entre sexos y la violencia.

> Les recuerdo la posesión efectiva corporal y libidinosa conducta de mi madre y el persuasivo excavamiento de mi padre allí en el mismo lugar y explanada. Ardida, arada en el abajo por ese par que ellas avalaron e inverosímil comportamiento (Eltit 1995: 263).

En las exploraciones que la autora realizó recorriendo Santiago de Chile junto a su amiga y colaboradora Lotty Rosenfeld, a inicios de los años ochenta, la atención de Eltit se concentró en las periferias y zonas marginales de la ciudad. De allí salieron sin duda experiencias como *Zona de dolor*, performance documentado por Lotty Rosenfeld en el que Diamela Eltit lee en un burdel de Santiago fragmentos de su novela *Lumpérica* (1983), antes de salir a limpiar –balde y esponja en mano– la acera de aquella calle de prostitutas; el libro *El padre mío* (1989), transcripción de la entrevista filmada a un vagabundo chileno; y *El infarto del alma* (1994), trabajo colaborativo con Paz Errázuriz, con fotografía de esta última y prosa de Eltit, donde se recogen imágenes y textos sobre pacientes enamorados del hospital psiquiátrico de Putaendo[6].

Sin embargo, sería superfluo afirmar que el carácter performativo de su obra se remite únicamente a estos tres ejemplos donde la intervención artística se hace latente. En toda la obra de Eltit puede verse una intención de trascender

---

cumplir las normas disciplinarias del vecindario.

[5] Natalia Brizuela hace un juego textual refiriéndose a las fotografías que a finales del siglo XIX fueron leídas como documentos médicos y criminológicos: «Los rostros se leían como mapas» (2003: 113-120). Hace uso así de la conocida cita de Sylvia Molloy donde escribe que «las culturas se leen como cuerpos» mientras los cuerpos son leídos «como declaraciones culturales» (1994: 129).

[6] Daniella Wittern, de Brown University, trabaja en un ensayo de tesis acerca de estas tres obras bajo el título de «Words that Speak/Literature that Acts: Diamela Eltit's Narrative Performances».

los límites de la literatura instituida: «los territorios literarios están correlacionados con otros terrenos literarios y, también, con la textualidad que, más que ofrecer, nos impone la historia» (Eltit 2003: 112). Esta conciencia histórica que coincide con postulados críticos en torno a la literatura de pensadores como Ángel Rama y Walter Mignolo, o Jacques Derrida y Paul de Man más allá de nuestro continente, alimenta en Eltit un cuestionamiento constante del soporte, que la lleva a experimentaciones radicales y la acerca a otro escritor chileno poco divulgado en su tierra, que se encuentra también a las márgenes del mercado literario: el poeta de la ciudad de Concepción Andrés Ajens[7]:

> Decir sí y no a la traducción de *yarawi* por poema y *yatiri* por poeta manda pues al carajo la ambigüedad imperante y ek esquive de la urgencia de la hora actual. Y es que frente al *tinku* y/o *polemos* en traducción no hay lengua maestra ni habrá habido ni habrá ley (común) ni consejo universal, ni de «mayores» ni de «menores», ni poema absoluto (*absolute Gedicht*) ni 'poesía universal': cada vez habremos de sopesar la cosa en su irrepetible y abierto contexto, cuerpo a cuerpo y *têttte à têttte*... (Ajens 2008: 86).

Santiago de Chile, que apareció de modo mentiroso con erratas

> *Lumpérica* fue mi primera novela e implicó para mí el desafío más radical, pues con ella «aprendí a escribir» (cuando digo esto no significa que escriba bien), y por otra parte, debo reconocer en ella la sintaxis múltiple, afiebrada, rebelde. Quizá más adelante empezó una cierta normalización, que por cierto lamento.
>
> Diamela Eltit

En *Lumpérica* Diamela Eltit ensaya mucho de lo que sostendrá luego a través de su producción novelística. Se ha dicho que hay dos etapas en su obra, una que corresponde a las primeras novelas y otra en que, paulatinamente, su escritura se fue formalizando. Sin embargo, *Lumpérica* contiene casi todos los

---

[7] Su libro más reciente (2008) es un experimento ensayístico que incorpora elementos de lenguas quechua y aymara en un entretejido de ficción, historia y literatura.

elementos que la autora desarrollará más tarde, lo que hace de esta novela un laboratorio sumamente valioso para el estudio de la poética de Eltit. Allí están sus concepciones políticas, sus temas:

> Santiago de Chile que apareció de modo
> mentiroso con erratas le han quitado
> construcciones y es por eso que los
> pálidos lo acosan como a usted que se creía
> protegido. Ellos están fuera de mediciones
> urbanas, en otra situación, por esto es que
> la belleza acabó por derrumbarse. Algo así
> como el sol que los hubiese terminado por
> excluir (Eltit 2008: 139).

A lo largo de la literatura de Eltit se puede vislumbrar fácilmente la reescritura enfática de la ciudad, a través del buscarse –investigarse– en la piel del marginado, cuya experiencia es fusionada dentro de un discurso literario fragmentario que mezcla vocabularios procedentes de otras escrituras (Richard 1993), algunas oficiales, más la mímesis de cierta oralidad. En todas las novelas de Eltit puede verse esta re-inscripción que trata de develar una ciudad otra, cuyos códigos se muestran diferentes a las ficciones del orden, aquellas que protegen/controlan/organizan. Una ciudad narrada según las voces de quienes se hallan «fuera de las mediciones urbanas».

Un análisis de interés comprendería la noción de «multitud» a través de la obra de Eltit. En las novelas que siguen a *Lumpérica*, especialmente en la etapa que comienza luego de *Mano de obra*, Eltit trata a la *multitud* como reproductora de los discursos de poder, pero que a un tiempo los subvierte, en una doble condición que le es intrínseca. No creo que leer a las voces marginales de sus novelas sea encontrarse con «sujetos descentrados, a veces abúlicos, a los que el poder no puede someter» (Capote Cruz 2008: 14); considero que el poder no sólo somete y pasa por estos cuerpos-deshechos, sino que es esa doble condición mencionada la que potencia su capital político. Son cuerpos sometidos cuyos discursos giran en torno al poder, ya que se muestran como documentos de este, una documentación que es consuetudinariamente restringida hacia el olvido y la reclusión. Se trata de individuos sometidos que han alcanzado un desvío dentro de la escritura deliberada del poder sobre sus cuerpos; debido a ese desvío (involuntario) la escritura del poder se vuelve contra sí misma, autodinamita sus cimientos.

Ante la tímida aseveración de Capote al cerrar su prólogo a la edición cubana de *Lumpérica* en fecha reciente –«Esto es, qué duda cabe, literatura; pero es también la vida» (2008: 14)–, resta decir que la narrativa de Diamela Eltit no puede leerse desde la institución Literatura puesto que sus presupuestos consisten precisamente en socavarla, mezclándola con aquellos elementos de la vida que usualmente son marginados dentro de los límites de un relato estético. No sólo la actividad performática de Eltit[8], sus trabajos con el *testimonio*, la *documentación visual* y los límites de la ficción (desde *Lumpérica* y hasta sus obras más recientes), sino su constante experimentación con el lenguaje y aquellos semas que pertenecen a los bordes de la narrativa ciudadana actual permiten aseverar que su quehacer literario tiene como tópico central la vida, aunque no el *modus vivendi* difundido por los medios y la alta Literatura. Sucede que el lenguaje de estas novelas, lo mismo que su cuerpo narrativo, no puede expresarse si no es mostrando las vendas, las heridas, la abulia, las mutilaciones, las tachaduras y borrones de la Historia.

La literatura toda de Eltit puede entenderse como ese proceso de develado de los borrones de las escrituras públicas, develado que habla una ciudad poco visible que se manifiesta como «una suerte de negativo, necesario para configurar un positivo a través de una fuerte exclusión territorial» (Eltit 1989: 11). A propósito del trabajo de Diamela Eltit con la documentación visual como método para mostrar lo que la imagen no recoge, revirtiendo el trabajo discursivo de organización/exclusión de los médicos y criminólogos de finales del siglo XIX, Natalia Brizuela escribe:

> el trabajo de Eltit retoma la documentación, pero ahora para trabajar la fotografía desde el negativo […]. Eltit trabajará con el soporte fotográfico para establecer una línea de fuga que va de imagen a sonido, de la visión al oído. Precisamente retoma ese aparato fotográfico decimonónico para que, de alguna manera, no miremos sino escuchemos (2003: 117).

En los intersticios de esta poética del reverso («ni las imágenes ni los textos podrán ser tomados como documentos, como lo habían sido, bajo el mismo formato –fotografía y texto– en el trabajo de los positivistas decimonónicos»

---

[8] Uno de los aspectos más cautivadores de Diamela Eltit es precisamente el acercar literatura y práctica artística, estrategia poco frecuente en las letras de la segunda mitad del siglo XX y del milenio en curso, aunque ciertamente no demasiado peculiar en el contexto artístico chileno de la dictadura, y especialmente en el caso del grupo CADA, del que la autora formó parte.

(Brizuela 2003: 117) es posible leer una parodia de la ciudad «real» –la autora utiliza en su obra la explicitación de la ficción como mecanismo, en un gesto brechtiano que además pone en tela de juicio la propia autoría y según creo, hasta el cuestionamiento de la efectividad de esta(s) reescritura(s) dentro de los límites de la ficción urbana–.

En *Lumpérica* una frase parece anunciar las novelas posteriores que continúan indagando en el doblez de la documentación (*El padre mío* –desde el video y la transcripción–, *El infarto del alma* –desde la fotografía y la recreación textual–): «Vamos, di la verdad; ¿son tan distintos los mendigos y los locos?» (Eltit 2008: 62).

Natalia Brizuela menciona además otro aspecto que puede arrojar luz sobre el trabajo de Eltit con el lenguaje. A partir de la idea de la «laguna» de Giorgio Agamben, quien afirma que el sobreviviente tampoco puede testimoniar, incapaz de expresar la propia laguna, Brizuela analiza la obra de Eltit como un trabajo entre testimonio y documento cuando éste explora la experiencia de quienes se encuentran al margen de las ficciones históricas. El tratamiento inusual del lenguaje en la autora chilena cabe, en efecto, dentro de la descripción que Agamben realiza de un testimonio logrado: «es preciso que ese sonido despojado de sentido sea, a su vez, voz de algo o alguien que por razones muy diferentes no puede testimoniar» (2003: 113-120). A Brizuela este trabajo de Agamben la ayuda a acercarse a la obra de Eltit dentro del marco documentación/testimonio. Sin embargo, yendo más allá de la preposición de Brizuela, Eltit no hace uso de esta lengua que se extraña, «la lengua del testimonio es una lengua que ya no significa […] se adentra en lo sin lengua hasta recoger otra insignificancia» (2003: 113-120). En sus textos la autora narra esa lengua que se adentra en el sinsentido, pero no la reproduce, o en otras palabras, no se aviene a prestar testimonio por aquel que no tiene manera de testimoniar, sino que lo narra, lo ficcionaliza: «Con sonidos guturales llenan el espacio en una alfabetización virgen que altera las normas de la experiencia» (Brizuela 2003: 21), o en *Los vigilantes* (1991), donde el monólogo del hijo al final de la novela es un «performance lingüístico» al decir de Bernandita Llanos, el cual «apunta a un habla aún sin codificar» (Llanos 2003: 129). Es lo que considero parte de un juego de cajas chinas con la ficción, que eventualmente incluye al lector, y que coloca como *fake* todo intento de registro. Veámoslo aquí en dos de sus obras, *Lumpérica*, su primera novela, y *Jamás el fuego nunca* (2007), la novela más reciente de la autora:

–[...] El movimiento de la plaza procura el orden y el sentido de su organización. Es un escenario.
El interrogador y el interrogado silentes.
La cinta sigue corriendo ubicada con precisión.
Posiblemente una fumadora los encuadra.
Alguien transcribe los parlamentos.
(2008: 161)

Por este motivo, te dije, tienes que recordar que: «Todas las relaciones de propiedad han sufrido constantes cambios históricos, continuas transformaciones históricas». Mientras escribía esas palabras, pensé en que no podía equivocarme. Una sílaba mal escrita o una falla ortográfica empañarían el prestigio de la afirmación (2007: 57).

En «7» de *Lumpérica*, tras la medular sección «Los grafitis de la plaza», donde se narra la historia de Santiago de Chile, tiene lugar otra vez el gesto de descubrir la escritura; una escritura que va más allá de la literaturización del acontecimiento, y que recrea un gesto que confunde los roles, que coloca al lector en un plano cercano a la trama: el lector se convierte en vigilante/vigilado, él mismo en el ojo-cámara, él mismo en guionista de la escena:

La máquina en otro sector sigue su ritmo: la entintan y el hombre da la orden.
La plaza en verdad está casi vacía. Ha empezado el frío. Entumida se dobla sobre el banco. Sonríe.
Tiene tiza entre los dedos. Los bancos están rayados, el suelo, los troncos de los árboles, los faroles.
Será impresa en tipografía, en offset, una mancha gris servirá de portada.
Se encenderá la luz de la plaza. Seguirá el espectáculo (2008: 165).

«Los grafitis de la plaza» es la historia de un Santiago desconocido, «ciudad reconstituida / de opereta /» (148), donde se exhibe la duda sobre el testimonio:

de tanto protegernos
la cabeza el cuerpo quedó deteriorado.
Por la asolada, normados y transformados
comparecemos.
Tú que no me conociste entonces jamás sabrás
nada de mis verdaderos pensamientos (2008: 150).

A todos les estoy escribiendo con mis ojos

En «Ensayo general», se narra el cuerpo herido de L. Iluminada, comenzando por la foto de la autora de cara al lector con los brazos vendados, un cuerpo herido por la interacción con «la ciudad» desde su núcleo, la plaza. La relación de L. Iluminada con la ciudad depende en gran medida de la autoviolencia. Esta es una de las maneras en que ella dialoga con la ficción de la plaza, con el relato de ciudad. El corte, la herida, se instituye como escritura que otorga nominaciones precisas, pero hacia arriba, donde no hay cortes, la escritura-documento de ese cuerpo se torna nuevamente barrosa[9]:

> Horizontal sentido acusa la primera línea o corte del brazo izquierdo.
> Es solamente marca, signo o escritura que va a separar la mano que se libera mediante la línea que la antecede.
> Este es el corte con la mano.
> En cambio –hacia arriba– se vuelve barro, barrosa, barroca la epidermis (173).

En la escritura mediante estos cortes puede verse el paralelo con la ciudad, su recreación del trazado:

> El tercer corte está fallado al interrumpir en una línea oblicua el sentido horizontal de las líneas anteriores.
> Muestra un campo de piel más amplio a la vista y el corte mismo se enancha dejando en la oscuridad el nacimiento o fin de su trazado. La tercera línea es discontinua de las que la preceden, pese a que se conserva la dirección recta. La tercera línea –mirada en el conjunto de las otras– acusa una errata o bien el intento por cambiar de recorrido (175).

Esta (re)escritura a través del cuerpo remite a la pintura de Frida Kahlo. Aunque la línea de trabajo de la pintora mexicana suele desplazarse hacia un plano personal, su obra desarrolla el tema de género y la geopolítica en varios de sus cuadros. También las obras de Kahlo, a quien pertenece la frase «a todos les estoy escribiendo con mis ojos», provocan al espectador, incitan lecturas y relecturas, convocan su participación:

---

[9] El uso de un lenguaje neobarroco en Eltit, quien se declara deudora de Severo Sarduy, y que posee puntos de contacto con la obra poética de Néstor Perlongher, no es abordado en este trabajo. Al respecto puede verse Kulawik 2009.

(En relación al corte de la fotografía)
¿Se representa en sí mismo el corte como en la propia fotografía?
Más bien se lo fija como tal. La representación se da en la medida que se actúe sobre él (177).

El uso de elementos biográficos en las novelas de Eltit forma parte de este entrelazado de ficciones con que se (re)escribe la historia (des)de los márgenes de la ciudad[10] –no a través de «zonas» específicas, ya que no se narra la periferia, sino que se confunde conscientemente el relato hegemónico con los relatos de lo que en él *no cuenta* pues constituye el negativo–. En estas ficciones Eltit pone en duda su autoría, al tiempo que pone en duda la (auto)representación misma. En «(archivo para nombrar biografías)» de *Lumpérica*, notoriamente enmarcado entre paréntesis, Eltit escribe: «En la escritura de los otros vitalizó su incapacidad para inscribirla de nuevo, en un proceso igualmente equivocado» (95). Esto es rematado unas páginas más adelante en «De su proyecto de olvido»:

Su alma es ser L. Iluminada y ofrecerse como otra.
Su alma es no llamarse diamela eltit/ sábanas blancas/ cadáver.
Su alma es a la mía gemela (101).

La herida «activa» del ciudadano

En una entrevista, interrogada acerca de la herida que suele estar presente en sus novelas, Diamela Eltit ha dicho:

al politizarla podemos hablar de una herida «activa» que en un cierto sentido, remueve la noción de víctima puesto que esta herida, a su vez, puede herir. En suma, lo que quiero señalar es que al trabajar con ciertos aspectos que la cultura ha puesto en un lugar meramente «pasivo» (la sangre, la herida, el dolor, la muerte), al ser trabajados de manera crítica pueden adquirir otra tonalidad y, por eso, conseguir (desde la estética) una política más batalladora, menos resignada (Eltit en Posadas 2003).

Slavoj Žižek ha escrito acerca del fenómeno de la autoviolencia en la sociedad contemporánea a partir del film estadounidense *El club de la lucha*. En varias ciudades norteamericanas de segunda relevancia con un alto índice de desem-

---

[10] Para un estudio más específico sobre lo biográfico en Diamela Eltit veáse Eva Klein 2003.

pleo (para leer un estudio sobre el mundo postlaboral y sobre el particular de este tópico en Diamela Eltit, recomiendo el trabajo de Francine Masiello), en las que han surgido grupos de hombres y mujeres no profesionales que celebran encuentros de boxeo, se pone a prueba no tanto la habilidad de la pelea sino la capacidad de resistencia: «los perdedores son a menudo más populares que los ganadores», escribe Zizek:

> Aunque estas peleas se sitúan bajo el signo del «Dios bendiga América» y son percibidas por (la mayoría) de los propios participantes en ellas como parte de la «guerra contra el terror» [...] son parte de una pulsión disciplinaria potencialmente redentora. Así, cuando en *El club de la lucha*, después de un combate sangriento, el protagonista comenta «Esta ha sido una experiencia cercana a la vida» (invirtiendo así la frase estándar «una experiencia cercana a la muerte»), ¿no es una indicación de que la lucha lleva a los participantes al borde del exceso-de-vida, por encima del simple discurrir de la vida, de que están *vivos* en el sentido paulino? (Žižek 2006: 199-200)

Žižek entonces se hace la pregunta: ¿qué significa golpearse a sí mismo en *El club de la lucha*? Con Fanon como referencia, el filósofo sigue el argumento que habla de la violencia política «no como opuesta al trabajo sino, precisamente, como la versión política extrema del *trabajo de lo negativo*, del proceso hegeliano de *Bildung*, de autoformación educativa, la violencia de la propia sustancia del ser del sujeto» (Žižek 2006: 199). A través de Hannah Arendt, quien hace uso también de Frantz Fanon, podemos llevar este razonamiento hacia otras zonas epistemológicas.

En páginas donde se ocupa de la violencia en el ámbito de las colectividades, dentro de su obra *Sobre la violencia*, Arendt escribe que en todas «las empresas ilegales, delictivas o políticas», el grupo exige del individuo una «acción irrevocable», por medio de la cual romperá su lazo con «la sociedad respetable» antes de ser admitido en la «comunidad de violencia» (Arendt 2005: 91). Una vez admitido, el individuo se ve atado a la nueva comunidad afectivamente:

> [...] la práctica de la violencia une a los hombres en un todo, dado que cada individuo constituye un eslabón de violencia en la gran cadena, una parte del gran organismo de la violencia que ha brotado (Fanon citado en Arendt 2005: 91).

Para Arendt las palabras de Fanon conducen al «fenómeno de la hermandad en el campo de batalla», lugar donde cotidianamente acontecen acciones altruistas entre quienes ejercen y sufren la violencia. Habría que cuestionar este argumento bajo la práctica de los enfrentamientos militares actuales, donde los misiles teledirigidos y los soldados jóvenes que escuchan música en sus Ipods mientras disparan a un objetivo, sin tener que enfrentar visual y emotivamente a sus contrincantes, cambian el paisaje de la guerra. No obstante un planteamiento permanece vigente en este fragmento del texto de Arent: «De todos los niveladores, la muerte parece ser el más potente, al menos en las escasas y extraordinarias situaciones en las que se le permite desempeñar un papel político» (Arendt 2005: 91).

La noción de sacrificio o autoviolencia como rol político explícito, donde la herida autoinfligida comporta un mensaje que subvierte las disposiciones de control sobre el cuerpo como maquinaria productiva:

> [...] aparece entonces una de sus decisiones en la plaza.
> Estrella su cabeza contra un árbol (27).

La autoviolencia genera una fuga política ante las escrituras ciudadanas que regulan nuestros flujos y el comportamiento orgánico de nuestros cuerpos: «en enfrentamiento colectivo y en acción, la muerte troca su talante; nada parece más capaz de intensificar nuestra vitalidad como su proximidad» (Arendt 2005: 92). En tiempos de biopoderes, tales gestos cobran una relevancia inusitada.

Dentro de este entorno, sería prudente hacer de la ciudad globalizada «una geografía más dispersa, de relaciones y prácticas, y quizá hasta de identidades» (Massey 2008: 207). En otras palabras, nuestro propio *territorio del desviacionismo*.

BIBLIOGRAFÍA

AJENS, Andrés. (2008): *El entrevero: una nonada en el Ande*. Santiago de Chile: Cuarto Propio.
ARENDT, Hannah (2005): *Sobre la violencia*. Madrid: Alianza.
BRIZUELA, Natalia (2003): «Estado y positivismo en el XIX, o los desertores sociales en la narrativa de Diamela Eltit». En *Revista Casa de las Américas* 30 (enero-marzo). 113-20.
CAPOTE CRUZ, Zaida (2008): «Prólogo a *Lumpérica*». En Diamela Eltit: *Lumpérica*. La Habana: Casa de las Américas.
ELTIT, Diamela (1989): *El padre mío*. Santiago de Chile: Francisco Zegers.
— (1994): *Los vigilantes*. Santiago de Chile: Editorial Sudamericana Chilena.

— (1995): *Por la patria*. Santiago de Chile: Cuarto Propio.
— (2003): «Los bordes de la letra». En *Casa de las Américas* 230 (enero-marzo).
— (2007): *Jamás el fuego nunca*. Santiago, Chile: Seix Barral.
— (2008): *Lumpérica*. La Habana: Casa de las Américas.
KLEIN, Eva (2003): «La (auto)representación en ruinas: *Lumpérica*, de Diamela Eltit». En *Casa de las Américas* 230 (enero-marzo). 130-35.
KULAWIK, Krzysztof (2009): *Travestismo lingüístico. El enmascaramiento de la identidad sexual en la narrativa latinoamericana neobarroca*. Madrid: Iberoamericana/Vervuert.
LLANOS, Bernandita (2003): «Emociones, hablas y fronteras en Los vigilantes». En *Casa de las Américas* 230 (enero-marzo). 129.
MASSEY, Doreen (2008): *Ciudad mundial*. Caracas: El perro y la rana.
MOLLOY, Silvia (1994): «La política de la pose». En Ludmer, Josefina (ed.): *Las culturas de fin de siglo en América Latina*. Buenos Aires: Beatriz Viterbo.
POSADAS, Claudia (2003): «Un territorio de zozobra. Entrevista con Diamela Eltit». En *Espéculo. Revista de estudios literarios de la Universidad Complutense de Madrid* 25. En <http://www.ucm.es/info/especulo/numero25/eltit.html> (consultado el 15.05.2011).
QUIJANO, Aníbal (1993): «Colonialidad del poder, eurocentrismo y América Latina». En Lander, Edgardo (ed.): *La colonialidad del saber: eurocentrismo y ciencias sociales. Perspectivas Latinoamericanas*. Buenos Aires: CLACSO.
RICHARD, Nelly (1993): «Tres funciones de la escritura: desconstrucción, simulación, hibridación». En Lértora, Juan Carlos (ed.): *Una poética de literatura menor: la narrativa de Diamela Eltit*. Santiago de Chile: Cuarto Propio.
SASSEN, Saskia (2001): *The global city*. Princeton: Princeton University Press.
ŽIŽEK, Slavoj (2006): *Órganos sin cuerpo. Sobre Deleuze y consecuencias*. Valencia: Pre-Textos.

IV. Paisajes imaginarios: la ciudad que viene

AL BORDE DE LAS IMÁGENES. IMAGINACIÓN VIRTUAL EN BIOY CASARES Y JUAN CARLOS ONETTI

Gabriel Inzaurralde
Universiteit Leiden

La supuesta conversión del mundo en un gran espacio globalizado, desencantado, mediatizado y trasparente no ha dejado de generar una nueva opacidad encarnada en las imágenes. Vivimos en un «régimen escópico» donde la imagen, su producción, su manipulación, su difusión, condiciona e incluso produce realidades colectivas y arma y desarma construcciones identitarias (Brea 2005: 5-16). La existencia virtual en la red ha modificado sensiblemente nuestras nociones elementales sobre la comunicación, el encuentro y la presencia. Desde el punto de vista tecnológico, por ejemplo, la posibilidad, relativamente reciente, de transitar literalmente por un espacio virtual lleva también a un extremo delicado la cuestión del espacio. El espacio o la realidad virtual físicamente transitables transforman evidentemente nuestras nociones del habitar. Se podría decir que un espacio virtual es una imagen atravesable, habitable, algo que indudablemente ha sido materia de innumerables relatos infantiles y de no pocos dibujos animados. ¿Cómo ha «pensado» la literatura las imágenes? ¿Cómo ha imaginado las realidades virtuales? ¿Qué pasa cuando la ciudad limita con las imágenes?

En los años treinta del siglo pasado, Borges (1985) elevó «las orillas» de la ciudad de Buenos Aires a un lugar mítico y fundacional. Las orillas no eran tanto el lugar donde la ciudad se reencontraba con el campo sino con sus orígenes, pero también el lugar donde se podía soñar con una exterioridad espacial y temporal porque desde los límites decimonónicos de Buenos Aires se podían escuchar los ecos del pasado nacional. Para toda una literatura de principios del siglo xx, la enorme extensión rural fue el espacio imaginario nunca habitado o visitado donde la ficción iba a buscar mitos nacionales o a rescatarlos o construirlos. «El sur» de Borges es la deconstrucción de este idealización, al ser un relato sobre la trágica búsqueda de «un mundo más antiguo y más firme» más allá de las orillas (Borges 1985: 231). Cuando lo metropolitano se empezó a experimentar como un territorio infinito e ineludible (como es el caso de las ficciones urbanas de Arlt o de Onetti, con la búsqueda de una frontera esencial, esto es, de un lugar donde la cotidianidad urbana pudiese detenerse o al menos interrumpirse), la literatura recurrió a los espacios fantásticos***. Los intercambios entre el espacio natural y los ámbitos de ensueño del celuloide, por ejemplo, probablemente hayan empezado con Quiroga, que más bien pelea con el cine[1], pero se instaló en nuestra literatura definitivamente con Manuel Puig. El mundo globalizado de hoy en día, experimentado con frecuencia como un mundo uniforme y repetido, tiene hoy en el recurso tecnológico de la virtualidad su posible escape, su punto de fuga. Es el espacio virtual que todos compartimos y que puede incluso producir nuevas realidades artificiales, lo que constituye hoy, quizás, la única forma de exterioridad concebible. Escapar a la tiranía subjetiva de ciertas imágenes (y las imágenes, como la mirada, son performativas, constituyen y someten, como ya lo sabía Foucault) no es huir hacia la realidad, sino hacia otras imágenes. El problema no es tanto que nuestros espacios futuros sean virtuales y subjetivos, el problema es saber cuándo el territorio virtual que propone la tecnología de la imagen es una duplicación o una discrepancia, un lugar donde se prolonga el mundo conocido o donde se experimenta con nuevas formas de estar en ese mundo. ¿Qué pasa cuando «las orillas» de la ciudad ya no dan al campo, ni siquiera a un barrio contiguo, sino a un espacio o realidad virtual? ¿Qué ocurre cuando se cruza esa frontera?

Antes de formar parte de los recursos mediales de nuestro tiempo, antes de convertirse en una realidad tecnológica, la realidad virtual había sido buscada, temida y soñada por la ficción literaria no sólo en el marco genérico de la ciencia ficción sino también como postulación de espacios alternativos dentro del espacio de ficción pactado como real, es decir, como ficción espacial dentro de otra (como pasa en el teatro dentro del teatro en Hamlet o en *La vida es sueño* de Calderón). Habría que rastrear ciertas claves de la realidad virtual ya en los

---

[1] Véanse los aspectos técnicos de esta lucha en Rocca 2003.

ancestrales relatos de viajes, como el viaje de Ulises, los relatos medievales de peregrinaje, el antiguo *topos* del paisaje encantado o las utopías renacentistas que cartografiaban espacios políticos deseados o ideales. La propia América, su imagen, sus avatares identitarios, su invención, empieza con una serie de cartografías fantásticas. Obviamente también en los relatos infantiles o folklóricos construidos casi siempre sobre un viaje imaginario, y que están en la base de la narratividad como tal (Ricoeur 1999: 207-209), se confirma la constancia del tema. También la ficción moderna confunde su historia con el viaje y la frontera, con el ingreso feliz o terrorífico en territorios desconocidos o imaginados. Es evidente que el pasaje, la frontera, el ingreso a un orden desconocido, han sido la fuente de pertinaces fantasmas culturales. Quizás haya que investigar el paso a la virtualidad como la modalidad actual, tecnológica, de una supervivencia cultural, es decir, como una imagen que persiste en formas diferentes atravesando la historia. Aby Warburg, como se sabe, llamó *Pathosformel* a estas «formas representativas y significantes» (o «fórmulas emotivas») que producen constelaciones donde «se desenvuelven las emociones» y *Nachleben* a la historia de estas persistencias a veces manifiestas, a veces latentes y a veces metamorfoseadas, que pautan una civilización (Burucúa 2006: 12 y Agamben 2007: 159). Es posible que los relatos de umbrales y realidades virtuales, al leerse desde su apoteosis tecnológica, revelen estar formando parte de algunos de estos campos afectivos. Después de todo no hay formación cultural que no haya estado obsesionada con sus límites, con su exterioridad o su reverso.

En el espacio virtual coinciden dos tipos de reflexiones: una tiene que ver con la relación entre imagen y percepción del mundo y la otra con la teorización contemporánea respecto al espacio. En la primera línea de reflexión el debate giró en torno al estatuto de la imagen (representación, fantasmagoría, icono, signo, síntoma), en la segunda sobre el espacio como condición objetiva o producida (espacio geométrico, facticidad, espacio existencial).

Como parte de un proceso de abstracción que comienza ya en el siglo xix con los primeros ensayos ópticos y el comienzo de los fotográficos, es decir, con la separación entre la mirada y la percepción táctil (Crary 1994: 44), la visión pasa a conformar una relación subjetiva con el entorno, es decir, se abre la posibilidad de una percepción fantasmagórica del espacio.

Los nuevos medios de percepción electrónica se han ido incorporando gradualmente a la ficción literaria del Río de la Plata adquiriendo distintas formas y valoraciones políticas y haciendo posible también una historia novedosa de las anticipaciones tecnológicas, como lo demuestran los casos concretos de intercambios entre mundos naturales y seres y espacios pertenecientes al mundo de las imágenes cinematográficas en algunos relatos de Quiroga, Lugones y Bioy Casares. Las técnicas de producción de realidad virtual son objetivaciones tecnológicas de esta relación subjetiva con el espacio a través de la imagen, pero también expresiones de un antiguo deseo: atravesar los umbrales que nos confinan en lo posible.

A mi modo de ver, es necesario ampliar la consideración de estas anticipaciones tomando como base no sólo aquellos textos que proponen directamente una fantasía tecnológica, sino también los que recurren a la postulación de un espacio de ficción a la segunda potencia, es decir, espacios ficcionales que aparecen en el interior del espacio ficcional pactado. Este abordaje ampliaría el análisis de la virtualidad en sí como sueño y expectativa, incluso como dimensión social y política, sin limitarse a los dos elementos que han caracterizado el debate hasta ahora: la cuestión de la profecía tecnológica y la cuestión ontológica de la crisis de la realidad. Revisar esta historia de prefiguraciones de lo virtual nos permitiría entender en qué forma y bajo qué signo la ficción ha imaginado la virtualidad y qué densidad política se puede conferir a estas anticipaciones.

En el famoso ensayo «Pequeña historia de la fotografía» Walter Benjamin (2002) intenta no sólo una arqueología de este medio visual, que terminaría modificando las relaciones entre subjetividad y percepción, sino que también realiza una crítica social de la tecnología. El hallazgo tecnológico responde, por un lado, a una expectativa social o colectiva, mientras que por otro esta experiencia es apropiada y masificada por el mercado. En las condiciones del capitalismo la técnica fotográfica, originalmente ligada al deseo y a la magia, contiene por un lado un potencial emancipatorio de incalculable alcance y por otro, en su reproducción comercial o propagandística, es una forma de alienación.

Benjamin remite por ejemplo a una cierta ansiedad subjetiva que habría quedado expuesta en los primeros retratos fotográficos, gracias a que están realizados con una técnica rudimentaria donde el retratado debía someterse a una larga exposición a la cámara. Gracias a lo defectuoso, digamos, de la cámara, el «inconsciente óptico» capturaba todavía algo como una genuina emoción en los rostros fotografiados de la época. La perfección técnica ligada a la mercantilización del invento, la producción en serie y el cálculo de ganancias ha diluido esta posibilidad. La fotografía puede humillar a su objeto y también redimirlo.

Lo destacable en nuestro contexto es esta relación entre relato, magia y tecnología. La idea está presente en otras figuras de la época. En «La Europa desamparada o un viaje por las ramas», de 1922, Robert Musil escribe que

> Pero en las bodegas de ese manicomio [el siglo XX] martillea la voluntad vulcánica de crear, se materializan sueños ancestrales de la humanidad como el vuelo, las botas de siete leguas, la mirada que penetra a través de los cuerpos, y un número inaudito de ideas semejantes que en siglos anteriores eran las más sagradas del sueño; nuestra época crea esas maravillas pero ya no las siente (Musil 1999: 119).

Benjamin, por su parte, se niega a restringir el desarrollo tecnológico a una consecuencia unilateral del pensamiento ilustrado y científico: «[…] la relación entre técnica y magia es una variable histórica» (2007: 187), sostiene, y finaliza este ensayo reclamando para la fotografía la leyenda como su dimensión futura:

> La cámara se empequeñece cada vez más, cada vez está más dispuesta a fijar imágenes fugaces y secretas cuyo shock suspende en quien las contempla el mecanismo de asociación. En ese momento debe intervenir la leyenda que incorpora a la fotografía en la literaturización de todas las relaciones de la vida, y sin la cual toda construcción fotográfica se queda en aproximaciones. (2007: 200)

Devolver la técnica a su práctica como juego, a su relación con la imaginación, para sustraerla así de su apropiación por la industria bélica y de la producción en serie es su propuesta central. Esto convierte al relato en uno de los lugares de cruce desde donde puede desarrollarse una investigación sobre «la imaginación técnica» (como lo denomina en su memorable trabajo Beatriz Sarlo 1992). Se trata entonces de incorporar a la problemática de las rupturas tecnológicas el tema de su condicionamiento imaginario (las formas de sueño colectivo que alentaron su surgimiento) y los relatos que las suturan a la experiencia colectiva. «La mayoría de las veces las posibilidades de lo nuevo quedan al descubierto por medio de formas antiguas», dice también Benjamin (2007: 197).

Espacio y fronteras

Hay una explícita línea que se inicia en el apartado sobre «El espacio vivido» de *La fenomenología de la percepción* de Merleau Ponty que abrió el camino para una exploración topográfica de la subjetividad. El concepto de espacio vivido de Merleau Ponty implicaba tomar el espacio más allá de su dimensión objetiva y geométrica para enfatizar su condición de ámbito vivido y habitado. Este concepto clave avanzaba la idea de un «espacio existencial», que se constituye al mismo tiempo que se lo percibe, o sea, habitándolo (Merleau–Ponty 1985: 295-312). Partiendo de estas ideas, Michel de Certeau elaboró la diferencia, también conceptual, entre el lugar, territorio de la ley, lo propio, lo estructurado y estable, y el espacio como cruce de movilidades, o lo que es lo mismo, la diferencia entre el espacio como orden y el espacio vivido o «practicado». El relato, visto por el autor como íntimamente relacionado al trayecto, al traslado, el cruce o la exploración, «habilita y consagra espacios autorizando prácticas sociales arriesgadas y contingentes» (Certeau 1999: 137) y por otra parte cuestiona demarcaciones y límites tendiendo puentes entre lo propio y su exterioridad. Uno de los puntos críticos en la estabilidad del lugar sería según Certeau la posición de la frontera (1999: 138-139). Aquí entran en conflicto las demarcaciones autoritarias. La frontera separa, divide y prohíbe, pero a la vez es lugar de contacto con lo otro, es el río que separa y también el puente que conecta. En este sentido el relato, identificado con el movimiento, el relato como práctica del espacio, sería también por definición «delincuencial» («el delincuente sólo existe al desplazarse») y estaría ligado al trayecto inédito, al paso de fronteras y a prácticas de trasgresión, de vagabundeo y de ilegalidad (1999: 142).

Desde otro lugar, el de Walter Benjamin (1988 y 2002) y en su estela, Didi-Huberman (2000), la temática fronteriza abarcaría una serie de fenómenos espaciales y temporales que incluyen ritos de pasaje, demarcaciones que separan tiempos históricos, infancia y adultez, sueño y despertar, asociadas a la topografía a través de específicos trayectos urbanos.

Benjamin estableció en los años treinta del pasado siglo un conjunto de audaces analogías que vinculan zonas de la ciudad con la postulación de la vida colectiva como fantasmagoría y ensueño, el progreso como catástrofe y una memoria colectiva que almacena sueños utópicos en los objetos y en las imágenes. En el marco de sus objeciones al surrealismo, Benjamin llega a postular una «técnica del despertar» (2002: 388) a través de las imágenes como una especial forma de lucidez política. Este despertar es a la vez un recordar y un revivir pero también un reinventar del potencial emancipatorio que las imágenes encierran. Desde el punto de vista de los estados psíquicos del durmiente, el umbral del despertar se encuentra aún dentro de los límites del sueño, lo que significa que (dialécticamente) las condiciones que hacen al despertar mismo, sus señales, estarían todavía en el sueño mismo. Algo dentro del sueño pugna por despertar: «The dream waits secretly for the awakening» (Benjamin 2002: 309).

Didi-Huberman, por su parte, desarrolla este tema a través del anacronismo de las imágenes, desarrollando y problematizando el concepto benjaminiano de imagen dialéctica: una interrupción fulgurante donde el choque entre distintos momentos históricos ofrece un instante crítico de comprensión. Se trataría de la imagen «como memoria positivamente producida», como «presente reminiscente» (Didi-Huberman 1997: 117). El otro concepto interesante desarrollado por Huberman desde Benjamin es el de umbral. Benjamin describía los pasajes parisinos como lugares fronterizos a partir de los cuales se podía viajar al pasado, tanto a las ilusiones como a las catástrofes históricas que podían rastrearse en las reminiscencias arquitectónicas, es decir, en sus ruinas o bien en los deshechos de la ciudad (y de la época). La mezcla de temporalidades en un espacio común, parece decirnos Benjamin –o lo que es lo mismo, la inducida o azarosa superposición anacrónica y estereoscópica de dos imágenes–, es la oportunidad que permitiría en un momento de iluminación una auténtica relación con la historia en tanto que producida por el presente.

Trasladando los procesos psíquicos individuales a la dimensión colectiva que Benjamin caracteriza frecuentemente como un estado de ensueño, este despertar generaría un reacomodamiento, a la manera del caleidoscopio, de los componentes de la experiencia colectiva (Didi-Huberman 2000: 211). Los elementos ordenados en otra configuración o constelación generan conocimiento. Ciertos trayectos urbanos, la arquitectura, las demarcaciones urbanas o la moda, como expresiones fantasmagóricas de percepción del tiempo y de la realidad social, podrían contener umbrales que psíquica (y topográficamente) constituirían momentos críticos, o de ruptura.

Quiero añadir a estas ideas algunos elementos de la teoría de la subjetividad de Alain Badiou en tanto que para el filósofo francés «el sujeto existe como localización de una verdad» (Badiou 2008: 70) y habla de «situación» o «mundo» como un conjunto ontológico donde tienen lugar los objetos y que puede ser un orden, un estado, el Estado mismo, como entramado institucional que vigila y sostiene una legalidad particular. Toda verdad para Badiou es el producto de una «militancia», de un procedimiento genérico fiel originado en un acontecimiento que sólo puede ser azaroso. Este acontecimiento, una ruptura del orden en un mundo dado, es en principio indiscernible porque «ningún enunciado puede separarla o discernirla» (2007: 559); «la enciclopedia» o bien el lenguaje de la situación, del lugar donde se produce, no pueden determinarlo. De ahí su inevitable ilegalidad. El acontecimiento refiere entonces a la verdad de la situación o, en términos lacanianos, a su real. Sólo una intervención subjetiva, un cuerpo que indaga las conexiones entre este indiscernible y la situación, pueden por medio de un «forzamiento» nombrarlo y lograr que esta verdad alcance un máximo de existencia y sea acogida por la situación, «agujereando» los saberes establecidos y modificando ontológicamente el mundo (Badiou 2007: 363-380).

Podríamos decir que más allá de los intangibles límites de la situación, se extiende un vacío que delata su precario fundamento, y es en el sitio de los deshechos, apenas registrados por la legalidad, donde radica aquello que inexiste (Badiou 2007: 357-360) o bien aquello que formando (ontológicamente) parte de un mundo tiene un grado mínimo de existencia (lógica). Digamos que en un sitio (existencial) de la ciudad puede surgir, de forma absolutamente contingente, lo nuevo, la excepción, el acontecimiento.

Quiero situar mi apuesta en esta idea de cruce, de trayecto ilegal a partir de dos relatos clásicos de transgresiones topográficas: la novela breve *La invención de Morel*, de Bioy Casares (1991) y el relato «Un sueño realizado» de Juan Carlos Onetti (1985).

Son narraciones cuyos puntos de inflexión son precisamente operaciones espaciales que implican dramáticos cruces de fronteras y figuraciones virtuales. Puede decirse que, de alguna manera, forman parte de una arqueología narrativa de la realidad virtual de nuestros días, su prehistoria. No es mi intención sin embargo documentar la exactitud de sus anticipaciones tecnológicas sino revisar, dar cuenta, de las distintas implicaciones que supusieron estos cruces fronterizos hacia la virtualidad más allá o más acá de lo que supondrían como crisis de la representación o de la realidad. Cada uno de estos relatos cuenta la historia de un pasaje fantástico, teatral u onírico a una realidad alternativa. Este pasaje se ubica en el borde de un orden donde éste aparece debilitado o contaminado, y donde se pone en juego su estabilidad. En los relatos que analizo el lugar virtual convoca, niega, oculta o propicia el acontecimiento y coloca a los personajes en el trance de decidirse y decidirlo.

La invención de Morel: lo virtual como caída en las imágenes

En esta breve novela de Bioy Casares, de 1940, un ex convicto letrado, un fugitivo venezolano, se refugia en una isla desierta del Océano Pacífico para escapar a la persecución de que es objeto por las autoridades de su país. Lo que leemos es su diario, su testamento, donde nos relata una aventura robinsoniana de soledad y de supervivencia. Desde el principio advierte con disgusto, con espanto, que las alturas de la isla están habitadas. Un grupo de amigos parecen estar pasando allí unas vacaciones de verano. Desde su confinamiento en los bajos de la isla, donde vive sometido a periódicas inundaciones, el narrador los espía mientras los misteriosos veraneantes pasean, se bañan en la piscina y bailan siempre al son del tema *Té para dos* y *Valencia*, que suenan en un fonógrafo.

El fugitivo teme que lo descubran y sigue desde sus escondites los movimientos de los veraneantes a los que poco a poco va conociendo. Este mirar está todavía bajo el paradigma de la mirada cinematográfica, porque el narrador permanece como el espectador de unas escenas en las que no puede ni quiere participar. Algunos comentarios sobre el aspecto de las personas, sus hábitos y ropas, delatan cierta teatralidad en lo que ve. También en el lenguaje: «Hablaban correctamente francés, muy correctamente, casi como sudamericanos» (Bioy Casares 1991: 48).

En sus meditaciones escritas el prófugo identifica el progreso con un catastrófico crecimiento demográfico y con la sofisticación de los mecanismos de control y registro del Estado, evocando una sociedad de la vigilancia como la que encarnó el modelo del *panopticum* discutido por Michel Foucault (1977) en *Vigilar y castigar*.

> Atacaré en estas páginas a los agotadores de selvas y de los desiertos; demostraré que el mundo, con el perfeccionamiento de los policías, de los documentos, del periodismo, de la radiotelefonía, de las aduanas, hace irreparable cualquier error de la justicia, es un infierno unánime para los perseguidos (Bioy Casares 1991: 14).

Este narrador es un perseguido y piensa que el contacto con los veraneantes terminará, por una mecánica diplomática y policial, en la denuncia y en el calabozo. La lógica del prófugo que desconfía profundamente de la burocracia moderna que lo arrastrará al confinamiento lo convierte en espía alucinado. Y no se expone hasta que se enamora de una de las mujeres del grupo: Faustine. El enamoramiento radicaliza la mirada del narrador, que necesita interpretar los gestos de la mujer y su interacción con las demás figuras del grupo. Su mirada se vuelve involucrada. En este drama de interpretación, su escucha fragmentaria de conversaciones ajenas hace que «lea» erróneamente gestos y diálogos pensando que estos lo implican. Al principio por accidente y después por propia iniciativa, el prófugo queda expuesto a la mirada de Faustine y en ocasiones a la de otros miembros del grupo. Aún así, los veraneantes no parecen advertir su presencia, lo que lo lleva a pensar que intencionalmente lo ignoran o bien que él mismo es un fantasma. La propia Faustine hace caso omiso de sus homenajes y de sus imprudentes e impulsivas declaraciones de amor, lo que lo humilla y admira alternativamente. Gradualmente se da cuenta de que la aparición de los veraneantes está sujeta enigmáticamente a las variables de las mareas y que las escenas vuelven a repetirse cada semana exactamente en los mismos términos.

Finalmente descubre que el inventor Morel, el hombre barbudo que preside el grupo y que quizás corteja a Faustine provocando los celos del fugitivo, ha fraguado una máquina de registrar imágenes en forma de hologramas que se superponen a la realidad física. Morel ha organizado el viaje y ha dispuesto el terreno para estas vacaciones. Pero también lo ha hecho con la intención de poner en práctica su invento. El registro mediático es total, es decir, las imágenes del paisaje, los peces, las moscas (que no pueden distinguirse de las reales), los extraños edificios (un museo, una biblioteca, una piscina), los objetos, los sonidos y las personas adquieren una existencia mediática, repetitiva, invariable y tridimensional. Las imágenes conforman una secuencia de vida capturada en la isla. La semana vacacional con sus conversaciones, sus baños en la piscina, sus cenas multitudinarias, el tema de *Té para dos*, los paseos por los acantilados y su minucia cotidiana se repiten indiferentes a las variables climáticas mientras la marea anime los proyectores, perpetuando lo que para Morel había sido una semana de feliz ociosidad. La indiferencia de Faustine se debe a que ella no podía verlo porque su imagen era una mera supervivencia óptica, o sea: que estaba muerta, igual que todos los integrantes de esta fantasmagoría. La máquina de Morel al «filmar» las imágenes de la realidad, transformándola en una realidad virtual, arrebata la vida física de los seres registrados dejando en su lugar imágenes tridimensionales como animados vestigios fúnebres.

El prófugo enamorado dispone de un tiempo ilimitado para la exploración libre de estas escenas virtuales. Gracias a su eterna repetición pocos detalles permanecen opacos. Recorre sin obstáculos la virtualidad táctil, olorosa, visual y acústica con la que convive. Se integra a los paseos y acompaña a Faustine a todos los lugares previstos en la secuencia, simulando, actuando, una falsa cercanía, una intimidad con la mujer. También descubre la maquinaria que proyecta este insólito «film». El fugitivo aprende a manejar el artefacto de Morel y en un gesto dramático final se autorregistra suicidándose para, convertido en imagen, integrarse a la escena recurrente como una forma de estar eternamente al lado de Faustine.

Se ha visto en esta novela una metáfora extrema de la soledad y sobre todo una anticipación tecnológica del ciberespacio y en particular del espacio virtual. Con justicia, ya que los primeros experimentos con hologramas se hicieron casi una década después de la publicación de la novela, en 1940 (Melot 2010: 98).

La obra de Bioy está enmarcada en una época de expectativas y miedos tecnológicos que la literatura rioplatense registra en esos años con particular intensidad. La idea de materializar una imagen cinematográfica, la idea de convertir un personaje filmado o la secuencia de una película en una realidad palpable ya estaba en un cuento de Horacio Quiroga, «El vampiro», mostrando que el impacto del cine en la literatura estaba manifestándose como ese estupor frente a las imágenes en movimiento, pero también como cierta insolencia hacia el medio. En el cuento de Quiroga el hombre enamorado logra traer a una actriz fallecida a la realidad corpórea partiendo de su imagen en el celuloide. En cierto sentido representa un intento de disputarle a las imágenes la vida que capturan. En la novela de Bioy el proceso es inverso: Morel inventa un proyector de realidad tridimensional que usa la vida biológica como material para las imágenes, «la vida como depósito de la muerte» (Bioy Casares 1991: 100).

Es en este sentido que la novela toca las preocupaciones contemporáneas con la imagen y con el ciberespacio. En éste los antiguos criterios que organizaban la presencia, la aparición y la ausencia se ven trastocados. La presencia actual en el ciberespacio supone precisamente la ausencia corporal de quien aparece. Las redes sociales que se tejen en el ciberespacio suponen la presencia digital, fantasmal si se quiere, y muchas veces anónima, de unos integrantes cuyas eventuales muertes no cambiarían su status en la red.

La isla como borde de la civilización es la frontera problemática donde el narrador sufre la ausencia de su comunidad, a la que recuerda con nostalgia e indignación. ¿Qué significa entonces atravesar el umbral virtual en este relato? Podríamos decir que la lógica del narrador es la de un solitario cercenado de su paisaje original, la lógica del prófugo, del exiliado, porque lo que añora es la reintegración a un orden del cual el destierro lo había alejado indefinidamente. Pero la comunidad (nacional) de la que huye no es su Venezuela natal sino el régimen que la alteró y transformó, quizás para siempre. El narrador de esta novela representa él mismo un expulsado, un remanente de otra época y es entonces, también históricamente, un superviviente. Sus meditaciones (Malthus, la inmortalidad de la conciencia, la Venezuela de antaño) giran en torno a la imposible conservación de lo que se desmorona y se pierde. Abandonado a la intemperie de una isla desconocida, ha perdido visibilidad, densidad social y existencial. Su tono es crepuscular y nostálgico, su afán es «contrarrestar ausencias», su preocupación es el archivo, su procedimiento es el registro, el dejar una obra o un testamento. Todo esto lo une a Morel. También la decisión final del narrador es paralela a la de Morel y quizás la motivación, estar eternamente con Faustine, haya sido la misma que la del inventor.

La novela tematiza formas mediáticas que compiten en su capacidad de registro. En los papeles de Morel el narrador lee una clasificación de los medios:

> Estuve leyendo los papeles amarillos. Encuentro que distinguir por las ausencias –espaciales o temporales– los medios de superarlas, lleva a confusiones. Habría que decir, tal vez: Medios de alcance y Medios de alcance y retención. La radiotelefonía, la televisión, el teléfono, son, exclusivamente, de alcance; el cinematógrafo, la fotografía, el fonógrafo –verdaderos archivos– son de alcance y retención (Bioy Casares 1991: 95).

Pero la escritura es uno de esos medios «de alcance y retención», y tanto el narrador fugitivo como Morel los usan para ofrecer explicaciones y justificaciones. Ambos textos son como mensajes de náufragos lanzados al mar. La escritura entonces, en franca retirada por el desarrollo de técnicas visuales y modalidades discursivas más agresivas, aparece de todas maneras como un código capaz de archivar mensajes más complejos que los que puede archivar la cinematografía. A la máquina de Morel debería incorporársele, por ejemplo, una técnica que pudiese articular consciencias:

> Al hombre que basándose en este informe invente una máquina capaz de reunir las presencias disgregadas, haré una súplica: búsquenos a Faustine y a mí, hágame entrar en el cielo de la conciencia de Faustine. Será un acto piadoso (Bioy Casares 1991: 126).

En el archivo, parece decirnos el narrador, la escritura es el complemento necesario de la existencia virtual, así como la leyenda tiene que situar la apertura anárquica de significado que la imagen promueve. Son finalmente los papeles de Morel los que esclarecen el misterio de sesgo fantástico que sugiere la historia en un principio. Y son los papeles del fugitivo los que podrían explicar su conversión al micro-universo virtual de copias sin referente.

El descubrimiento de una comunidad post-humana en la isla representa para el fugitivo narrador la esperanza de un otro que le preste existencia. Su devenir fantasma corre paralelo a su progresiva intimidad con las imágenes. En este ir y venir entre el temor a la delación y su creciente atracción por Faustine el narrador hace sus primeras experiencias como fantasma y termina finalmente sucumbiendo a una fantasía delirante de integración comunitaria. Hacia el final de su diario el prófugo duda incluso de que la existencia natural (o su calidad epistemológica) sea tan distinta a la de los hologramas de Morel:

> El hecho de que no podamos comprender nada fuera del tiempo y del espacio, tal vez esté sugiriendo que nuestra vida no sea apreciablemente distinta de la sobrevivencia a obtenerse con este aparato (Bioy Casares 1991: 100).

Paradójicamente, el hombre que rehúye los documentos identificadores y las huellas digitales termina registrándose hasta la muerte para formar parte de un orden estremecedoramente repetido y regular, donde «sólo habrá copias y no habrá objetos nuevos» (Bioy Casares 1991: 100). El hombre que descubre con espanto que el otro no lo registra, se transforma hacia el final en una imagen pura. El hombre que proyectaba un ensayo sobre la inmortalidad basada en la exclusiva conservación de lo que «interesa a la conciencia» (Bioy Casares 1991: 20) consigue la suya olvidando el cuerpo, eternizando sólo su imagen.

El cruce que realiza el narrador hacia la realidad virtual tiene la estatura de un injerto: la imagen del narrador insertada en esta secuencia virtual vulnera ligeramente la jerarquía de las imágenes, introduciendo un anacronismo que no cambia sustancialmente la historia que cuentan. El prófugo se incorpora a ellas como se trasplanta un órgano que debe garantizar –y no estorbar– el funcionamiento del cuerpo total. Ahora además de Morel, es el narrador el que cultiva la cercanía ambigua de Faustine. Lejos de destruir o desmontar la realidad virtual, la desvirtúa sutilmente mediante un procedimiento que ya entonces era común en la fotografía: la técnica de sobreimpresión, la intervención posterior a la toma para borrar o añadir detalles[2], algo que en nuestra época se ha generalizado con la manipulación digital y ha llegado al paroxismo con el photoshop. Como toda técnica, su efectividad se juega en la calidad de la operación, o sea, en la habilidad para borrar las huellas.

---

[2] En la época en que se escribió *La invención de Morel*, el caso más famoso fueron las operaciones fotográficas que eliminaron a Trotsky de las fotos en las que aparecía al lado de Lenin.

Las imágenes fantasmales de la isla constituyen un archivo gobernado por la narrativa autoritaria de Morel pero el narrador ha logrado vulnerarlo a su favor. Si el cambio realizado ha sido bien logrado y por tanto permanece imperceptible para posteriores observadores, las imágenes estarán mintiendo. Pero por más ocultas que estén, no se pueden evitar las imperfecciones: «Una molesta conciencia de estar representando me quitó naturalidad en los primeros días» (Bioy Casares 1991: 123). Sólo a través de las eventuales fallas que un meticuloso observador del futuro pudiera detectar en las suturas de este entretejido de imágenes se podría llegar a intuir la verdad. Se haría quizás legible la historia que las imágenes ocultan, la de una angustia y una fascinación, las huellas de un último forcejeo que delatarían la sombra de una existencia[3].

Esta conversión a las imágenes tiene en esta novela el sentido de una claudicación y de un sometimiento: una renuncia a las posibilidades del azar y de la interacción. El gesto de ingreso a una eternidad de imágenes es parte de una pulsión de muerte que se hace quizás manifiesta mucho antes de que el narrador descubra la verdadera naturaleza de lo que observa. «La vida será pues un depósito para la muerte. Pero aún entonces, la imagen no estará viva. Objetos esencialmente nuevos no existirán para ella» (Bioy Casares 1991: 100). Es decir, el mundo de las imágenes será museístico, el testimonio de un pasado infinitamente re-interpretable y re-combinable como las letras del abecedario, pero básicamente privado de acontecimientos. Toda aventura humana consistirá únicamente en distintas modalidades de registro, de inscripción y adulteración.

La impresionante novela de Bioy Casares evoca las aproximaciones de Baudrillard al tema de la sustitución de la realidad por el simulacro, o mejor dicho, por una hiperrealidad[4]. La invención de Morel implica una consideración extrema de los modos de existencia mediática. El estar, el aparecer, el permanecer son discutidos en su dimensión ontológica. La comunidad virtual de la isla está privada de cualquier experiencia sensible y es incapaz de modificar novedosamente cualquier aspecto de su existencia social. La relación entre imagen y cuerpo se someten a un régimen de mutua exclusión. Es una comunidad perfecta en el sentido definitivo de esta palabra, ya que suprime

---

[3] En un nivel de archivo textual esta operación la discute Borges en «Historia del traidor y del héroe» (1985).

[4] Según Baudrillard, como se recordará, el mundo entero ya no es real sino que pertenece al orden de lo hiperreal y de la simulación. Ver «La procesión de los simulacros» en Baudrillard 1998: 9-80.

toda incertidumbre y todo avatar del cuerpo; y radicalmente anestética en el sentido que le da Buck Morss al término, es decir, el de una comunidad regida por una estética del control, la anulación y el adormecimiento de los sentidos (Buck-Morss 2000: 169-221). Mundo hecho para ser mirado, lo que distingue a sus fantasmales integrantes es justamente la pérdida de la facultad de mirar (un fenómeno que según Georg Simmel se desarrolló paralelo al surgimiento en la ciudad moderna de la convivencia indiferente de las muchedumbres). La imagen nuclear de este espacio virtual sería la pecera donde siguen circulando alegremente los peces, mientras que en el fondo se pudren sus cadáveres. Estos cadáveres son lo real de estas imágenes (como para Benjamin la ruina es lo real de la moda).

Mundo átono por definición, donde en términos de Badiou (2008: 464) no existe tensión ni decisión, donde no pueden existir encuentros. La novela de Bioy cuenta la historia de una inmersión radical o más bien de una caída en las imágenes. Estas conforman un archivo (como la biblioteca) cuyas jerarquías pueden variar indefinidamente al tiempo que conservan su esencial inmovilismo. De la utopía de Morel nadie puede despertar.

Si el ser es fundamentalmente apertura, memoria, posibilidad, excepción, el prófugo solitario de la isla elige abandonar su exilio para someterse a un orden implacable, elige, en el monumento visual, una forma mínima de existencia.

Un sueño realizado o el acontecimiento virtual

No es necesario quizás recordar hasta que punto los espacios virtuales forman la materia de la ficción onettiana. Baste decir que *La vida breve* es ante todo una novela de pasaje, de fuga a la virtualidad. Tomaremos «Un sueño realizado» como un caso especial de esta tendencia. En este relato clásico que Juan Carlos Onetti publicó aproximadamente en la misma época que *La invención de Morel*, lo virtual aparece como un singular espacio teatral.

Como se sabe, el relato refiere las peripecias de tres personajes en un pueblo de provincias, narradas por uno de ellos hacia el final de su vida. Se trata de Langman, un antiguo director teatral que pasa sus últimos años en un asilo para ex artistas. Estamos ante un narrador resentido y como se verá, paradójico.

Langman cuenta una historia de fracasos escénicos y de crónica falta de dinero en una calurosa ciudad del interior argentino. Allí convive con Blanes, uno de los miembros del elenco, galán en decadencia, escéptico y burlón. Son ellos los últimos miembros de un grupo de teatro que representa comedias sin pretensiones. Su forzada estadía en esa pequeña y tediosa ciudad se debe al fracaso de la gira que los ha dejado sin siquiera el dinero suficiente para volver a Buenos Aires. Mantienen entre sí una de esas típicas amistades onettianas, atravesadas por relámpagos de odio. Como muchos de los ambientes del autor, los lugares en juego son inhabitables: el bar, el hotel, el teatro vacío, los hoteles de citas. Son lugares de tránsito donde la espera se extiende indefinidamente, lugares de penumbra, de repetición y de hastío. La ciudad que conforma la circunstancia, el mundo de este relato, es también un sitio inevitablemente periférico: débil reflejo de aquella ciudad central desde donde se irradia progreso, modas y novedad; zona fronteriza donde las luces capitalinas pierden intensidad. Es en esta interzona que los tres personajes interactúan, representando tres estadios distintos de búsqueda. Para Langman el objetivo es conseguir el dinero y poder escapar, es decir, reintegrarse a la normalidad capitalina. Sus gestos son los del hombre práctico, su discurso pretende la sensatez y se atribuye el mérito de la prudencia en el manejo del dinero. Todo esto en contraposición a Blanes, que, improductivo e irresponsable, despilfarra el poco dinero que les queda en disipaciones nocturnas. La búsqueda de Blanes, en cualquier caso, es una búsqueda fracasada. Más bien, parece estar constantemente lamentando una pérdida que en Onetti es siempre la pérdida de la juventud y sus posibilidades (como en «Bienvenido Bob») pero que en el Blanes de este cuento parece referirse a una imposibilidad mayor que abarcaría la vida misma. No participa de los intentos de Langman por mejorar las cosas y es indiferente a su entorno. Vive confinado en su pieza de hotel, de donde sólo sale para emborracharse. Cuando se cruza con Langman es para burlarse cruelmente de su mediocridad. Esa famosa broma sobre Hamlet que marca a fuego la diferencia esencial entre los dos:

> Porque usted, naturalmente, se arruinó dando el Hamlet—. O también: —Sí, ya sabemos. Se ha sacrificado siempre por el arte y si no fuera por su enloquecido amor por el Hamlet... (1985: 37).

Porque el arruinado Langman es el hombre de la falsa vitalidad, tan despojado por el sinsentido de la existencia como Blanes pero que, a diferencia de éste, quiere creer que el trabajo o las obligaciones son asuntos serios en los que vale la pena distraerse e invertir tiempo y empeño. En la actitud de indiferencia, negligencia y cinismo que exaspera a Langman, Blanes se nos muestra como el sujeto aburrido para el que nada en la situación tiene verdadero interés:

ojos oscuros que no podían sostener la atención más de un minuto y se aflojaban en seguida como si Blanes estuviera a punto de dormirse o recordara algún momento limpio y sentimental de su vida que, desde luego, nunca había podido tener (1985: 37).

Blanes se mueve en el límite de la situación y tiene (a veces literalmente) su vista puesta en un invisible punto de fuga. Su hábito de aturdimiento indica que rehúye la claridad en la percepción y busca enturbiar límites espaciales y temporales aunque se siente incapaz de atravesarlos.

El tercer personaje, la mujer, es un personaje sin nombre. Aparece bajo el signo de una búsqueda insólita con la que se confunde e identifica. Hay una escena clave en el relato: la primera entrevista entre la mujer y Langman en el comedor del hotel donde éste se aloja. La mujer no parecía prevista en el reparto de existencias que caracteriza la comunidad y el lugar pactado en la ficción. Su aspecto y perfil –que no coincide con los habitantes habituales de la zona onettiana, poblada de hombres resignados y prostitutas–, esa manera de vestir, ese aspecto de muchacha de otra época, ese estar fuera de la edad, de la moda, fuera, en cierto sentido, del tiempo, o al menos de cualquier convención cronológica, y finalmente su extraña propuesta, hacen de este personaje un elemento del aparecer más que del ser.

> La mujer tendría alrededor de cincuenta años y lo que no podía olvidarse en ella, lo que siento ahora cuando la recuerdo caminar hasta mí en el comedor del hotel, era aquel aire de jovencita de otro siglo que hubiera quedado dormida y despertara ahora un poco despeinada, apenas envejecida pero a punto de alcanzar su edad en cualquier momento, de golpe, y quebrarse allí en silencio, desmoronarse roída por el trabajo sigiloso de los días. Y la sonrisa era mala de mirar porque uno pensaba que frente a la ignorancia que mostraba la mujer del peligro de envejecimiento y muerte repentina en cuyos bordes estaba, aquella sonrisa sabía, o, por lo menos, los descubiertos dientecillos presentían, el repugnante fracaso que los amenazaba. *Todo aquello* estaba ahora de pie en la penumbra del comedor y torpemente puse los cubiertos al lado del plato y me levanté (1985: 40; las cursivas son mías).

La mujer es un aquello, inesperado e inubicable en el horizonte mental de Langman. En ella sólo se registra una inminente fragilidad y un exceso indiscernible. En frente de ella está él, cuya pertenencia a la situación, su vulgaridad, queda más en evidencia al recibirla devorando brutalmente unas milanesas. Langman emprende la tarea de anular esta incómoda singularidad, disolver la excepción ensayando fórmulas de clasificación, es decir, intentando reintegrarla al mundo conocido. Pero Langman fracasa una y otra vez en su cometido:

> ¿Y cómo se llama su obra?
> —No, no tiene nombre —contestó—. Es tan difícil de explicar… No es lo que usted piensa. Claro. […]
> —Su obra, señora. Un sueño realizado. ¿Tres actos?
> —No, no son actos.
> —O cuadros. Se extiende ahora la costumbre de…
> —No tengo ninguna copia. No es una cosa que yo haya escrito —seguía diciéndome ella. Era el momento de escapar.
> —Le dejaré mi dirección de Buenos Aires y cuando usted la tenga escrita…
> Vi que se iba encogiendo, encorvando el cuerpo; pero la cabeza se levantó con la sonrisa fija. Esperé, seguro de que iba a irse; pero un instante después ella hizo un movimiento con la mano frente a la cara y siguió hablando.
> —No, es todo distinto a lo que piensa (1985: 42).

Y entonces entendemos por qué este personaje femenino no tiene nombre, no puede tenerlo: cualquier nombre de mujer la hubiera reinstalado en el horizonte de la normalidad. «Comprendí, ya sin dudas, que estaba loca y me sentí más cómodo» (1985: 41). Sólo la locura podía encajar con esta aparición y esto es lo único que devuelve cierta tranquilidad a Langman:

> —Bien; Un sueño realizado, no está mal el nombre. Es muy importante el nombre. Siempre he tenido interés, digamos personal, desinteresado en otro sentido, en ayudar a los que empiezan. Dar nuevos valores al teatro nacional. Aunque es innecesario decirle que no son agradecimientos los que se cosechan, señora. Hay muchos que me deben a mí el primer paso, señora, muchos que hoy cobran derechos increíbles en la calle Corrientes y se llevan los premios anuales. Ya no se acuerdan de cuando venían casi a suplicarme…
> Hasta el mozo del comedor podía comprender desde el rincón junto a la heladera donde se espantaba las moscas y el calor con la servilleta que a aquel bicho raro no le importaba ni una sílaba de lo que yo decía (1985: 41).

El diálogo se da entre extremos inconmensurables. La andanada de tópicos que despliega Langman para quitarse de encima esta incómoda singularidad es un intento taxonómico fracasado. Finalmente la mujer ofrece dinero a Langman para pagar el proyecto (ese patrón universal de medida que iguala y reifica todas las cosas) y éste naturalmente acepta. Pero la excepcionalidad de la mujer no queda neutralizada, es más: Blanes, el escéptico, el aturdido buscador, la «reconocerá». Langman necesita a Blanes para realizar la función (para aprovecharse de la «loca») y lo moviliza con esfuerzo. Inesperadamente la mujer es la primera cosa que logra captar el interés de Blanes y lo que le hace abandonar su confinamiento. Enseguida notamos que se trata de un interés genuino (el de Langman es a cambio de dinero). Blanes vive entre la lucidez y la embriaguez, la juventud y la vejez, entre la pertenencia y el desapego hacia el mundo. Es él entonces el que percibe tanto la extrañeza como la familiaridad de su aparición. Lo que ha comenzado como un delirio inclasificable, apoyado en la fidelidad de Blanes y de Langman, irá conquistando el territorio hasta convertirse en el acontecimiento que provocará un descalabro de certezas.

Hay un primer anuncio de lo que se avecina: una primera señal de la incorporación de algo tan indefinible como la felicidad en este mundo clausurado.

> La cosa era fácil de hacer pero le dije que el inconveniente estaba, ahora que lo pensaba mejor, en aquel tercer personaje, en aquella mujer que salía de su casa a paseo con el vaso de cerveza.
> —Jarro —me dijo ella—. Es un jarro de barro con asa y tapa.
> Entonces Blanes asintió con la cabeza y le dijo:
> —Claro, con algún dibujo, además, pintado.
> Ella dijo que sí y parecía que aquella cosa dicha por Blanes la había dejado muy contenta, feliz, con esa cara de felicidad que sólo una mujer puede tener y que me da ganas de cerrar los ojos para no verla cuando se me presenta, como si la buena educación ordenara hacer eso (1985: 47).

Felicidad como una intensidad en la mirada ante la cual conviene apartar los ojos; la felicidad en el rostro como una figura del aura.

La breve, misteriosa, pero intensa relación entre Blanes y la mujer se somete también al escrutinio de la comunidad y al lenguaje de la situación. Su primera denominación viene de la habladuría:

> —Hoy vi a su amigo bien acompañado. Esta tarde; con aquella señora que estuvo en el hotel anoche con ustedes. Aquí todo se sabe. Ella no es de aquí; dicen que viene en los veranos. No me gusta meterme, pero los vi entrar en un hotel. Sí, qué gracia; es cierto que usted también vive en un hotel. Pero el hotel donde entraron esta tarde era distinto. . . De ésos, ¿eh? (1985: 48)

Se trata de un habla pero también evoca una mirada. Es la mirada que «sabe» o supone: performativa, constituyente. Una mirada que congela su objeto en la propia chatura de su lógica filistea. Para Langman es una descripción razonable que su moralismo acepta sin reservas: «Como a cada momento me convencía más de que se había emborrachado con dinero robado o casi, a aquella pobre mujer enferma, no quería hablarle» (1985: 48). El relato no desmiente lo que la habladuría pueblerina dice saber, simplemente se sitúa a un costado de la lengua del lugar, se sustrae.

> —Anduve averiguando de la mujer —dijo—. Parece que la familia o ella misma tuvo dinero y después ella tuvo que trabajar de maestra. Pero nadie, ¿eh?, nadie dice que esté loca. Que siempre fue un poco rara, sí. Pero no loca. No sé por qué le vengo a hablar a usted, oh padre adoptivo del triste Hamlet, con la trompa untada de manteca de sándwich... Hablarle de esto.
> —Por lo menos —le dije tranquilamente—, no me meto a espiar en vidas ajenas. Ni a dármelas de conquistador con mujeres un poco raras. Me limpié la boca con el pañuelo y me di vuelta para mirarlo con cara aburrida. —Y tampoco me emborracho vaya a saber con qué dinero (1985: 49).

Aquí es Blanes el que realiza las indagaciones propias de un proceso originado en un acontecimiento. Su marginalidad, su inmoralidad digamos, su infructuosa búsqueda, lo colocan en mejor posición para calibrar el fenómeno de la mujer. Tampoco Blanes encuentra el nombre apropiado que la definiría ni renuncia a llamarla loca, pero en Blanes la locura de la mujer adquiere otra dimensión:

> Pero yo le hablé y me estuvo diciendo —dijo—. Quería saber qué era todo esto. Porque no sé si usted comprende que no se trata sólo de meterse la plata en el bolsillo. Yo le pregunté qué era esto que íbamos a representar y entonces supe que estaba loca. ¿Le interesa saber? Todo es un sueño que tuvo, ¿entiende? Pero la mayor locura está en que ella dice que ese sueño no tiene ningún significado para ella, que no conoce al hombre que estaba sentado con la tricota azul, ni a la mujer de la jarra, ni vivió tampoco en una calle parecida a este ridículo mamarracho que hizo usted. ¿Y por qué, entonces? Dice que mientras dormía y soñaba eso era feliz, pero no es feliz la palabra sino otra clase de cosa. Así que quiere verlo todo nuevamente. Y aunque es una locura tiene su cosa razonable. Y también me gusta que no haya ninguna vulgaridad de amor en todo esto.
> Cuando nos fuimos a acostar, a cada momento se entreparaba en la calle —había un cielo azul y mucho calor— para agarrarme de los hombros y las solapas y

preguntarme si yo entendía, no sé qué cosa, algo que él no debía entender tampoco muy bien, porque nunca acababa de explicarlo (1985: 50).

Cuando Blanes tiene que hablar de estos hechos que para Langman confirman su inmoralidad y su indigencia sin principios, Blanes simplemente pasa por alto estas reservas y es el lector quien tiene que ruborizarse.

Es evidente que la mujer es un exceso en la situación, algo que sólo puede darse en cierto umbral intangible de la ciudad. En términos de Badiou, la mujer inexiste, forma parte de la realidad en esa ciudad de provincia pero su plena aparición depende de que encuentre un punto de apoyo en ese mundo. De ahí que Langman no haya conseguido neutralizar su aparición buscándole un lugar en su circunstancia y Blanes no pueda explicar lo que vio en ella. Pero son estos dos desterrados cuya existencia en el lugar es, digamos, vicaria, los que podrán ofrecer ese punto de apoyo. El primero es Blanes, el más desubicado en la situación. Es a él a quien la mujer se dirige para explicar su proyecto:

> En la escena hay casas y aceras, pero todo confuso, como si se tratara de una ciudad y hubieran amontonado todo eso para dar impresión de una gran ciudad. Yo salgo, la mujer que voy a representar yo sale de una casa y se sienta en el cordón de la acera, junto a una mesa verde. Junto a la mesa está sentado un hombre en un banco de cocina. Ese es el personaje suyo. Tiene puesta una tricota y gorra. En la acera de enfrente hay una verdulería con cajones de tomates en la puerta. Entonces aparece un automóvil que cruza la escena y el hombre, usted, se levanta para atravesar la calle y yo me asusto pensando que el coche lo atropella. Pero usted pasa antes que el vehículo y llega a la acera de enfrente en el momento que sale una mujer vestida con traje de paseo y un vaso de cerveza en la mano. Usted lo toma de un trago y vuelve en seguida que pasa un automóvil, ahora de abajo para arriba, a toda velocidad; y usted vuelve a pasar con el tiempo justo y se sienta en el banco de cocina. Entretanto yo estoy acostada en la acera, como si fuera una chica. Y usted se inclina un poco para acariciarme la cabeza (1985: 46-47).

La obra que la mujer hace poner en escena a Langman y a Blanes no es una exhibición sino una ceremonia privada, sin público, que de esta manera también contradice las leyes del espectáculo. No hay en esta obra palabras ni opiniones, nadie dice nada, todo ocurre en silencio y su tiempo, el tiempo de la peripecia, es el de un instante aislado de toda posible concatenación anecdótica. Se presenta un recorte en la cotidianidad urbana, un encuadre que rescata del devenir una calle cualquiera en un tarde cualquiera. La calle tiene que sugerir, según las instrucciones de la mujer, una gran ciudad en el trasfondo, una interminable y repetida sucesión de calles de la cual ésta no sería sino una más, pero una vez puesta en marcha la extraña función, la fatua callecita de cartón piedra empieza a ser una apertura, un umbral de salida, un punto de fuga. Langman describe los materiales de la función subrayando detalles grotescos que parecen hacer imposible una suspensión de la incredulidad: la «actriz» que tenía que servir el jarro de cerveza previsto la había traído Blanes de algún «cafetín» y se daba ridículamente «aires de gran estrella»: «al verla estirar el brazo con la jarrita de cerveza daban ganas de llorar o de echarla a empujones», nos cuenta Langman (1985: 51). El coche alquilado para la representación era impresentable y Blanes estaba ebrio, como habitualmente. Sin embargo cuando toda esta precaria maquinaria pone a funcionar el mundo virtual, algo acaece y el lenguaje y el tono de Langman al describirlo cambian sutil pero decisivamente. «Blanes» pasa a ser casi imperceptiblemente «el hombre de la tricota azul» y la mujer, a quien Langman ve ahora más alta y más esbelta, pasa a ser «la muchacha». El espacio virtual cobra vida redimiendo milagrosamente los desechos en los que se apoya.

En esta calle fabricada por Langman («ése mamarracho» dice Blanes), donde una mujer reclinada sobre la acera recibe (hasta morir) la caricia de un hombre que momentos antes ha cruzado por dos veces una calle esquivando un coche, contrasta radicalmente con el simulacro y la hipocresía que constituyen la ciudad de Onetti. Es un encuadre artificial, virtual, que incluye una muerte real, un micromundo de gestos finales y de tiempos justos. Vemos por ejemplo el tiempo justo de esquivar un coche (Cueto 2009: 28-29), el tiempo justo de la caricia. La mujer muere en el escenario mientras Blanes continúa acariciándole la nuca, minutos después de concluida la escena. La muerte de la mujer en el escenario no es un suicidio sino un tiempo justo para morir, un tiempo que no puede ser ni circular ni lineal sino único. Es el del instante de la felicidad donde se agota, se cumple o consuma una vida. Se trata de un tiempo cairológico, el tiempo esperado «en que la decisión aprovecha la ocasión y da cumplimiento a la vida en el instante» (Agamben 2004: 149). Sería el tiempo propio de la auténtica historia como sugiere Agamben: «sólo como lugar original de la felicidad tiene la historia algún sentido para el hombre» (Agamben 2004: 154).

El insólito acto de la mujer *crea* tiempo y espacio. La escena virtual sitúa la existencia fuera del caudal del tiempo cuantificable. Materializa la experiencia onírica paradójicamente a través de un espacio virtual, o sea, consagrado a la ilusión, pero no para representar algo sino para consumarlo. Crea un espacio encantado pero hecho con el material deleznable (profano) de lo cotidiano.

Hasta ese momento Blanes y Langman son prisioneros de la situación, pero quizás justamente por habitar la periferia del mundo ordenado, por su condición de fracasados, vivirán la (re)presentación de la mujer en el escenario como algo inconscientemente esperado sin que ellos supieran exactamente de qué se trataba o pudieran nombrarlo.

Un acontecimiento es azaroso (como un sueño) y su destino es desvanecerse. Su eventual supervivencia depende del encuentro con un cuerpo, una subjetividad fiel que siga su rastro, su huella, y que lo someta a prueba y trabaje sus consecuencias. Para constituirse en un proceso de verdad, el acontecimiento, en sí frágil y fugaz, necesitará de lo que Badiou llama un forzamiento (Badiou 2007: 451-471), un acto ilegal de nominación, que es lo que hace del acontecimiento retrospectivamente el origen de una verdad. En la ciudad de provincia donde lentamente circula el dinero y las opiniones, donde no ocurre otra cosa que la mercancía y la habladuría y donde un tiempo lineal y vacío devora la existencia, la mujer constituye en sí misma un acontecimiento. Pero la mujer también es sujeto fiel de su propio sueño, es cuerpo memorioso y memorable atravesado por una experiencia indeleble, y esa experiencia es una imagen.

Es la mujer entonces quien realiza a su vez ese forzamiento, escenificando virtualmente el acontecimiento privado. Escapando a las leyes habituales de la representación, el sueño de la mujer se convierte en presentación y deviene verdad porque supone una interrupción del continuo temporal y, en definitiva, cierto descalabro del mundo conocido.

Aún así, es el resentido Langman, el fracasado al que hemos seguido y acompañado hasta la vergüenza (porque inevitablemente es uno de nosotros), el que termina ofreciendo una leyenda para esta imagen:

> Me quedé solo, encogido por el golpe, y mientras Blanes iba y venía por el escenario, borracho, como enloquecido, y la muchacha del jarro de cerveza y el hombre del automóvil se doblaban sobre la mujer muerta comprendí qué era aquello, qué era lo que buscaba la mujer, lo que había estado buscando Blanes borracho la noche anterior en el escenario y parecía buscar todavía, yendo y viniendo con sus prisas de loco: lo comprendí todo claramente como si fuera una de esas cosas que se aprenden para siempre desde niño y no sirven después las palabras para explicar (1985: 54).

Es en él donde el acontecimiento parece haber encontrado su soporte subjetivo. No sólo porque su «inconsciente óptico» parece haber registrado esta verdad sin nombre como si le llegara de un remoto pasado, el de la niñez, donde había cosas que estaban más claras y que se fueron oscureciendo, sino porque es él quien lo narra.

Observaciones finales

En los dos textos las imágenes no son representaciones que se interponen entre el objeto y el observador, no constituyen una manera de atrapar el objeto para que podamos instrumentarlo a distancia, para situarlo como disponible. En estos relatos, por el contrario, el espacio de realidad virtual que se abre en los bordes del mundo natural neutraliza a sus viajeros, los engulle. Estas imágenes en profundidad y en movimiento los hacen vacilar en su estabilidad identitaria y contaminan el espacio natural. Es un territorio imaginario (en el sentido literal de la palabra) que supone un desconcierto y que requiere la decisión y la entrega. La realidad virtual a través de una inmersión en las imágenes puede provocar, como hemos visto, tanto la anulación de lo sensible (una caída en las imágenes) como la constitución de un saber subversivo.

Hemos revisado dos variantes de imaginación virtual. En la novela de Bioy Casares, la más profética tecnológicamente, el paso que lleva al narrador a la virtualidad está auspiciado por una pulsión de muerte, la producción de imágenes como archivo visual de la vida; incluso, podría decirse, de la vida misma funcionando como un archivo para la muerte. Podríamos decir que en muchos sentidos esta distopía coincide con ciertas tendencias dominantes contemporáneas, en la modalidad del «eterno retorno de lo mismo» o bien de la existencia vuelta espectáculo.

«Vida como depósito de la muerte», dice Bioy Casares. «Vivencia como botín de la cámara», dice Walter Benjamin y añade que sólo el comercio la hará útil. El suicidio del personaje es una inmolación personal pero no a la manera de los mártires sino a la manera contemporánea de la celebridad mediática, que quiere pasar a la posteridad convertida en copia más que en imagen. En el mundo virtual y visual de Morel queda precisamente abolida la mirada y el encuentro.

En «Un sueño realizado», aunque la mujer repite el gesto suicida de *La invención de Morel* (ingresa en un espacio virtual para morir en él), el resultado no es un acto de sumisión sino la consumación irrepetible, única, de una vida en el instante de la felicidad.

La mujer no se somete al espacio virtual (ni parece tampoco condicionada a las leyes del lugar que habita) sino que lo produce en un acto de fidelidad hacia su sueño que contradice el sentido común o más bien la imagen común del mundo. Su acto, al atravesar el umbral entre el espacio natural y su imagen acontecimiento, desafía la tiranía cronológica, el espacio compartido y su lengua, inaugurando la posibilidad de otras formas de vida.

Si esta prehistoria de la virtualidad que la literatura del Río de la Plata ofrece en estos textos nos dice algo de nuestra actualidad mediática es que lo virtual no es necesariamente lo irreal. Nuestro mundo concreto está hecho de elementos virtuales que conforman nuestro imaginario cotidiano. No se trata tanto de investigar lo que estaría debajo de las imágenes, que son la sustancia contemporánea de nuestro estar en común, sino de saber qué se puede hacer con ellas. Se trata, como ha escrito recientemente Susan Buck-Morss, de «ampliarla(s), enriquecerla(s) darle(s) definición, tiempo. En este punto emerge una nueva cultura» (2005: 159).

Dependiendo de una «toma de posición» al borde de la virtualidad nos espera la repetición o la discrepancia, un obediente disolverse en las imágenes o un despertar en ellas.

Bibliografía

Agamben, Giorgio (2004): *Infancia e historia*. Buenos Aires: Adriana Hidalgo.
— (2007): *La potencia del pensamiento*. Buenos Aires: Adriana Hidalgo.
Badiou, Alain (2007): *El ser y el acontecimiento*. Buenos Aires: Manantial.
— (2008): *Lógica de los mundos. El ser y el acontecimiento 2*. Buenos Aires: Manantial.
Baudrillard, Jean (1998): *Cultura y simulacro*. Barcelona: Kairós.
Benjamin, Walter (1988): «El país del Segundo imperio en Baudelaire». En *Iluminaciones II; Poesía y capitalismo*. Madrid: Taurus. 21-120.
— (2002): *The arcades project*. Harvard University Press.
— (2007): *Conceptos de filosofía de la historia*. La Plata Terramar.
Bioy Casares, Adolfo (1991): *La invención de Morel*. Madrid: Alianza.
Borges, Jorge Luis (1985): *Prosa completa*. Barcelona: Bruguera.
Brea, José Luis (2005): «Para una etimología de la visualidad». En Brea, José Luis (ed.): *Estudios visuales, La epistemología de la visualidad en la era de la globalización*. Madrid: Akal. 5-16.
Buck-Morss, Susan (2000): *Walter Benjamin, escritor revolucionario*. Buenos Aires: Interzona.
— (2005): «Estudios visuales e imaginación global». En Brea, José Luis (ed.): *Estudios*

visuales. *La epistemología de la virtualidad en la era de la globalización*. Madrid: Akal. 147-60.
BURUCÚA, José Emilio (2006): *Historia y ambivalencia, ensayos sobre arte*. Buenos Aires: Biblos.
CERTEAU, Michel de (1999): *La invención de lo cotidiano*. México: UIA-ITESO.
CRARY, Jonathan (1994): *L'art de l'observateur, vision et modernité au XIXe siècle*. Nîmes: Éditions Jacqueline Chambon.
CUETO, Alonso (2009): *Juan Carlos Onetti, el narrador en la penumbra*. México: Fondo de Cultura Económica.
DIDI-HUBERMAN, Georges (1997): *Lo que vemos, lo que nos mira*. Buenos Aires: Manantial.
— (2000): *Ante el tiempo. Historia del arte y anacronismo de las imágenes*. Madrid: Antonio Machado Libros.
FOUCAULT, Michel (1977): *Discipline and punish: the birth of the prison*. New York: Pantheon Books.
MELOT, Michel (2010): *Breve historia de la imagen*. Madrid: Siruela.
MERLEAU-PONTY, Maurice (1985): *Fenomenología de la percepción*. Madrid: Planeta.
MUSIL, Robert (1999): *Ensayos y conferencias*. Madrid: Visor.
ONETTI, Juan Carlos (1985): *Tan triste como ella*. Barcelona: Seix Barral.
RICOEUR, Paul (1999): *Historia y narratividad*. Barcelona: Editorial Paidós.
ROCCA, Pablo (2003): «Horacio Quiroga ante la pantalla». En *Anales de Literatura Hispanoamericana* 32. 27-36.
SARLO, Beatriz (1992): *La imaginación técnica. Sueños modernos de la literatura argentina*. Buenos Aires: Nueva Visión.

Cadáveres «fuera de lugar»: anonimia y comunidad

Gabriel Giorgi
New York University

Cadáver y territorio

Una extraña y singular resonancia une dos textos notablemente heterogéneos, como son el poema «Cadáveres» (*Alambres,* 1987) del escritor y activista argentino Néstor Perlongher, y *2666,* de Roberto Bolaño, publicado en 2004. Temporalidades históricas y geografías diversas separan estos textos, además de sus apuestas estéticas y de la idea misma del escritor y de la escritura que los impulsa. El poema de Perlongher, escrito hacia finales de los setenta entre Argentina y Brasil, se enraíza en la experiencia histórica de la dictadura argentina; la novela de Bolaño, monumentalizada casi antes de su publicación, conjuga sus múltiples itinerarios hacia la visión apocalíptica de una Santa Teresa en la que incesantes cadáveres de mujeres se acumulan sobre el territorio anómico de la frontera entre México y los Estados Unidos. Dos mundos claramente diferenciados, y dos literaturas; sin embargo, a pesar de estas diferencias decisivas, ambos textos comparten un gesto común: ponen el cadáver en el centro de su trabajo de escritura, y buscan capturar en la materia del cuerpo muerto los vectores que definen y demarcan sus respectivos presentes históricos. Hacen del cadáver su materia estética no porque lo «embellezcan» o esteticen sino porque lo vuelven instancia de interrogación de lenguajes y de registros de la percepción: de los modos en que se nombran y se hacen visibles los cuerpos, y la diferencia misma entre la vida y la muerte. El cadáver se exhibe así en su hechura histórica y política: una carne, un organismo atravesado por fuerzas políticas, inscrito, marcado, significado políticamente.

«Cadáveres», publicado en 1987 en Buenos Aires, pero escrito antes, durante la dictadura militar argentina, es un texto que condensó el drama y la «novedad» histórica de la desaparición de personas durante la dictadura argentina de los setenta. Cadáver y desaparición: la cuestión de la visibilidad del cuerpo muerto se torna, como veremos, un dilema formal, un problema de la escritura –y desde ese problema formal, desde ese dilema, el poema de Perlongher busca capturar la singularidad histórica del genocidio argentino.

El texto, quizá demasiado célebre, de Bolaño tuvo una génesis y un destino diferentes: se convirtió en un fenómeno literario singular, rápidamente leído en su resonancia con imaginarios postestatales, anómicos, catastróficos del «presente latinoamericano» como «estado de excepción permanente» (Pollack 2009: 346-365). Sabemos que todo el «fenómeno Bolaño» –especialmente en la lectura «latinoamericanista» asociada a *2666*– es muy problemático, que parece reponer, como en un gesto complaciente hacia el pasado, un imaginario reductivo de lo latinoamericano como antaño lo había hecho el *boom* o el realismo mágico, sólo que esta vez bajo el signo de una violencia apocalíptica –de linaje literario inequívoco– y de un paisaje social en perpetua implosión. Una atención, sin embargo, a las modulaciones de lo visible que se juegan sobre la serie de cadáveres de «La parte de los crímenes» permitiría, quiero sugerir, complicar no sólo las lecturas más previsibles que se han conjugado en torno a esta escritura, sino también sus propias autocomplacencias. Como se sabe, en *2666* «La parte de los crímenes» narra, o mejor dicho, contabiliza, la irrupción de cadáveres mayoritariamente de mujeres en una Santa Teresa que condensa el paisaje de la frontera entre México y Estados Unidos. Se trata de un repertorio incesante de cuerpos torturados, violados, mutilados, cuyos asesinatos, en su inmensa mayoría, permanecen irresueltos, en una acumulación a la vez numérica y simbólica, y que despliegan el vacío jurídico (que es casi un vacío narrativo: en el límite mismo del policial) en el que tiene lugar sus muertes.

Además del gesto inicial de hacer del cadáver su materia de escritura, otra premisa común enlaza a «Cadáveres» y *2666*: ambos textos iluminan sus cadáveres a partir de su dislocación respecto de los lugares «propios» del cuerpo muerto. Escriben cadáveres *fuera de lugar*: sin tumbas, sin cementerios ni camposantos, ni mausoleos o necrópolis, sin lápidas ni epitafios; cuerpos desprovistos de los rituales por los cuales la memoria del muerto se fija y se preserva, y donde su estatuto social es reafirmado y, por así decirlo, certificado. Retirados a los lugares y rituales del duelo, estos restos corporales inscriben una profunda dislocación no sólo de los modos sociales de relación con la muerte, sino de la topografía de lo social mismo (el adentro y el afuera de la comunidad) y de las lógicas de la inclusión y de reconocimiento social (el cadáver «fuera de lugar» como quiebre de los mecanismos de pertenencia social de un individuo y como atentado a su dignidad social como persona). Los textos de Perlongher y de Bolaño investigan, desde el cadáver, las *lógicas políticas por las cuales un cuerpo tiene lugar o no* en el espacio de lo social. Los cadáveres traen aquí una dislocación profunda de ese «tener lugar», del aparecer de los cuerpos sobre un espacio que los hace reconocibles, legibles, dignificables como «personas» –y que los vuelve recordables, dignos de memoria, después de la muerte–. Más que denunciar la violencia social materializada en los muertos, lo que hacen estos textos, quiero sugerir, es tensar, de una manera extrema, las lógicas que hacen al espacio de lo social, al espacio de lo colectivo (y por lo tanto, del «nosotros») a partir de los cadáveres sin lugar que despliegan. Me propongo estudiar cómo la materialidad del cadáver se vuelve, en estas escrituras, un desafío al *topos* de lo social –a su imaginación y representación como «nación», «ciudad», etc.–, y desde allí a las lógicas de pertenencia social y de identidad que se fundan en esa topografía. ¿Cómo se inscribe el cadáver en un «nosotros»? ¿Cuándo, cómo un cadáver es «nuestro»? ¿Cómo se certifica, se marca, se significa la pertenencia de esos cuerpos al «nosotros» –y, paralelamente, cómo se define ese «nosotros» a partir de sus maneras de tratar los cadáveres? ¿Es posible pensar en inscripciones no familiares, no nacionales, no tribales del cadáver; formas, en fin, no identitarias de reconocimiento y de relación con el cadáver? Son estas preguntas las que quiero perseguir, justamente a partir de los cadáveres anónimos, invisibles en el texto de Perlongher, proliferantes en el de Bolaño, pero que exhiben de manera poderosa la naturaleza política de nuestra relación con las materialidad de los cuerpos –tanto los cuerpos vivos como las muertos.

(Estas reflexiones, evidentemente, provienen de investigaciones sobre la relación entre política y vida biológica, y sobre los modos en que la modernidad se define a partir de una gestión intensiva, intensificada, de lo viviente y por lo tanto, de una administración de la muerte y de los modos de morir. Estas investigaciones, agrupadas un poco arbitrariamente bajo el rubro de la biopolítica, nos proponen un campo de problemas alrededor de los modos en que nociones como la de humanidad, persona, ciudadanía, etc –nociones que sostienen el edificio de la modernidad política– son el resultado de tecnologías sobre los cuerpos y las poblaciones, tecnologías que se asientan sobre violencias diversas que pueden culminar, como tantas veces en el siglo XX, en genocidios –en, como decía Foucault, lógicas políticas que buscan volver aceptable la muerte de categorías enteras de individuos. Es precisamente esa relación paradójica y compleja entre la gestión de la vida y la administración de la muerte lo que el pensamiento biopolítico pone en el centro del debate.

Una gestión material de la muerte, o mejor dicho, del cuerpo muerto en su materialidad: sobre esa gestión la literatura, quiero sugerir, se lee una secuencia y una transformación de lo político en ciertas inflexiones históricas y regionales de América Latina.

El cadáver restado

El poema de Perlongher escenifica, desde su apertura misma, una discordancia radical, absoluta, entre cadáver y territorio: esa discordancia o, más propiamente, esa *dislocación* del cadáver, es la materia del poema. El cadáver se vuelve aquí a la vez no localizable y generalizado, contagioso; no hay horizonte, lugar ni ubicación para él; el cadáver, literalmente, «no tiene lugar» y por eso mismo, se adhiere a todo lo existente. Veamos las primeras estrofas:

> Bajo las matas
> En los pajonales
> Sobre los puentes
> En los canales
> Hay Cadáveres
>
> En la trilla de un tren que nunca se detiene
> En la estela de un barco que naufraga
> En una olilla, que se desvanece
> En los muelles los apeaderos los trampolines los malecones
> Hay Cadáveres
>
> En las redes de los pescadores
> En el tropiezo de los cangrejales
> En la del pelo que se toma
> Con un prendedorcito descolgado
> Hay Cadáveres

En lo preciso de esta ausencia
En lo que raya esa palabra
En su divina presencia
Comandante, en su raya
Hay Cadáveres

[...]

Se ven, se los despanza divisantes flotando en el pantano:
en la colilla de los pantalones que se enchastran, símilmente;
en el ribete de la cola del tapado de seda de la novia, que no se casa
    porque su novio ha
............................!
Hay Cadáveres.... (Perlongher 1997: 111)

El poema, como vemos, se organiza en torno a una repetición cuya progresión enrarece cada vez más la preposición «en»; el texto es, podría decirse, un ejercicio radical alrededor de esa preposición, que apunta a identificar sitios de localización del cadáver en fragmentos y detalles heterogéneos de la realidad o del mundo social. A medida que avanza el poema, «en» se articula con coordenadas espaciales imposibles: cualquier registro de lo sensible, de lo perceptible, pero también de lo pensable, cualifica como «lugar», como instancia «en» la que «hay cadáveres.» En esa repetición, los cadáveres aparecen por todos lados pero sin hacerse, nunca, visibles. Por esto mismo, ocupan *toda la realidad, todo el mundo social*: la ciudad, el campo, los cuerpos, los gestos, las palabras: el espacio entero, que ha sido privado de tumbas, se vuelve, él mismo, todo tumba, sitial de la presencia imposible de esos cadáveres espectrales. La repetición se mantiene, acentuando, con ligeras variaciones, el retorno incesante del «hay cadáveres», hasta el final del poema, que simplemente invierte o niega la repetición previa: después de cuatro líneas de puntos, de *suspensión*, el poema se cierra así:

....
....
....
....

No hay nadie?, pregunta la mujer del Paraguay.
Respuesta: No hay cadáveres (123)

La contraposición entre el «hay» y el «no hay cadáveres» es, evidentemente, el evento textual que postula el poema: el hecho retórico que captura, en su organización misma, esa instancia entre presencia y ausencia, entre proliferación y desaparición, que demarca el no-lugar del cadáver aquí. Ese evento dice que en esa realidad proliferante, barroca, de detalles, gestos, esquinas, retazos, en esa realidad llena de pequeños detalles, hay un hueco, un vacío que contamina o contagia todo lo existente, que es la *resta* del cadáver. Hay cadáveres «en» todos lados pero al mismo tiempo los cadáveres se evaporan y los «lados» se quedan sin límites: no hay *allí*, no hay lugar para el cadáver. El cadáver se evapora, se vuelve contiguo a lo existente. Todo resuena en «cadáver», ya que el cadáver está ausente: la falta del cadáver borra los límites entre la vida y la muerte, entre lo visible y lo invisible, entre la realidad y su revés. Desaparece el cadáver y los rastros, los indicios, las marcas de ese cuerpo que ya no está: la realidad, paradójicamente, se vuelve testimonio de lo inexistente. *El texto «estría» la película de la realidad y la vuelve prueba de lo ausente, de lo eliminado.*

«Cadáveres» es la respuesta formal que Perlongher encuentra para el dilema que implica representar al desaparecido, para hacer visible eso que no está, eso que parece no dejar marcas, que se desvanece y parece nunca haber existido. Ese pliegue donde la realidad, en la misma ausencia de marcas, de trazos, deja ver eso que está eliminado, manifiesta o expresa, en su mismo desplegarse, la falta que constituye el eje del poema. De la proliferación de cadáveres «por todos lados» a la falta absoluta de cadáver: en la velocidad de ese gesto el texto de Perlongher interroga el estatuto a la vez estético y político de lo que se da a ver como «realidad», como régimen de lo perceptible. Pero al mismo tiempo, el texto de Perlongher hace algo más: piensa la modalidad de un poder que *produce* realidad a partir de una gestión del cuerpo muerto, de su visibilidad misma, como si el contorno de lo que se da a ver y a percibir estuviese trazado por esa falta que es el resultado de una administración política de la muerte. El poema de Perlongher no refiere el hecho de que el poder mate, sino sobre todo que reste cuerpos, y que diseñe la realidad a partir de esa resta. Esa sustracción del cuerpo muerto es aquí el gesto fundamental de ese poder *tanatopolítico*; es ese gesto lo que el poema contesta –y lo hace de una manera que transforma las coordenadas de lo sensible mismo.

Hay un momento del texto que me parece clave. En esta lógica ambivalente por la cual el cadáver aparece en todos lados pero desaparece como cadáver, donde se vuelve a la vez hipervisible e invisible, el poema enuncia el problema del «lugar»:

Decir «en» no es una maravilla? /
Una pretensión de centramiento? /
Un centramiento de lo céntrico, cuyo forward
/ muere al amanecer, y descompuesto de
/ El Túnel /
Hay cadáveres» (120)

La posibilidad de localizar, de nombrar el lugar donde el cadáver aparece, donde se vuelve visible, el lugar donde se encuentra el cadáver, se enuncia sólo bajo el signo de la ironía: «en» no significa (no puede significar) nada allí donde el cadáver ha sido sistemáticamente restado, ausentado. La sintaxis se vuelve ocasión de lo inexpresable: no hay complemento posible para la preposición «en». El texto se conjuga, podríamos decir, en torno a esta desconfianza acerca de la noción misma de lugar, del *nomos*: allí donde no se puede trazar, como en las escenas del crimen, el contorno donde apareció el cadáver, allí donde ese contorno se borra sistemáticamente, y con él, la diferencia entre la vida y la muerte, allí donde la ausencia del cadáver se vuelve una proliferación imparable y contagiosa, la noción misma de lugar, de localizacion, de ubicación y de demarcación, la posibilidad misma de una topografía, de un adentro y un afuera, de una distribución social y política de lugares para los cuerpos, se vuelve incierta. Es la impugnación de la idea de un orden social, de una comunidad y de una nación, de un nosotros demarcable y reconocible, lo que el poema extrae desde la materialidad difusa, no-localizable, del cadáver: el efecto de una dislocación irreparable respecto de la pertenencia social, jurídica, nacional de estos cuerpos desaparecidos.

Cuando Néstor Perlongher cierra su poema con las cuatro líneas de puntos que concluyen la larga primera secuencia del texto y, luego, con la sentencia «No hay cadáveres», está haciendo entonces dos cosas fundamentales: por un lado, marca la imposibilidad de la *localización* de la violencia (o de la excepción soberana: del estado de excepción) en unos cuerpos específicos y en unos territorios demarcables. No hay, aquí, «zona de excepción», donde la suspensión del orden legal entre en vigencia, por oposición a una zona de legalidad. Por el contrario, el texto construye los modos de la proliferación, el contagio y la contaminación de los muertos en «todas» las dimensiones de la realidad.

Por otro lado, hace de la falta, de la ausencia, de la invisibilidad y la desaparición del cadáver el contenido paradójico del poema: después de decir que los cadáveres están por todos lados, que contagian con su proliferación la película de la realidad, el texto parece plegar esa película para encontrar los contornos de la falta, de la ausencia: el cuerpo ausente es el contenido medular de una lógica muy específica del Estado terrorista, en la medida en que remite a una violencia que no sólo mata y tortura, sino que además, y sobre todo, hace desaparecer, borra, elimina, diluye –*una violencia que hace de la muerte una gestión de lo sensible y de lo perceptible, de lo que se da a ver y de lo que se sustrae a la mirada y los sentidos no por ocultación o engaño, sino por borradura, por anulación de todo rastro, por una administración de la visibilidad de los cuerpos vivos y de los cuerpos muertos*. Lo que el texto de Perlongher captura es la naturaleza históricamente singular de ese poder que produce realidad a partir de, literalmente, una gestión sobre el cuerpo muerto. La ausencia del cadáver es el único rastro o marca sobre la que se hace legible un poder que produce o fabrica la realidad a partir de la invisibilidad de los muertos. En este sentido, es sin duda clave que el texto elija como materia estética al cadáver y no al espectro. El espectro pertenece al universo de la «persona», de la individualidad de la víctima, retornando desde la muerte y más allá del cuerpo: retorna como voz desencarnada, una palabra sin cuerpo. En «Cadáveres», en cambio, la clave no es que el poder soberano mate *personas* sino que desaparezca *cadáveres*: el gobierno es soberanía sobre materias corporales (sea viva o muerta: entre la vida y la muerte), y es esa gestión sobre la materialidad de los cuerpos lo que el texto dispone como la precisión histórica de su presente. La *falta del cadáver* es la dimensión que vuelve inteligible un poder que gobierna la realidad «*produciendo*» *la inexistencia de esa materia corporal*. Eso es lo que hace «Cadáveres»: dispone, despliega la realidad como una película, una lámina, que encuentra en la falta de cuerpos su punto tachado de origen, su línea borrada de formación, la textura de otra realidad sustraída. Registra ese punto de vacilación radical de la Historia: pudo haber un cuerpo, pudo haber un cuerpo muerto, e incluso pudo haber un cuerpo vivo; esa posibilidad tachada, borrada, es lo que asedia y *constituye* la realidad perceptible desde su falta.

Ese es el barroco político de Perlongher: lee en lo aparente, en la apariencia, la torsión de un vacío o un vaciamiento constituido, producido: dice que el vacío, la ausencia, es una producción política, que el poder (aquí, más claramente que nunca, biopoder y tanatopolítica) quiere ser producción de vacío, de «nada», de ausencia. Pero el poema desbarata esta voluntad, disponiendo la materialidad difusa, casi imperceptible del cadáver, sobre cada rincón de la realidad, sobre los pliegues y las esquinas más recónditas de esa realidad en la que se alberga el nosotros de los vivos, el espacio comunitario de los cuerpos en vida. Lo que hace el poema es ubicar los mecanismos de percepción por los cuales el cadáver ausente se encarna en la realidad de los vivos; o mejor, más que encarnarse, insiste como materia sensible, como resto invisible pero real, como huella –y por lo tanto, *como cuerpo*– sobre la materialidad de lo existente. El poema ve «contra toda evidencia» (XXX) los trazos y los restos múltiples de esos cuerpos desaparecidos. Al hacerlo, pone en práctica un ejercicio particular de restitución del desaparecido, que no pasa por la reafirmación de la identidad del desaparecido, ni por la devolución de su cuerpo, ni por la reposición de la historia de su asesinato, sino por el retorno de esa materia anónima y obstinada que aparece «por todos lados». Es interesante que Perlongher elija dejar sus cadáveres innominados, genéricos: a diferencia de otros modos de memorialización del desaparecido[1], aquí el cadáver y su persistencia tiene lugar bajo el signo de una presencia casi invisible, una «pátina» o un trazo que no reconduce a una persona, a un nombre propio, sino a un cuerpo y a una materia orgánica. Es el estatuto de esa materia orgánica lo que «Cadáveres» explora, no para restituirle la identidad, ni para devolverlo, simbólicamente, a los lugares de donde el poder soberano lo eliminó, sino para alumbrar desde esa materia incierta, de registro inasible, la posibilidad de un espacio común, un espacio o un espaciamiento entre cuerpos más allá de toda identidad, de todo reconocimiento fundado en una identidad previa, un nombre propio, un lugar social, un «título» político (ciudadano, sujeto nacional, etc.); en lugar de restituir la persona, su individualidad, su biografía, el poema de Perlongher repone cuerpos, restos de cuerpos, las huellas contagiosas, imperiosas de esos cuerpos anónimos pero presentes, que tienen lugar precisamente en la dislocación de todo «en», de todo lugar previo, que arrastran los lugares preasignados a cada cuerpo vivo, a cada detalle de la realidad y a cada miembro de la comunidad, y los arrojan a un nuevo límite, un nuevo confín u horizonte en el que conviven con los restos de esos cuerpos borrados. Lo que el poema de Perlongher hace es verificar esa nueva convivencia, la nueva vecindad de los restos de los cadáveres desaparecidos: en lugar de denunciar la falta del cadáver (que es lo que el biopoder quiere: cumplir su fantasía de la eliminación total), el texto *verifica su presencia material*, las huellas imborrables, hiperpresentes de esos cuerpos. Jean Luc Nancy señala que la escritura es el gesto, siempre singular, por el cual buscamos tocar

---

[1] Modos de memorialización que pasan por la familia, la genealogía, la estirpe: las Madres de Plaza de Mayo, las Abuelas, los Hijos, etc.; o por la militancia, el mundo laboral, es decir, los universos de pertenencia social.

el límite de nuestro propio cuerpo allí donde se espacia, se demarca ante y se conecta con el cuerpo del otro: la escritura como la línea infinita en la que se verifica la *exposición* de los cuerpos, el hecho de su tener lugar, su ser ahí y ahora, cada vez único; la escritura como una suerte de tacto incorpóreo que se dirige (interpela, desea, se distancia, mide el espacio «entre» cuerpos) hacia el otro cuerpo (Nancy 2008). El poema de Perlongher realiza, en este sentido, este impulso, llevándolo hasta lo imposible: *toca* el cuerpo del desaparecido; da testimonio de su presencia material, como cuerpo, en la realidad de la que fue eliminado. No es solamente un gesto de denuncia o de reconstrucción de un pasado: es sobre todo la interpelación que nos fuerza a *convivir*, a vivir junto a esas huellas, a ver en esas huellas el espacio entre-cuerpos a partir del cual se hace posible la comunidad. Los cadáveres de Perlongher son así una sustancia común, que tiene lugar (y que hace posible) el «entre» cuerpos, el espaciamiento de deseo y de relación entre los cuerpos. Desde la materia anónima, desde la singularidad de cada cuerpo muerto, desde la huella de cada cuerpo, hacia lo común, hacia la comunidad de un «nosotros» que no se reconoce en ninguna identidad predeterminada. El cadáver allí no es el memento de la persona, ni la pura indiferenciación del olvido: es memoria a la vez singular y anónima, memoria de los cuerpos, memoria de la materia, memoria material del tejido de los cuerpos.

Abandono

En una réplica o rearticulación involuntaria a la invisibilidad del cadáver en Perlongher (que es también una lógica de la literatura), en el año 2004 se publica *2666* de Roberto Bolaño, texto en el que, como se sabe, «La parte de los crímenes» –una de las cinco partes de la novela– está constituida por una enumeración insistente, aparentemente imparable, de viñetas en las que se consigna la aparición de cadáveres, mayormente de mujeres violadas y torturadas, en la ciudad ficticia de «Santa Teresa», en la frontera entre México y Estados Unidos. Si en el texto de Perlongher es la pulsión de lo ausente lo que tensa el poema hasta su posibilidad misma, aquí –de modos más evidentes, más transparentes— es la hipervisibilidad, la multiplicación, la naturaleza incontenible de la serie de cadáveres lo que la novela de Bolaño propone como emblema del presente. Se trata, sin duda, de un procedimiento numérico, pero que en realidad despliega una retórica muy específica de lo que se «da a ver», de lo que se hace visible bajo la luz hiperreal y apocalíptica de ese presente. Son cuerpos narrados bajo una mirada forénsica, una mirada que contabiliza las marcas y las secuencias de la violencia, y que trata de aislar, en la multiplicidad de heridas y de marcas sobre los cuerpos, no sólo el momento y la causa de la muerte, sino el perfil, la naturaleza, la voluntad y el designio del asesino: trata de leer en el horror de esos cuerpos masacrados el significado que inscribió allí su asesino –lectura fallida, que no puede discernir en la acumulación de marcas el sentido de la violencia: las historias de violencia que cuentan estos cuerpos no puede ser descifrada ni estabilizada en un relato que las vuelva inteligibles y punibles. Este fallido relato a la vez policial y forénsico descubre los cuerpos en los escenarios más diversos: los cadáveres aparecen «por todos lados»: en el desierto que rodea la ciudad y parece atravesarla, en las calles, en los basureros, en los baldíos, etc.; el recurso retórico de la serie en la cual los cadáveres se acumulan hace de esta proliferación una especie de efecto expansivo, contagioso, incontenible, tanto a nivel espacial como simbólico. La serie de cadáveres en «La parte de los crímenes» puntúa el relato policial (y el género mismo) y, por así decirlo, lo desfonda, abriendo el texto a una indeterminación narrativa que es también jurídica (no se pueden resolver los crímenes: no hay relato jurídico) y política (el hecho político del genocidio o feminicidio persiste con una significación enigmática: no se termina de saber quién mata a las mujeres, ni por qué). En el relato aparecen detectives, investigadores, forenses, criminólogos diversos, pero ninguno puede descifrar en la proliferación de cuerpos el sentido y el origen de la violencia, ni detener la aparición aparentemente irreversible de un nuevo cadáver. El texto termina con la viñeta de una nueva muerta: la serie, la repetición de casos, desestructura el relato y el género policial: no se puede narrar, no hay temporalidad para el relato de la violencia; queda sólo la enumeración, la cuenta (más que el «cuento») de los cadáveres.

Miremos un momento del texto de Bolaño, el principio mismo de «La parte de los crímenes» : el primer cadáver de la serie:

> La muerta apareció en un pequeño descampado en la colonia Las Flores. Vestía camiseta blanca de manga larga y falda de color amarillo hasta las rodillas, de una talla superior. Unos niños que jugaban en el descampado la encontraron y dieron aviso a sus padres. La madre de uno de ellos telefoneó a la policía, que se presentó al cabo de media hora. El descampado daba a la calle Peláez y a la calle Hermanos Chacón y luego se perdía en una acequia tras la cual se levantaban los muros de una lechería abandonada y ya en ruinas. No había nadie en la calle por

lo que los policías pensaron en un primer momento que se trataba de una broma. Pese a todo, detuvieron el coche patrulla en la calle Peláez y uno de ellos se internó en el descampado. Al poco rato descubrió a dos mujeres con la cabeza cubierta, arrodilladas entre la maleza, rezando. Las mujeres, vistas de lejos, parecían viejas, pero no lo eran. Delante de ellas yacía el cadáver. Sin interrumpirlas, el policía volvió tras sus pasos y con gestos llamó a su compañero que lo esperaba fumando en el interior del coche. Luego ambos regresaron (uno de ellos, el que no había bajado, con la pistola desenfundada) hacia donde estaban las mujeres y se quedaron de pie junto a éstas observando el cadáver. El que tenía la pistola desenfundada les preguntó si la conocían. No, señor, dijo una de las mujeres. Nunca la habíamos visto. Esta criatura no es de aquí (443-444)[2].

Dos aspectos a subrayar, entre muchos. Por un lado, una característica que se reitera en muchos de los «casos»: las víctimas «no son de aquí», son mujeres, algunas casi niñas, que pasan por Santa Teresa, figuras migrantes en recorridos cuyos origen y destino son casi imposibles de reconstruir. Son figuras de paso, en las que toda pertenencia territorial, comunitaria, social, se desvanece o se reduce al mínimo. El paisaje de los cadáveres ilumina, como en una versión macabra y femenina de «la vida de los hombres infames» de Foucault, la trayectorias de cuerpos anónimos o semianónimos (cuya identificación, en muchos casos, no conduce a nada: nadie reclama los cuerpos) en las que la pertenencia familiar, social, comunitaria, pero también nacional, se debilita al máximo: cuerpos flotantes, «sueltos» sobre un territorio fronterizo. Los cadáveres de Bolaño son *irreconocibles* no sólo porque en muchos casos aparecen físicamente desfigurados por la violencia, sino también porque el reconocimientos social, jurídico de esos cuerpos, los mecanismos que aseguran su pertenencia a una comunidad y a un orden social, están inherentemente quebrados: ese quiebre es lo que estos cadáveres escenifican.

«La parte de los crímenes» parece trazar círculos concéntricos alrededor de la «irreconocibilidad» o la ilegibilidad de los cuerpos y de las violencias

---

[2] La cita continúa: «Esto ocurrió en 1993. En enero de 1993. A partir de esta muerta comenzaron a contarse los asesinatos de mujeres. Pero es probable que antes hubiera otras. La primera muerta se llamaba Esperanza Gómez Saldaña y tenía trece años. Pero es probable que no fuera la primera muerta. Tal vez por comodidad, por ser la primera asesinada en el año 1993, ella encabeza la lista. Aunque seguramente en 1992 murieron otras. Otras que quedaron fuera de la lista o que jamás nadie las encontró, enterradas en fosas comunes en el desierto o esparcidas sus cenizas en medio de la noche, cuando ni el que siembra sabe en dónde, en qué lugar se encuentra» (Bolaño 2004).

que pasan por ellos: no se puede encontrar al o los supuestos asesinos en serie; no se puede asignar el nombre de muchas de las víctimas; cuando se asigna el nombre, cuando la víctima es identificada, ese nombre no repone un universo de pertenencia y de protección familiar, social, etc: son nombres que no significan, socialmente, nada –nombres, si se quiere, anónimo, que parecen enmascarar una anonimia esencial. Como si los cuerpos estuviesen atravesados por una anonimia inherente, casi definitoria, que los constituye y que no puede de ninguna manera ser suturada por la nominación y la identificación: el nombre propio, la identidad, y con ello la pertenencia social, se disuelve en la masa orgánica que son los cadáveres vistos desde la mirada forénsica. La identificación del cadáver, lejos de restituir una historia, un origen, una pertenencia, parece iluminar el abandono generalizado en el que circulan estas mujeres, su condición «anoriginaria», y su movilidad sobre un espacio que no les ofrece ningún amparo ni protección: un espacio social vaciado, despojado de las instituciones y de la simbólica de la pertenencia.

(No hay una justicia literaria que restituya el nombre propio y la identidad personal allí donde la violencia ha destruido a la persona y donde el orden legal es incapaz de restituir la identidad: la literatura no complementa a la ausencia de ley; la escritura, por el contrario, hace visible esa quiebre o esa ausencia de ley a partir de una relación estética con la materialidad de la vida y de la muerte: hace de la anomia generalizada en Santa Teresa un asunto estético, un asunto de la sensibilidad, de lo que se puede ver y de lo que se puede percibir. El cadáver es aquí antes que nada materia sensible: en palabras de Deleuze, un «régimen de luz» (1990: 155-164). Y consecuentemente, una interpelación a los modos comunitarios, políticos, de inscripción y de relación entre cuerpos).

Lo que se expone en los cadáveres de Bolaño son retratos de vidas insignificantes, que sólo salen a la luz de la representación por la violencia que las lleva a la muerte. Las muertas son iluminadas en su desamparo, en la profunda incertidumbre que pobló y formó sus vidas, en una especie de vulnerabilidad que parecía definir sus existencias y que se confirma, irremediablemente, en sus muertes. Esa vulnerabilidad generalizada parece reflejar una condición común de estas víctimas (y que es una especie de condición contagiosa, expansiva, de Santa Teresa): las muertas de Bolaño hacen visible, repetidamente, el hecho del *abandono* jurídico y político: son cuerpos que quedan afuera de todo mecanismo de protección social, legal, estatal, arrojados a su precariedad, y expuestos en su desamparo. Eso es lo que cuentan estos cadáveres, repetida, paroxísticamente, en la materialidad destruida de los cuerpos[3].

En el texto de Bolaño, la *retórica forénsica* desde la cual se escenifica lo cadavérico y, por así decirlo, se lo «da a ver», lleva adelante, desde el registro formal mismo, la distinción entre la «persona» y esa «vida abandonada». El registro material del cuerpo muerto, el detalle minucioso de su aparición, las marcas de esa corporalidad dañada, etc., se lee en contraposición a las huellas de la persona que habitó ese cuerpo y que, ahora, desde el cadáver violado, quemado, mutilado, se torna irreconocible, irrecuperable. La mirada forénsica es el mecanismo retórico que piensa el espaciamiento definitivo, absoluto, entre cadáver y «persona»:

> Dos días después de hallarse el cadáver de Jazmín, un grupo de niños localizó en un baldío al oeste del Parque Industrial General Sepúlveda el cuerpo sin vida de Carolina Fernández Fuentes, de diecinueve años de edad, trabajadora de la maquiladora WS-Inc. Según el forense la muerte había ocurrido hacía dos semanas. El cuerpo estaba completamente desnudo, aunque a quince metros se halló un sostén de color azul, manchado de sangre, y a unos cincuenta metros una media de nylon, de color negro, de mediana calidad. Interrogada la persona que compartía habitación con Carolina, trabajadora como ella en WS-Inc, declaró que el sostén era de la occisa, pero que la media, sin ninguna duda, no pertenecía a su amiga y compañera tan querida, pues ésta sólo utilizaba pantis y jamás se había puesto una media, prenda que juzgaba más propia de putas que de una operaria de la maquila. Realizado el análisis pertinente, sin embargo, resultó que tanto la media como el sostén tenían restos de sangre y que en ambos casos procedían de la misma persona, Carolina Fernández Fuentes, por lo que corrió el rumor de que la tal Carolina llevaba una doble vida o que la noche en que encontró la muerte había participado voluntariamente en una orgía, pues también se encontraron restos de semen en la vagina y ano […]. Los padres de Carolina, originarios del pueblo de San Miguel de Horcasitas, viajaron a Santa Teresa y no hicieron declaraciones. Reclamaron el cadáver de su hija, firmaron los papeles que les pusieron delante y volvieron en autobús a Horcasitas con lo que quedaba de Carolina. La causa de la muerte fueron cinco puñaladas punzocortantes en el cuello. Según los expertos, no murió en el lugar donde fue encontrada (Bolaño 2004: 683).

---

[3] Para la noción de abandono, veáse «Abandoned Being» en Nancy 1994.

Cadáveres «fuera de lugar»: anonimia y comunidad

Los cadáveres de Bolaño no sólo despliegan ese espaciamiento o dislocación radical entre la «persona» y la materia física, sino que también despersonalizan la muerte, o mejor dicho, hacen de la muerte menos un acto de eliminación de un individuo que un *proceso de destrucción de un cuerpo*. En las viñetas forénsicas de Bolaño, la muerte se subdivide en hechos corporales diversos, en secuencias de diferentes modalidades de violencia, al punto de que no se puede reconstruir, en muchos casos, el momento de la muerte, como si la muerte se dispersara o desplegara en instancias múltiples, volviendo imposible la representación de la muerte como un acto único de cesación de una persona y un cuerpo a la vez. Aquí, en cambio, la muerte se subdivide y multiplica en secuencias continuas. Bajo la luz que les impone el texto de Bolaño, lo que cuentan los cadáveres es la imposibilidad de encontrar el punto o límite en el que termina la vida y empieza la muerte: una materialidad que, más que trazar el límite absoluto, decisivo con la muerte, lo vuelve inasible, indescriptible, no-enunciable: en el repertorio horroroso de violencias, la muerte se dispersa y se enmascara, multiplicándose, y volviendo inestable el límite entre el cuerpo vivo y el cuerpo muerto.

Hay en *2666* una insistencia retórica sobre la que merece la pena detenerse, porque define otro aspecto de la modalidad en que aquí los cadáveres se hacen visibles. A la mirada forénsica se añade una mirada atenta a las coordenadas del paisaje en donde aparecen los cadáveres: una atención al detalle de ciertos escenarios contra los que los cadáveres se hacen visibles. Veamos un par de ejemplos:

> A mediados de febrero, en un callejón del centro de Santa Teresa, unos basureros encontraron a otra mujer muerta. Tenía alrededor de treinta años y vestía una falda negra y una blusa blanca, escotada. Había sido asesinada a cuchilladas, aunque en el rostro y el abdomen se apreciaron las contusiones de numerosos golpes. En el bolso se halló un billete de autobús para Tucson, que salía esa mañana a las nueve y que la mujer ya no iba a tomar (446).

> Al mes siguiente, en mayo, se encontró a una mujer muerta en un basurero situado entre la colonia Las Flores y el parque industrial General Sepúlveda. En el polígono se levantaban los edificios de cuatro maquiladoras dedicadas al ensamblaje de piezas de electrodomésticos. Las torres de electricidad que servían a las maquiladoras eran nuevas y estaban pintadas de color plateado. Junto a éstas, entre unas lomas bajas, sobresalían los techos de las casuchas que se habían instalado allí poco antes de la llegada de las maquiladoras y que se extendían hasta atravesar la vía del tren, en los lindes de la colonia La Preciada (449).

Basureros, callejones, descampados, baldíos, fábricas abandonadas, tachos de basura: si, por un lado, la serie abierta de cadáveres parece apuntar a una ubicuidad de la violencia (dado que no se la puede localizar en una zona, un barrio, un «afuera» de la vida social), por el otro, el cadáver ilumina un paisaje de abandono que pone en crisis toda topografía nítida entre ciudad y campo, entre lo social y lo natural, entre el «adentro» y el «afuera», etc. Los cadáveres que aparecen «por todos lados» indican —como si fuesen sus signos— una *territorialidad liminar*, una pura frontera en la que toda ilusión de interioridad (y por lo tanto, de protección, sea política, a nivel de la comunidad existente, o doméstica, a nivel de la familia, el *oikos*) se diluye: los cadáveres, atravesando (e invalidando) las distinciones entre lo público y lo privado, entre lo doméstico y los espacios colectivos, refieren una espacialidad fronteriza, inasignable, un espacio que parece exceder modos de inscripción y de significaciones de los territorios. Como si los cadáveres activaran la conciencia sobre esta territorialidad quebrada, que no se adecúa a las distinciones entre la casa, la ciudad, o los espacios naturales, sino que por el contrario, traza zonas de transición y de pasaje: el basurero «El Chile», por caso (además de la referencia nacional, obviamente), es un habitat de criaturas semihumanas; el desierto se despunta en la mayoría de los paisajes contra los que se recortan los cadáveres, como si, más que un territorio, se tratara una fuerza que se cuela en todos los espacios; los barrios y las casas familiares aparecen en una contiguidad íntima con baldíos y basureros, etc. Se trata de espacios de *exposición* en la que toda posibilidad de amparo (sea privado, familiar, colectivo, nacional, etc.) es abolida. Abandono y exposición: ésas son las coordenadas de visibilidad a partir de las que aparecen los cadáveres de Bolaño.

Este paisaje iluminado aquí por el cadáver es el de una suerte de revés de la topografía de la modernidad latinoamericana, que trazaba (o buscaba trazar) diferenciaciones claras entre la ciudad y el campo, principalmente, pero también entre centro y periferia, entre interior (privado) y exterior (público), entre lo individual y lo colectivo, entre lo social y lo natural, etc. Esas distinciones (conceptuales pero realizadas en imaginarios espaciales y en políticas territoriales, en experiencias del lugar) aquí parecen irrelevantes: el cadáver emerge en una especie de contiguidad generalizada entre desierto y ciudad, entre casa y baldío, entre interior y exterior, entre una nación y otra —una especie de pura frontera expandida. Sobre esta crisis final de la modernidad regional, *2666* quiere afirmar su vocación apocalíptica: la imagen del «fin de los tiempos», el agujero final de la Historia. Cabe, sin embargo, preguntarse si no hay otra pulsión recorriendo esta escritura y esta serie inacabable de cadáveres; una pulsión que apunta menos a una imaginación terminal de un Mal inapresable, ininteligible y voraz (y de su revés compensatorio: la Literatura como lenguaje que verifica ese nudo entre el Mal y la libertad) que al registro a la vez minimalista, puntual, cotidiano y trágico de la vulnerabilidad de esa carne visible, expuesta, como si en esa condición anticipada de la muerte, en esa *exposición* a la que son arrojados estos cuerpos que terminan destrozados en los rincones de Santa Teresa, en esa vulnerabilidad en la que parecen leerse los signos de esa violencia «inevitable», predestinada en el abandono de estos cuerpos, se leyera una *condición común*: un hecho en el que se refleja y se figura negativamente la comunidad ante el vértigo de su deshacerse. Cabe preguntarse, en fin, si en las fisiologías vulneradas y vulnerables de las víctimas no se traza el vector de una sustancia común, anónima y a la vez singular, en la que nos reconocemos no sólo como cuerpos mortales sino sobre todo como cuerpos expuestos, como seres abandonados (definidos, hechos de abandono): no el hecho universal de la finitud y la muerte, sino el hecho histórico, local, situado, de una *condición postestatal* en la que ciertas garantías jurídicas y políticas, cierta promesa de protección de la vida, cierta capacidad para suprimir la violencia o al menos controlarla, todas esas capacidades y proyectos que se asociaron a los Estados-nación modernos y que definieron el horizonte de lo posible en la modernidad, se fisuran y se deshacen de modo irreparable. Los cadáveres de Bolaño, además de la imagen de un final perpetuo, inscriben también la materia de una vulnerabilidad vuelta interpelación ética: un exposición generalizada de los cuerpos como uno de los temas que hacen a la vida en común en el presente, allí donde el Estado se resuelve, a la vez, en cómplice y testigo impotente de la violencia que atraviesa la sociedad. La escritura de Bolaño sería la instancia de una convivencia tensa entre el «fin del mundo» que se teje en la serie inacabable de cadáveres destrozados (y el refugio melancólico en la «Literatura») con una pulsión menos estridente, casi sofocada, que viene de la materialidad misma del cadáver, y que señala la exposición y la vulnerabilidad de los cuerpos – en ese *continuum* entre el cuerpo vivo y el cuerpo muerto– como *asunto* de la comunidad. Si el texto de Bolaño apuesta, desde luego, a desplegar la imagen del fin de un mundo –de la abolición final de la posibilidad de que los cuerpos tengan lugar– la vulnerabilidad compartida, universal, generalizada que contagian sus cadáveres no deja de señalar ese espacio de reconocimiento entre cuerpos: el reconocimiento de una exposición y un abandono a la vez propio y común.

El hueco y el desierto

¿Qué traen a la escritura estos cadáveres fuera de lugar? ¿Qué secuencia se narra en el espacio de reunión de estos dos textos –que es un espacio producido por la lectura crítica? Entre los cadáveres de Perlongher y los de Bolaño se conjuga una especie de secuencia continua en la que se leen dos figuras de la *falla constitutiva* de lo «estatal moderno» en algunas regiones de América Latina: una falla que no se limita a los excesos del Estado terrorista argentino, o a una particularidad supuestamente «mexicana» de la relación con la muerte, sino que hace (y define) la historia reciente de algunos Estados nación latinoamericanos como máquinas biopolíticas. Esa falla proviene de la naturaleza misma de lo «estatal moderno», de lo que constituyó como su misión. Foucault, y muchos después de él, nos enseñaron que, en una medida decisiva, el surgimiento de la estatalidad moderna pasa por dispositivos de confinamiento: la sociedad disciplinaria es, antes que nada, una sociedad de encierros, donde los cuerpos son regulados en sus movimientos a partir de pliegues en el interior del espacio social, y donde, consecuentemente, la violencia que los Estados nación requirieron para instalar y perpetuar su soberanía se recluye y se contiene en espacios o «zonas de excepción» donde se suspende el orden legal y se abren territorios de *a-legalidad o de paralegalidad*: cárceles, centros de detención y tortura, zonas marginales de la ciudad moderna, espacios periféricos del territorio nacional, etc. (Foucault 2003). Lugares o zonas donde el orden legal se suspende para dejar lugar a la pura excepción soberana; instancias que, sin ser necesariamente predeterminadas para esos fines, se conviertan en localizaciones donde se concentra la excepción, que se ejerce para asegurar, en principio, el orden legal y para garantizar la seguridad y la salud de la nación como totalidad. El mapa político del Estado nación moderno ha estado necesariamente puntuado por estas demarcaciones, más o menos estables, en las que ciertos espacios, instituciones, barrios de ciudades, regiones, etc, han concentrado la violencia soberana y han funcionado en una contiguidad inquietante respecto del orden legal «normal». La territorialidad jurídica de la nación moderna está hecha de esta convivencia entre los espacios de la «norma» (o de normalización) y los espacios o zonas de «excepción» (y desde luego, por la potencialidad siempre inminente de que unos se conviertan en otros) (Agamben 1998).

Lo que tiene lugar en la secuencia que va de Perlongher a Bolaño es la verificación –verificación que tiene lugar antes que nada en el trabajo estético, dado que ese trabajo es el que puede capturar la experiencia sensible de las transformaciones históricas– de que esos espacios de aislamiento de la violencia soberana han cesado de funcionar como mecanismos de contención: los textos verifican la falla del Estado-nación para contener su propia violencia, para canalizarla y hacerla funcional con el orden social. Esa es la dislocación radical que estos textos registran: la falla de la violencia soberana para *localizarse*, para asignarse a unos espacios y unos cuerpos demarcables, selectivos, identificables. Por el contrario, lo que estos textos hacen, de maneras diversas aunque complementarias, es demostrar, desde la materialidad misma del cadáver, el contagio generalizado, incontenido, de la violencia. Interesantemente, en lugar de narrar episodios de «guerra civil» (o de la guerra de todos contra todos, según la idea hobbesiana del «estado de naturaleza») que sería el reverso mitológico del orden soberano, estos textos despliegan la generalización de la violencia a partir de la deslocalización del cadáver: *de su aparecer o su desaparecer sobre un mapa en el que no se puede sostener la separación y la distancia entre el cuerpo vivo y el cuerpo muerto, donde la diferencia entre la vida y la muerte –diferencia que ya no es biológica, sino puramente política: puro objeto de soberanía– ya no puede trazarse ni especificarse de manera unívoca*. El cadáver *incontenible*, fuera de lugar (o sin lugar propio), es la figura histórica de la falla inherente al Estado-nación moderno para no ya suprimir sino canalizar y demarcar la violencia sobre la que se funda y se sostiene –una falla que, en su expansión creciente, termina corroyendo la legitimidad misma del Estado, que ya no puede ser visto como un proyecto nacional sino únicamente como una máquina letal generalizada. Perlongher y Bolaño producen, cada uno a su modo, el registro histórico del cierre de lo estatal moderno –no debido a esa nueva circulación de cuerpos e informaciones que llamamos «globalización», ni por la emergencia de nuevos mecanismos de regulación económica y jurídica, ni por la presión de identidades minoritarias, sino por la aporía a la que lo arroja su propio principio de soberanía, en la que la «misión» o proyecto histórico que justificaba la violencia estatal se vacía de contenido desbaratando todo principio de legitimidad.

Pero al mismo tiempo que estos cadáveres cierran el ciclo de lo estatal moderno, ponen en escena la materia insistente, persistente, del cuerpo muerto como una materia *común*, como hecho y asunto de la comunidad. La materialidad obstinada de estos cadáveres se vuelve instancia colectiva en la medida en que no se deja absorber o reapropiar por mecanismos de individualización, familiarización o por la nacionalización: dispone una materia opaca a los mecanismos vigentes de reconocimiento e inscripción de cuerpos. El cadáver se vuelve así una sustancia común no porque sea el signo más obvio de la finitud de lo vivo, y por lo tanto un destino compartido, sino fundamentalmente, decisivamente, porque es una materia que estos textos disponen *entre nosotros*, entre los cuerpos que definen y que afirman cada vez un «nosotros»; una materia que, por razones históricas específicas, ya no puede ser confinada a los espacios que la modernidad había reservado para ella –el cementerio, la morgue, la cremación, etc– y que haciéndose visible «por todos lados», interpela e interroga los modos en que entendemos y que hacemos la comunidad y en que definimos y construimos el «nosotros».

Una breve mirada a la producción de la artista mexicana Teresa Margolles quizá nos ayude a clarificar esta conclusión. Como se sabe, desde hace al menos veinte años, Margolles trabaja con cadáveres como la materia principal de su investigaciones estéticas, primero junto al grupo SEMEFO y luego independientemente (Margolles 2004). Su trabajo se enfocó primero en los cuerpos anónimos que llegaban a la morgue de la ciudad de México, explorando la relación política de la ciudad con esas muertes y esos muertos sin nombre; más tarde se enfocó en las víctimas de la violencia creciente de la narcoguerra y en el feminicidio de Juárez. Es, una vez más, la generalización, el contagio, la expansión de la muerte y de la violencia más allá de los carriles y los territorios más o menos previsibles, lo que funciona como horizonte sobre el que se recorta la obra de esta artista –la dislocación de las topografías tradicionales de la violencia. Pero la obra de Margolles no solamente denuncia el abandono jurídico y social que produce los cadáveres con los que trabaja, ni la complicidades (económicas, políticas, mediáticas) de la sociedad con esa violencia que luego se «sale de madres». Además de eso, Margolles *retorna el cadáver a la comunidad,* lo repone *como tal, en tanto que cadáver, en tanto que materia corporal.* En su exhibición en la Bienal de Venecia en el 2009, Margolles muestra cuadros hechos con lienzos embebidos en sangre recogida del lugar donde fueron asesinadas víctimas de la narcoviolencia; de manera más crucial, el espacio de la exhibición es lavado con agua que contiene restos de sangre y de materia orgánica de los cadáveres (Medina & Margolles 2009). De la misma manera, en una instalación titulada «Vaporización» (2001), Margolles humidifica el aire del espacio de la exhibición con agua usada para lavar cadáveres en la morgue, forzando así a los asistentes a respirar y a incorporar los restos, la materia orgánica del cuero muerto: lo que queda, las huellas del cadáver que persisten como materia, como hecho orgánico.

Hay, creo, un gesto decisivo del trabajo de Margolles, que pasa por la pregunta sobre cómo memorializar a esos muertos que permanecen anónimos, los que directamente carecen de nombre (como muchos de los cadáveres de la morgue) o los que en el contexto de su obra permanecen innominados, no identificados. En lugar de reponer el nombre familiar, la historia personal, la biografía individual o el testimonio colectivo de esas «vidas infames» Margolles retorna la materia que queda de sus cuerpos, y la retorna no como símbolo testimonial de la violencia que los llevó a la muerte, sino más bien como *parte* de la comunidad de los cuerpos, como materia *de la que están hechos los cuerpos*. Materia anónima pero singular: lo que queda del cuerpo, eso que respiramos y que tocamos, que proviene del sitio donde ese cuerpo fue matado, o de la morgue donde fue lavado. No hay «metáfora» que releve la materialidad de cada cuerpo, sino por el contrario, una trama continua, contigua y metonímica *entre los cuerpos vivos y los cuerpos muertos, entre las distintas formas de la materia orgánica*. Ese tejido orgánico, ese lazo entre los cadáveres y la comunidad de los cuerpos vivos es lo que tiene lugar, lo que se ilumina y se produce en la obra de Margolles.

En este sentido, Margolles cristaliza (y radicaliza) una dirección de relación estético-política con el cadáver que está presente en la escritura de Perlongher y de Bolaño; una dirección que quiere pensar el cadáver como materia política no sólo porque inscribe y condensa la violencia y el abandono soberano que los empuja hacia la muerte sino también, y al mismo tiempo, como memoria del cuerpo, como memoria viviente, como memorialización del cuerpo *como tal*.

Pero en lugar de hacer de esa memoria un asunto familiar, sanguíneo, generacional, o un asunto nacional, cívico, en tanto memoria histórica del pasado colectivo y, por ende, como retrospección de la identidad social, estas intervenciones la vuelven una huella presente en la trama material de los cuerpos, un resto anónimo, *cualquiera* en tanto que singular, en el «nosotros» de la vida en común de los cuerpos. Es a la vez una memoria y una sustancia en las que se conjuga una idea de lo común, de lo que traza el contorno de lo común de un «nosotros». En ello se juega una imaginación política, que afirma la comunidad de ese «nosotros» no sobre el fundamento de una identidad (nacional, racial, familiar, tribal, cultural, etc.) sino sobre el «tener lugar» de cada cuerpo, sobre la *apertura o espaciamiento «pasa» entre los cuerpos*. La materialidad del cadáver allí no es el espejo ominoso, trágico o siniestro, de la muerte sino fundamentalmente la sustancia ética y política de una interpelación radical.

BIBLIOGRAFÍA

AGAMBEN, Giorgio (1998): *Homo Sacer. Bare Life and Sovereign Power*. Stanford: Stanford University Press.
BOLAÑO, Roberto (2004): *2666*. Barcelona: Anagrama.
DELEUZE, Gilles (1990): «¿Qué es un dispositivo?». En AA.VV., *Michel Foucault, filósofo*. Barcelona: Gedisa.
FOUCAULT, Michel (2003): *Le pouvoir psychiatrique. Cours au Collège de France 1973-74*. Paris: Seuil/Gallimard.
MARGOLLES, Teresa (2004): *Muerte sin fin, catálogo de la exposición en el Museum für Modern Kunst*. Ostfildern-Ruit: Hatje Cantz Verlag.
MEDINA, Cuauhtémoc & MARGOLLES, Teresa (2009): *What Else Could We Talk About?* Barcelona-Mexico: RM.
NANCY, Jean Luc (1994): *Birth to Presence*. Stanford: Stanford University Press.
— (2008): *Corpus*. New York: Fordham University Press.
PERLONGHER, Nestor (1997): *Poemas completos*. Buenos Aires: Seix Barral.
POLLACK, Sarah (2009): «Latin America Translated (Again): Roberto Bolaño's *The Savage Detectives* in the United States». En *Comparative Literature* 61 (3). 346-65.

La Habana virtual: internet y la transformación espacial de la ciudad letrada

Nanne Timmer
Universiteit Leiden

Introducción

Desde hace más de una década internet está contribuyendo a una transformación del campo intelectual cubano. Los académicos que han estudiado el fenómeno de internet en Cuba –Cristina Venegas (2010), Ted Henken y Alexander Lamazares, entre otros–, se centran sobre todo en las políticas de restricción de acceso[1], las gradaciones de acceso[2], y en el blog como espacio de participación cívica. Este artículo se centra en comentar, más bien, la presencia *online* de revistas dedicadas al arte y la literatura. Lo que importa analizar aquí, sobre todo, es cómo la creación de esos nuevos espacios virtuales está imbricada con la creación –o la reformulación, redistribución simbólica en sentido amplio– de nuevos modelos de sociabilidad cultural, y si ésta responde,

---

[1] Hay cambios legales que ahora van a entrar en vigor. Internet, tal como el uso del móvil, estará permitido a todos, pero económicamente va a generar más brecha entre los que puedan usarlo y los que no, con precios de 6 CUC la hora por el acceso A internet, y de 1,50 CUC la hora para el correo electrónico.

[2] Hay que tener en cuenta que el acceso tiene cuatro gradaciones en Cuba: acceso al mail nacional, acceso a la intranet nacional, acceso al mail internacional y acceso al internet internacional.

en buena medida, a una lógica distinta, la lógica de redes. Para ello trazo una genealogía de esa transformación de la ciudad letrada partiendo de los inicios de los noventa hasta hoy en día, que se desplaza de la isla al espacio virtual. En este recorrido parto de las fundamentales lógicas mediáticas de las revistas digitales: la de archivo, la de selección y la de redes. Para analizar el entresijo de estas lógicas resulta útil la descripción del canon literario como una noción sistémica que comprende tres áreas, tal como propone Waldo Pérez Cino:

> Una cosa es el canon crítico (el conjunto de reglas, criterios de valor, modelos metodológicos, etcétera, que sigue la crítica para considerar las obras); otra, muy distinta, el canon en tanto corpus (el conjunto de obras y/o autores que censa, considera, ve la crítica en un momento dado; un catálogo de relativa movilidad); y otra el Canon, con mayúsculas (el conjunto de obras y / o autores cuya importancia se considera consensualmente indiscutible y su influencia incuestionable; a diferencia del corpus, su presencia, una vez asentada, es de larga duración, su sombra es larga) (Pérez Cino 2002: 22).

En este artículo me apoyo sobre todo en la noción del canon crítico, ya que la red me provee fundamentalmente de un corpus de revistas de crítica cultural. Al mismo tiempo en estas revistas se publica ficción, y por lo tanto estas revistas también participan de la creación del corpus, de «cómo escribir» y de la selección de lo que hay que leer hoy en día. Siempre está presente, en mayor o menor medida, el Canon, como archivo de lo que se considera como obra de valor indiscutible. Qué leer, cómo leer y cómo escribir influyen recíprocamente en las lógicas de archivo, de selección y de redes.

Lo ideológico, lo institucional, y todo aquello que se relaciona con lo que Ángel Rama (2002) llama la ciudad letrada no se puede desligar del conjunto de los criterios de valor que usa la crítica para considerar las obras. Rama señala que, aunque con la modernidad el saber se especializó, y la esfera literaria se autonomizó alejándose de las funciones cívicas con las que había cumplido la literatura en la segunda mitad del siglo XIX, esta especialización no hace más que redefinir, sin cancelarla, la función ideológico-política de legitimación del poder y que se mantendrá, bajo distintas modalidades, a todo lo largo del siglo XX. En *La ciudad letrada*, Rama trata de la relación entre el intelectual y el poder, muestra cómo se construyó un poder gremial autónomo, y cómo el letrado frecuentemente sirve como legitimador del poder hegemónico, o como transculturador, intermediador entre la ciudad real ajena a la letra y el poder, y la ciudad letrada como núcleo de él. En el conjunto de revistas digitales cubanas dedicadas a la cultura, que presento a continuación como la ciudad letrada en transformación, se rediscuten esos poderes desde lugares diversos en los que «nación» e «institución» son elementos para tomar en cuenta.

La lógica de archivo

Tal como apunta Cristina Venegas, el Estado apostó fuertemente por su presencia en Internet. En el campo de la cultura, sin embargo, el uso que el estado hace de internet no es muy afín al medio en cuanto a las prácticas contemporáneas de redes e interacción. Está la revista *Cubaliteraria*, que se preocupa por crear mapas de información que engloban y representan a la nación literaria, una especie de archivo cultural de «todas las revistas y editoriales nacionales y regionales». Lo peculiar del campo virtual cubano es que el navegador tiene la sensación de poder captar la totalidad del espacio nacional con respecto a la cultura, al contrario del contemporáneo desorden con respecto a esos espacios. En la página de la UNEAC y de Cubarte pueden encontrarse todas las publicaciones nacionales; en Cubarte hay, incluso, una base de datos de personalidades de la cultura para averiguar quién es quién[3], una especie de definición personalizada del Canon. Algunos criterios de selección son obvios, otros menos obvios. Se encuentran personalidades como Alejo Carpentier, José Lezama Lima o Virgilio Piñera, y uno se topa con las ausencias de Reinaldo Arenas, Guillermo Cabrera Infante o Severo Sarduy, por ejemplo. A primera vista la residencia en la isla y la orientación ideológica juegan un papel importante en la selección.

Una de las revistas más institucionales y proyectada como digital es *La Jiribilla*, que lleva existiendo desde 2001 y que se proyecta como respuesta ante «agresiones cibernéticas»; asume una voz en plural y defiende con militancia los criterios ideológicos del canon crítico. El letrado sirve aquí claramente como legitimador del poder hegemónico institucional y estatal. En La Habana la ciudad letrada prácticamente se ha fusionado con el núcleo de poder administrativo, si seguimos la reflexión de Rafael Rojas, quien señala que

> Las intervenciones del Estado en el espacio público de la ciudad, a través de monumentos, plazas, parques, avenidas, anuncios y altoparlantes, que movilizan políticamente a la ciudadanía, son más visibles que las de la comunidad. En La

---

[3] Véase <http://www.cubarte.cult.cu/paginas/personalidades/quienesquien.php>.

Habana, como en cualquier otra capital de Occidente, la ciudadanía experimenta con formas de apropiación del espacio urbano, que se practican en lugares física y simbólicamente delimitados, como el muro del Malecón o los jardines de la Tropical, o que establecen perímetros para la expresión de alteridades, como el célebre parque de la heladería Coppelia. Pero en esa La Habana múltiple y caótica, de inicios del siglo XXI, el texto de la ciudad sigue siendo escrito, fundamentalmente, por el poder, y la ciudadanía lee y asimila o se resiste a esa lectura desde el ámbito privado. (Rojas 2007: 3)

La fusión entre ciudad letrada y ciudad oficial, que Rojas señala en el espacio real, está totalmente presente en el Intranet cubano donde el acceso es mediado por el estado. La pura existencia de un Intranet que sólo muestra las páginas creadas en Cuba es el mejor ejemplo del intento de apropiación del espacio virtual del parte del Estado cubano. La supuesta representatividad nacional del portal Cubarte en internet reproduce esa fusión, con su revista *La Letra con filo*, *Cubaliteraria* y con *La Jiribilla* que, en voz colectiva, se defiende de las supuestas «agresiones cibernéticas» que desafían el archivo, el Canon, desde el canon crítico o el corpus, los lugares otros del sistema anteriormente descrito que piden movilidad y respuesta.

La batalla por la apropiación de la palabra en la ciudad virtual no está dada. La ciudad que Rojas pinta aquí –fusionada en cuanto a su poder administrativo y letrado– está más fragmentada en cuanto a voces. Y sobre todo el espacio virtual muestra un panorama más diverso.

Siguiendo con la lógica de archivo otras revistas cubanas *online* ofrecen un archivo otro desde dónde leer la Cuba literaria. Un ejemplo de este tipo de revistas es *La Habana Elegante*. Desde fuera de Cuba la imaginación, la creación y el diseño de otras Habanas, aunque sean virtuales, por supuesto ha sido más fácil, empezando nada más por el fácil acceso al medio. En esa revista vemos también la preocupación nacional en una voz en plural que se define como «habaneros y cubanos», y también una búsqueda de raíces de ese «ser cubano». La escritura se propone como un rescate de la parte amputada de la ciudad, o en palabras de Francisco Morán, su director, «un sueño largamente acariciado: devolverle a la Habana un pedazo de sí misma».

La Habana Elegante intenta recuperar archivos culturales perdidos, y propone dar continuidad y visibilidad a iniciativas más a la sombra del espacio público puramente institucional. Trabaja con archivos otros. Crea una ciudad para lo que Rojas llama «los letrados sin ciudad que juntaban sus argumentos en publicaciones precarias, silenciosos debates y sombrías veladas» (Rojas 1998: 218), refiriéndose a La Habana de los noventa –piénsese en los archivos culturales en el interior de las casas, o azoteas, para hacer referencia a Reina María Rodríguez–. Jugando con la imagen de la ciudad modernista a la Julián del Casal, los salones literarios y la tertulia casera, hay ecos de la ciudad letrada como gremio intelectual y artístico con sus propias dinámicas de poder. Aquí también está el letrado en constelaciones tales como las que describe Ángel Rama, pero más como transculturador, intermediador entre la ciudad real ajena a la letra y el poder, y la ciudad letrada como núcleo de él. Esto sobre todo si ponemos la revista en diálogo con el poder institucional anteriormente descrito, por la imaginación de una Habana amputada (en eso se diferencia del grupo anterior). Al hablar de «amputación», sin embargo, comparte paradójicamente también cierta ilusión de la posibilidad de representación completa.

La lógica de selección

En los últimos años vemos una carrera de las revistas vinculadas a las instituciones culturales en la isla en cuanto a su presencia en la red[4]. Muchas de estas revistas seleccionan lo que vale la pena leer hoy en día e intervienen en la constitución de un archivo cultural. Son frecuentemente los periódicos los que participan en esta tarea de selección. Aparte de los periódicos oficiales, *El Granma* y *Trabajadores*, surgieron otros diarios, periódicos y blogs que se ocupan de las noticias de Cuba. *Diario de Cuba*, *Cubaencuentro*, *Cubanet* y *Primavera digital* son algunos de los periódicos *online* que (salvo *Cubanet*) ofrecen suplementos literarios en los que se selecciona lo que hay que leer en

---

[4] *La letra del escriba* y la *Ventana* son ejemplos de algunas de las revistas vinculadas a las instituciones La casa del libro o Casa de las Américas. *La Gaceta de Cuba* ha puesto *online* sus números desde 2008 hasta la actualidad, y se puede acceder también a algunos de los artículos publicados entre 2004 y 2007. La lentitud de la conexión para bajar los números a veces es problemática, pero por lo menos empieza a visualizarse un panorama más diverso. A la revista *Unión* se puede acceder a algún artículo escaso publicado entre el número 42 y la actualidad. La revista *Temas* ha puesto online todos los números de la revista, pero sólo se puede acceder al número actual. Para tener acceso a números anteriores se pide un pago a través de paypal. La revista *Casa de las Américas*, con ámbito más latinoamericano que puramente cubano, lleva desde el 2008 online, aunque ya se podían acceder algunos artículos desde el 2001. *Revolución y Cultura* ya ofrecía los números de su revista en pdf desde 2004. Revistas como *La siempreviva* y *El cuentero* no tienen presencia en la red. Sobre todo falta la presencia de *Upsalón*, una revista universitaria, joven y activa que con voz innovadora diversifica la crítica cultural cubana.

presente, según una lógica de autoridad editorial del periódico. En el caso de los periódicos, sin embargo, la actividad literaria está subordinada a la información política, social y económica. Y parte de la esfera literaria íntimamente ligada a algunas secciones periodísticas y al blog, sigue identificándose con las funciones cívicas que había cumplido la literatura en la segunda mitad del siglo XIX de las que habla Rama, lo que en el caso de Cuba significa un paralelo entre lucha postindependencia y postrevolucionaria. La autonomización de la esfera literaria que ocurrió después en América Latina, según Rama, en el caso de Cuba es más compleja, y en el presente está vinculada a la relación entre el Estado y la esfera cultural. O bien se subraya lo autónomo de la esfera literaria remitiéndola a una práctica autotélica –como la de Julián del Casal (refiriéndome al anterior proyecto de *La Habana Elegante*)–, o bien se subraya lo autónomo haciendo énfasis en la separación o el alejamiento de las políticas institucionales y el Estado revolucionario, y con ello indirectamente con la sombra de dicho Canon.

En cuanto a la desvinculación de las políticas institucionales, tanto el blog como el mail proponen crear lugares para iniciar redes desde las cuales se transforma la ciudad letrada. Es más fácil tener acceso al correo electrónico que a internet, y es por lo tanto principalmente el mail el que empieza a funcionar como activador del debate social, como muestra el famoso debate que inició Desiderio Navarro en 2007 tras la aparición de Luis Pavón en la televisión cubana[5]. Aquí el mail funcionó como vehículo independiente para el canon crítico, que a través suyo intervino –cuestionándola– en la canonización de figuras públicas de la cultura.

Las revistas en papel *La Gaceta de Cuba*, *La siempreviva* y *Upsalón* son las que participan críticamente en la institucionalización del Canon. En la red la discusión de la (in)dependencia de los organismos oficiales cubanos es más notoria. Curioso ejemplo de ese conflicto es el portal *Isliada*, una página web dedicada exclusivamente a la literatura, y que se propone la tarea de dar visibilidad a lo más contemporáneo de la literatura cubana –y en este sentido, un portal que se ofrece como alternativa al de Cubarte y el archivo congelado. Escribe contra los que piensan que «hay que seguir invocando a los antiguos dioses de

---

[5] Este debate se refiere a la inquietud que generó un programa televisivo justo después de que Raúl Castro tomara el poder, donde se homenajeaba a uno de los responsables de los actos más negros de los dogmáticos años setenta. La avalancha de mensajes electrónicos que generó este debate aparecen recogidos actualmente en la revista *Consenso*: <http://www.desdecuba.com/polemica/articulos/89_01.shtml>.

la palabra: Heredia, Martí, Lezama, Piñera, Dulce María, Cabrera Infante, Carpentier...». Como portal con blog actualizado de los quehaceres culturales, sigue una lógica de selección de lo más valioso del panorama literario actual, dentro o fuera de la isla, porque «queremos héroes nuevos para la Cubínsula Literaria» [...] ora desde el patio natal, ora en cualquier finca foránea». Esta revista hace explícito no estar por las discusiones políticas «estériles», sino por «los debates estéticos», aunque no teme incluir opiniones políticas si viene al caso. La supuesta independencia se asocia aquí con ser «una web por Cuenta Propia y en Asociación Cooperativa de un puñado de escritores y amigos. Aunque sin ánimos de lucro y sí con muchas ansias de progreso. Por el bien de la Literatura Nacional»[6]. El espacio que crea *Isliada* no es institucional, si bien puede haber colaboradores vinculados a las instituciones. Los temas que trata la revista son innovadores y frescos y su propuesta parece así más cercana a la de la lógica de redes que transforma el espacio actual de la ciudad letrada, tal como explicaré más adelante. La transformación de ese espacio en la Cuba actual implica también la incertidumbre de dónde está cada cual, mayor aún en un campo cultural tan acostumbrado a leer las cosas a partir del lugar del emisor del texto. ¿Ser intelectual vinculado a una institución condiciona un texto o condiciona la lectura que se hará de él? En la Cuba del siglo XXI esa cuestión es compleja.

Figura 1. Cartel en la puerta de la UNEAC

Véase por ejemplo el cartel que figuraba el verano del 2012 en la puerta de la UNEAC (Figura 1), donde aparece repetido en fila el rostro de Fidel Castro

---

[6] Llama la atención la elección del término «por cuenta propia» en medio de la emergencia de cuentapropistas en la isla y los cambios de leyes al respecto, cuando lo llamado «independiente» frecuentemente es usado por alguno de los dos campos como sinónimo de «disidente».

y el texto «Cuba PostCastro». El hecho de que esté en la puerta de la UNEAC condiciona tanto la lectura como la posibilidad de enunciación, al punto de que si ese mismo cartel estuviera en la puerta de algún conocido disidente, el cartel fácilmente se leería de otro modo, con todas las consecuencias implícitas para la persona en cuestión.

Gran parte de la prensa busca el significado de lo que se llama el «periodismo independiente», y es eso lo que se busca también en la actividad de los blogs que ofrecen textos al margen de la noticia oficial[7]. La mayor parte de los blogs se dedica al periodismo, pero hay algunos blogs que se dirigen más a la cultura. Difícil es crear esa autonomía como blog, porque el contexto hace que inclusive proyectos ficcionales —como por ejemplo, Cuba Fake News— se lean dentro de un pacto de referencialidad, y con la misma lógica de la importancia del emisor del texto anteriormente descrito.

La revista *Voces*, iniciativa de algunos de los blogueros más conocidos, está más orientada a política y activismo cívico, como pasa con muchos blogs y periódicos *online*, pero publica también literatura, como interés secundario. Su discurso se destaca por incluir lo diferente, como ya señala su título plural *Voces*, pero coincide quizás con esa ciudad letrada que no dejó atrás el activismo cívico que Rama ubica en el siglo XIX.

Las redes que se crean desde el email y los blogs dialogan con el corpus y el canon crítico. Es esa lógica de redes la que quiero comentar a continuación, para lo cual será preciso remontarse a proyectos culturales de inicios de los noventa que permiten trazar una genealogía de las revistas emergentes *online*.

La lógica de redes

Tal como señala Gustavo Remedi en cuanto al cambio de la ciudad latinoamericana, en ella se forman desde múltiples posiciones «nuevas constelaciones espaciales, para bien y para mal, [que] reemplazan a los antiguos letrados, a los transculturadores, y hasta a la ciudad, como actores y *loci* fundamentales del campo de producción cultural» (1997: 2). Para ilustrar mejor la transformación de la ciudad letrada, incluso del papel del intelectual en la sociedad, recurro a un grupo de revistas digitales como proyectos casi individuales que

---

[7] Para el que quiera saber más de la polémica suscitada por los blogs y la respuesta oficial, remito al programa televisivo cubano «Razones de Cuba» accesible en youtube.com, y a su reacción «Razones ciudadanas», accesible en el blog de Generación Y.

no surgieron de la nada, sino que nacieron de un proceso cultural de las últimas décadas. Es más, están del todo vinculadas con los mismos brotes que dieron orígen a *La Habana Elegante*, pero interesa tratarlas como grupo aparte porque funcionan menos ligadas a los archivos culturales y porque son ellas las que articulan el espacio siguiendo los modelos del espacio virtual. Un espacio sin ancla en la tierra, que busca más bien, desde esa lógica de redes propia de internet, proyectar sus maneras hacia la tierra, hacia la nación. Son, al mismo tiempo, proyectos menos constantes, más periféricos, efímeros e individuales, de modo que establecer una línea genealógica nos permite verlos mejor.

Las nuevas maneras de acercarse a las ideas de nación, de identidad y de espacio tiene su origen en un pensamiento intelectual que se ha venido articulando en la isla a partir de los inicios de los noventa, cuando con el grupo *Paideia* empezó a rediscutirse el papel del intelectual combinando lecturas de Gramsci y Foucault, y lecturas postmodernas[8].

Pero la referencia que resulta crucial es sobre todo al espacio *Diáspora(s)*, esa revista que se autoconsideraba un «espacio» en vez de un «grupo», aparecía sólo en papel en los noventa en La Habana, conocía sólo 100 ejemplares y pasaba de mano en mano. Desgraciadamente ninguno de sus integrantes la publicó en internet, a pesar del hecho de que sería un lugar idóneo y muy afín a las ideas de la revista. Los ocho números, editados por Rolando Sánchez Mejías, Carlos Alberto Aguilera y Pedro Marqués de Armas, fueron publicados entre 1994 y 1999 y se preocupaban por una reflexión sobre el arte y la literatura que se definía como «postorigenista». Algunos años después de que *Diáspora(s)* dejara de existir –cuando el último de sus redactores se marcha al extranjero–, se lanzó desde La Habana a la red –en la Primavera Negra del 2003– una nueva revista que retoma algunos textos de *Diáspora(s)* y que está muy inspirada por ella pero que tiene una poética más directa, cruda y juguetona: *Cacharro(s)*.

El debate postmoderno, primero llevado a cabo en la isla en los proyectos artísticos de finales de los ochenta, como en Paideia por ejemplo, es prolongado por *Cacharro(s)* al publicar textos de Derrida y Deleuze, pero al mismo tiempo es una revista menos elitista. Al igual que *Diáspora(s)*, la revista se opone a la idea de un grupo o una familia cultural, pero se inscribe dentro del mismo espacio cultural cubano. Llama la atención la percepción del espacio, si analizamos el uso de las preposiciones. Así, *Cacharro(s)* se sitúa «*sobre* la alfombra

---

[8] El manifiesto de Paideia y otros textos de o sobre el proyecto finalmente se publicaron online en <http://cubistamagazine.com/dossier.html>.

de cualquier nacionalismo literario» y «*en* el uniforme (a veces uniformado) campo literario cubano» (Aguiar Díaz 2003: 4). *Cacharro(s)* se define a través de juegos de aliteraciones como «cachirulos y chirimbolos», «bártulos y cachivaches», y es notorio que su definición implica verbos o sustantivos que refieren al movimiento en oposición a lo estático y a objetos deformes o amorfos (5).

Es una búsqueda del significado de la independencia del arte, la literatura y el intelectual. En esa búsqueda estos «postletrados», por llamarlos de alguna manera, atacan con la letra a la ley. Se juega de manera lúdica con las separaciones entre legalidad e ilegalidad para, activamente, transformar y reconsiderar los límites, las fronteras entre algunas categorías fijas territoriales, o entre la legalidad y la ilegalidad mismas.

Figura 2. Algunas de las portadas de la revista *Cacharro(s)* (Expedientes 1, 5, 6-7).

Los números de la revista se autodenominan «expedientes», y a veces parecen un juego de desafío escrito para la oficialidad, como si el funcionario revolucionario o el censor fueran el lector ideal para ser despistado. Las últimas noticias de la revista dicen:

> Algunas cosas podrán no cambiar en Cuba (aun cuando estemos en el límite de la «cosidad»), pero la revista Cacharro(s), en un principio recibida por muchos lectores como revista de Comics, sí cambia. ¿Fue Deleuze o mi abuela quien dijo que no debíamos ser previsibles, que debíamos estar dónde menos nos imaginen o esperen los «aparatos de captura»? ¿Qué es un aparato de captura? Mi abuela fue un aparato de captura, por ejemplo. Al grano que estamos en tiempo de sequía: antes de que se acabe junio se rompe el corojo, es decir, pondremos en circulación el último expediente. ¿Será el último? Nunca lo sabemos (*Cacharro(s)* disponible en: http://revistacacharros.blogspot.com/)

No siempre hay acuerdo entre la resistencia transversal que juega a ser múltiples cosas al mismo tiempo, y la frontal (cuanto más frontal, más amenazas telefónicas o negociaciones con el Ministro del Interior sobre permisos de salidas o entradas al país)[9], pero el intento de desafiar fronteras es evidente. La construcción del espacio en estas revistas tiene cada vez fronteras más borrosas entre La Habana y el afuera, como ya indican los títulos *Diáspora(s)* o *Cacharro(s)*, o los de los proyectos *Desliz* y *Rizoma(S)*. Los bordes se deslizan y las identidades se desplazan en, sobre y a través de una Habana uniformada. El proyecto *Desliz*, de la poeta Lizabel Mónica, destaca por buscar un lenguaje libre y una resistencia transversal. Mónica formó parte de la redacción de *Cacharro(s)*, y después sigue su propio camino con la revista *Desliz*, el proyecto *Rizoma(s)* y un blog como *Cuba Fake News*. Véase un poema suyo, «Nadurria», publicado en *Cacharro(s)*:

enumerar
palabrería deficiente

destinaciones, ocupaciones, fluctuaciones

ditrería ana(l) ción

conversación de paquete cuadrado o disuelto a confluencias
en coqueta
 —esto es mueble para dormitorio—
labios de seguimiento:
 «la-na-ción»

insustituible ciudad de nada-nadería-nadurria
mi ciudad

inerte/silenciada

yo ciudad,
ungüento

(Mónica 2003: 35)

---

[9] Este dato proviene de entrevistas personales con algunos de los fundadores de la revista.

El poema establece una oposición entre ciudad inerte / silenciada, ungüento, que es la del sujeto lírico y que incluso coincide con el ser del sujeto lírico, y la ciudad que se fusiona con la nación, donde el lenguaje coincide con aquello pronunciado por labios de seguimiento, con palabrería no eficaz y sustantivos tan estáticos como muebles para dormitorio. El ungüento marca el límite entre piel y ciudad, el límite entre la voz adentro que busca lenguaje y un discurso estático afuera. La nada-nadería-nadurria sería el puente entre los dos, jugando con la musicalidad, el significante, el no-sentido de las palabras grandes como la nación, yuxtaponiéndolas con la nada. En el poema se observa la misma búsqueda que la que describo aquí sobre el espacio virtual, una forma activa de transformar el espacio público de modo que los poetas puedan encontrar su voz sin tener que tropezarse continuamente con un inmovible discurso nacional[10].

Figura 3. Portadas de los números 1 y 3 de *The Revolution Evening Post (TREP)*

---

[10] En este panorama de las revistas digitales con la lógica de redes faltan unas cuantas revistas con voz propia y original que por razones prácticas no he podido incluir en este ensayo. Es el caso de *La caja de la china* (2006-), *Revista 33 y un tercio* (2005-2011), *Disparo en la Red* (2004), *Rockstalgias* (2005-2006), *Qubit*, *Isabelica.cu* y *La Rosa Blanca*.

Tres años después de la desaparición de *Cacharro(s)*, en 2008, la revista *The Revolution Evening Post* (TREP) lanza el primero de los ocho números que publicó. Hay cierta continuidad con el diseño de *Cacharro(s)*, pero TREP juega a ser mucho más no-estética, parodiando hasta al mismo *Maxim* (en su versión rusa curiosamente), con portadas recicladas en forma de pastiche.

Orlando Luis Pardo Lazo –que se dio a conocer en *Cacharro(s)* bajo el pseudónimo de Pia McHabana– continúa la fiebre activista de *Cacharro(s)* junto a escritores que dejan conocer su voz en esta década: Ahmel Echeverría y Jorge Enrique Lage. Hay una voluntad de diversificar el lenguaje de las revistas en el campo cultural, buscando un espacio entre *high* y *low culture* que desmonta la idea de lo que tiene que ser una revista de literatura. Así se pregunta Jorge Enrique Lage «¿Cómo sería escribir sobre temas culturales, sobre música, televisión o libros en una *Vogue*, *Vanity Fair* o *Playboy* cubanas? ¿Cómo sería ese lenguaje? No será fácil crearlo para que circule la cosa quiosquera» (en: Mesa 2010: 24).

La revista jugó a diversificar el panorama de la literatura cubana a partir de la actividad de principalmente tres escritores. Tal como *Cacharro(s)*, atraviesa y desmonta un campo cultural que se supone demasiado estático. Al mismo tiempo, tropezaron con un campo cultural virtual fracturado, del que el lector cubano de la isla apenas participa por el poco acceso a la red. Aunque intentaron mayor circulación por mail, hubo algo de frustración con el hecho de que tuvieran pocos lectores.

> Me he dado cuenta de que TREP ha sido un gesto contra el desierto o contra una pared. El eco ha sido prácticamente nulo. Lo que había en la cabeza daba para ser una cosa masiva. La idea era esa, y el medio forzosamente fue restrictivo (Jorge Enrique Lage en Mesa 2010: 24).

> Quizás el lector que busca TREP es alguien que probablemente no vive aquí […]. Es un lector que ha sido creado por la exigencia de un entorno más plural en su revistería. Pero ese supuesto lector ya no necesitaría de TREP, porque él encuentra esos textos por sí mismo. Es como una contradicción: TREP pide un lector que de existir, haría innecesaria la existencia de TREP (Jorge Enrique Lage en: Mesa 2010: 25).

Cierto es que muchas de estas revistas virtuales aparecen y desaparecen de un día a otro, como blogs de un día, o si se quiere, en una voz más crítica:

«El sino de estas revistas es lo instantáneo: nacer siendo casi trash» (García Lorenzo 2010: 9). Lo efímero y el yo son centrales en estas revistas, que juegan a intervenir desde la lógica de redes, y uno podría pensar que precisamente por eso no provoquen resonancia en el canon crítico. Pero no es éste el caso. La mera existencia de creación de esos espacios dinamita la vieja dicotomía adentro/afuera y hace que una noción demasiado estática de la Identidad y de la Nación empiece a colisionarse. Así proclama el consejo de redacción con un tono lúdico: «Hemos sido cordialmente invitados a formar parte de la literatura cubana en Chile. Por supuesto, hemos aceptado. No hubo ceremonia de iniciación. Mejor así».

Además se ve claramente que el corpus de textos, la ficción que se escribe ahora, pide una respuesta del canon crítico y de las instituciones. El ya mencionado portal *Isliada* es un buen ejemplo de esa respuesta, que se formula incorporando las voces de algunos de los principales actores en las revistas culturales *online*, como por ejemplo Jorge Enrique Lage. En una entrevista con este narrador se sigue hablando del tema de la nación, tan presente en toda esta constelación de la ciudad letrada que acabo de describir. Así opina Lage sobre lo cubano:

–Ningún problema con el gentilicio. Es la marca de un origen –geográfico, familiar, cultural– y un contexto. El terror empieza cuando se oyen variaciones del tipo: «verdaderamente cubano», «auténticamente cubano», «más cubano», «cubanísimo/cubanidad/cubanía», «lo cubano en…», «soy cubano, soy…» Y la lista es interminable. Eso ya no es neurosis de identidad, es la psicosis nacionalista que tan bien conocemos (Lage en Grillo 2012: 2).

Conclusión

El cambio de la ciudad latinoamericana en las últimas décadas se ha visto en la formulación de «nuevas constelaciones espaciales, que reemplazan a los antiguos letrados, a los transculturadores, y hasta a la ciudad, como actores y *loci* fundamentales del campo de producción cultural», según Gustavo Remedi (1997: 2). Y él no es el único en señalar cambios en los saberes, los territorios y el campo intelectual en sociedades postindustriales. Ahora bien, el caso de Cuba sigue siendo peculiar por el poder central del Estado en el ámbito de la cultura, a lo que viene a sumarse que el nivel de acceso a la red es mínimo en la isla.

He querido poner de relieve los actores en esa ciudad letrada cambiante. El tema alrededor del cual gira todo ese orden discursivo es, una vez más, el tema de la nación. La legitimación o la discusión de lo que se entiende por identidad nacional, y por consiguiente, quiénes son los actores que la definen, son las principales pautas que se debaten y se redefinen en la red. Quise enfatizar algunos proyectos periféricos y no siempre con mucha constancia como *Cacharro(s), Desliz, Revista 33 y 1/3, TREP, La caja de la china,* que buscan más bien presencia que traducción o representación. Es en la virtualidad donde estas voces encuentran y crean un espacio cultural no existente en la isla, un espacio que llevan a la ciudad real al hacer circular los textos también por mail y en papel. Proponen, así, una manera nueva para la circulación de ideas en el campo intelectual. Un espacio sin ancla en la tierra, que busca más bien desde esa lógica de redes propia de internet cómo proyectar sus maneras hacia la tierra y cómo dinamizar un campo intelectual estático aferrado a la Tradición y la Nación, y dinamizar hasta la misma noción de Identidad. Falta mayor acceso a internet desde la isla, y no sólo al mail o al intranet, para poder continuar esa transformación mediante la cual se rediseñan territorios, se asumen nuevas voces y se legitiman derechos de habla. Si bien se observa una separación entre el corpus y un canon crítico que defiende casi con militancia un Canon y un archivo oficial ya fijados, las múltiples redes que se están creando desde un contemporáneo corpus de textos que diseñan espacios virtuales desde múltiples lugares están haciendo que el el canon crítico se vea obligado a formular respuestas de inclusión de nuevos actores, y a pensar una noción más dinámica de lo que es Cultura y de lo que es Nación.

Revistas, portales y periódicos

Cacharro(s). Disponible en <http://revistacacharros.blogspot.com>
El Caimán Barbudo. Disponible en <http://www.caimanbarbudo.cu/>
Cubaencuentro. Disponible en <http://www.cubaencuentro.com/>
Cubaliteraria. Disponible en <www.cubaliteraria.cu>
Cubanet. Disponible en <http://www.cubanet.org/>
Cubarte y la revista *Letra con filo.* Disponible en <www.cubarte.cult.cu>
Conexos. Disponible en <http://conexos.org/>
Consenso: Disponible en <http://www.desdecuba.com/polemica/articulos/89_01.shtml>
Diario de Cuba. Disponible en <http://www.diariodecuba.com/>

Diaspora(s). No disponible *online*. La presentación «Olvidar Orígenes», de Rolando Sánchez Mejías, fue retomada por diversas revistas y blogs en esta lista.
Disparo en la Red. Disponible en <http://www.cubaunderground.com/cat_view/132-disparo-en-red?view=docman>
Isliada. Disponible en <http://www.isliada.com/>
La caja de la china, Disponible en <storage.vuzit.com/public/3we/source.pdf>
La Gaceta de Cuba. Disponible en <http://www.uneac.org.cu/index.php?module=publicaciones>
La Habana Elegante: Revista semestral de literatura y cultura cubana, caribeña, latinoamericana, y de estética. Disponible en <http://www.habanaelegante.com>
La Jiribilla. Revista de cultura cubana. Disponible en <http://www.lajiribilla.cu/>
La primavera digital. Disponible en <http://www.primaveradigital.org/>
Periódico Granma. Disponible en <http://www.granma.cubaweb.cu/>
Periódico Trabajadores. Disponible en <http://www.trabajadores.cu/noticias-culturales>
Revista 33 y 1/3, Disponible en <http://es.scribd.com/collections/2362439/Revista-de-literatura-33-y-un-tercio> y <http://revista33y1tercio.blogspot.nl/>
Revista Consenso: Disponible en <http://www.desdecuba.com/polemica/articulos/89_01.shtml>
Revista Desliz. Disponible en <http://revistadesliz.blogspot.com>
Revista Revolución y Cultura. Disponible en <http://www.ryc.cult.cu/index.html>
Revista Temas. Disponible en <http://www.temas.cult.cu/index.php>
Revista Unión. Disponible en <http://www.uneac.org.cu/index.php?module=publicaciones>
Revista Voces. Disponible en <http://vocescuba.com/>
Rockstalgias. Disponible en <http://www.cubaunderground.com/index.php?option=com_magazine&func=show_magazine&id=3&Itemid=613>
The Revolution Evening Post. Disponible en <http://www.cubaunderground.com/cat_view/126-the-revolution-evening-post>

Bibliografía

Aguiar Díaz, Jorge Alberto (2003): «Preliminar». En *Cacharro(s)* 3. En <http://revistacacharros.blogspot.com/> (consultado el 15.02.2011). 4-6.
García Lorenzo, Gelsys (2010): «Underground: un artículo trash». En *Upsalón: Revista Estudiantil de la Facultad de Artes y Letras* 8. 3-9.
Grillo, Rafael (2012): «La toxicidad de la ficción, una idea que me persigue; conversación con Jorge Enrique Lage». En *Isliada* 9/7. En <http://incubadorista.files.wordpress.com/2012/11/lage1.pdf>. 1-4.
Mesa, Leopoldo (2010): «Postrevolution suave, cordial, amable, divertido». En *Upsalón: Revista Estudiantil de la Facultad de Artes y Letras* 8. 20-26.

Mónica, Lizabel (2003): «Nadurria». En *Cacharro(s)* 3. 35.
Pérez Cino, Waldo (2002): «Sentido y paráfrasis». En *La Gaceta de Cuba* 6. 22-28.
Rama, Ángel (2002): *La ciudad letrada*. Hanover: Ediciones del Norte.
Remedi, Gustavo (1997): «Ciudad letrada: Ángel Rama y la espacialización del análisis cultural». En Moraña, Mabel (ed.): *Ángel Rama y los estudios latinoamericanos*. Pittsburgh: Universidad de Pittsburgh, Instituto Internacional de Literatura Iberoamericana. 97-122.
Rojas, Rafael (1998): *Isla sin fin: Contribución a la crítica del nacionalismo cubano*. Miami: Universal.
— (2007): «Todas las Habanas de Cuba». En *Primera Revista Latinoamericana de Libros* 1 (1). En <https://www.revistaprl.com/review.php?article=2&edition=1-1> (consultado el 15.02.2011).
Venegas, Cristina (2010): *Digital Dilemmas: The State, The Individual, and Digital Media in Cuba*. Rutgers University Press.

Autores

Mario Cámara es profesor, crítico y traductor. Ha publicado *El caso Torquato Neto: diversos modos de ser vampiro en Brasil en los años setenta* (2011) y *Cuerpos paganos: usos y efectos en la cultura brasileña 1960-1980* (2011). Forma parte del consejo asesor de la revista *Grumo, literatura e imagen*, y ha sido profesor visitante en Princeton University. Actualmente es profesor de Literatura brasileña en la Universidad de Buenos Aires, de Teoría y análisis literario en la Universidad de las Artes, e investigador en el Consejo Nacional de Investigaciones Científicas.

Adriana I. Churampi Ramírez imparte clases de Literatura latinoamericana en la Universidad de Leiden. Investiga la (de)construcción de la imagen de «lo indígena», y en esa medida conceptos como la identidad y la representación son palabras claves en su trabajo. Participó también, como postdoctorado, en el proyecto *Houses of the living and the dead*, de la Facultad de Arqueología del Caribe de la misma universidad, con una contribución sobre la manera en que las Crónicas de Indias construyeron la imagen de los Taínos. Es autora de *Heraldos del Pachakuti* (2014), un innovador análisis de la pentalogía de Manuel Scorza.

Rita De Maeseneer es catedrática de Literatura latinoamericana en la Universidad de Amberes y se especializa en literatura caribeña. Ha publicado *El festín de Alejo Carpentier. Una lectura culinario-intertexual* (2003), *Encuentro con la narrativa dominicana contemporánea* (2006) y *Devorando a lo cubano: una aproximación gastrocrítica a textos relacionados con el siglo xix y el Período Especial* (2012), además de *Ocho veces Luis Rafael Sánchez* (2008), en coautoría con Salvador Mercado Rodríguez. También ha coeditado varios volúmenes sobre temas caribeños: *Murales, figuras, fronteras. Narrativa e historia en el Caribe y Centroamérica* (2003), *El escritor caribeño como guerrero de lo imaginario* (2004) y *Para romper con el insularismo. Letras puertorriqueñas en comparación* (2006).

GABRIEL GIORGI es profesor asociado en el Department of Spanish and Portuguese Languages and Literatures de New York University. Ha publicado, entre otros, *Sueños de exterminio. Homosexualidad y representación en la literatura argentina contemporánea* (2004), *Excesos de vida. Ensayos sobre biopolítica* (co-editor, con Fermín Rodríguez, 2007), y más recientemente, *Formas comunes. Animalidad, cultura, biopolítica* (2014), cuya versión en portugués apareció en 2016. Su investigación actual se enfoca en las intersecciones entre «heterocronías» y los límites de lo humano/no-humano en las culturas latinoamericanas contemporáneas.

CORNELIA GRAEBNER imparte clases de Literatura latinoamericana en Lancaster University. Su investigación se centra en la literatura y el compromiso político, la cultura urbana y la poesía en voz alta. Obtuvo su doctorado en Amsterdam School of Cultural Analysis (ASCA), de la Universidad de Amsterdam.

GABRIEL INZAURRALDE imparte clases de Literatura latinoamericana en la Universidad de Leiden, donde se doctoró en 2007 con una tesis titulada *La ciudad violenta y su memoria*. Ha dirigido seminarios de Maestría en Holanda y en Uruguay, en la Universidad de Montevideo. También autor de ficción, algunos de sus cuentos han sido publicados en Holanda y fragmentos de sus *Crónicas bajas* han aparecido en la revista argentino-brasileña *Grumo*. Su objeto de investigación es la relación entre literatura y política en relatos urbanos, y recientemente ha publicado *La literatura y la furia. Ensayos sobre la imaginación latinoamericana* (2016).

DIANA KLINGER es profesora de Teoría literaria y profesora del Programa de posgrado en literatura comparada de la Universidad Federal Fluminense (Río de Janeiro). Es autora de *Escritas de si, escritas do outro. O retorno do autor e a virada etnográfica* (2007) y de *Literatura e ética. Da forma para a força* (2015). Coordina, junto con Celia Pedrosa, el Grupo de Investigación del Conselho Nacional de Pesquisa «Pensamento teórico-crítico sobre o contemporâneo».

ÁNGELES MATEO DEL PINO es profesora de Literatura hispanoamericana en la Universidad de Las Palmas de Gran Canaria. Sus líneas de investigación principales son la literatura latinoamericana contemporánea, los estudios culturales y los estudios de género. Es autora de diversos libros de recopilación y análisis de la obra de Josefina Plá, y coautora de *Literatura y música: acordes armoniosos* (2008) e *Ínsulas forasteras. Canarias desde miradas ajenas* (2009). Entre los últimos libros que ha (co)editado se cuentan *Iguales en amor, iguales en deseo. Cultura, sexualidad y disidencia* (2006 y 2011), *Grafías del Cuerpo. Sexo, Género e Identidad* (2011), *Ángeles maraqueros. Trazos NeobarroCH-S-C-os en las poéticas latinoamericanas* (2013), *Comidas bastardas. Gastronomía, Tradición e Identidad en América Latina* (2013) y *Cartografía del Limbo. Devenires literarios de La Habana a Buenos Aires* (2016).

SALVADOR MERCADO RODRÍGUEZ es profesor de la Universidad de Denver. Su trabajo de investigación se concentra en la narrativa latinoamericana contemporánea, especialmente en el Caribe de habla española y en las relaciones de la literatura con la música popular. Ha publicado *Ocho veces Luis Rafael Sánchez* (2008), en coautoría con Rita de Maeseneer, y *Novelas bolero: ficciones musicalizadas posnacionales* (2012), así como numerosos artículos sobre literatura caribeña.

LIZABEL MÓNICA cursa estudios de doctorado en el campo de Latin American Studies en la Universidad de Princeton y se especializa en las relaciones entre la literatura, las artes y las nuevas tecnologías. Escritora y artista multidisciplinaria, fundó en 2007 el proyecto internacional Desliz. Poemas, relatos, ensayos y crítica de arte de su autoría han sido publicados en revistas nacionales e internacionales. Ha editado dos antologías sobre la obra del escritor cubano Octavio Armand y una antología de poesía joven cubana. Tiene en proceso editorial la novela *Tim sin Tina* y el poemario *Nudos*, ambas en editoriales cubanas.

WALDO PÉREZ CINO se doctoró en la Universidad de Amberes. La mayor parte de su trabajo aborda la narrativa y la ensayística cubana contemporáneas desde una perspectiva que privilegia los raseros de legitimidad que articulan el discurso crítico. Ha publicado los relatos de *La demora* (1997), *La isla y la tribu* (2011) y *El amolador* (2012), los volúmenes de poesía *Cuerpo y sombra* (2010), *Apuntes sobre Weyler* (2012), *Tema y rema* (2013) y *Escolio sobre el blanco* (2014) –recogidos en *Aledaños de partida* (2015) junto a *Dinámica del medio*–, y el ensayo *El tiempo contraído: canon, discurso y circunstancia de la narrativa cubana (1959-2000)* (2014).

MAGDALENA PERKOWSKA es catedrática de Literatura hispanoamericana en Hunter College y el Graduate Center de la City University of New York. Es autora de *Historias híbridas: la nueva novela histórica latinoamericana (1985-2000) ante las teorías posmodernas de la historia* (2008) y de *Pliegues visuales: narrativa y fotografía en la novela latinoamericana contemporánea* (2013), y ha coeditado, con Oswaldo Zavala, *Tiranas ficciones: poética y política de la escritura en la obra de Horacio Castellanos Moya* (en prensa). Tuvo a su cargo el número especial de la revista *Istmo* 27-28, titulado *¿Narrativas agotadas o recuperables? Relecturas contemporáneas de las ficciones de los sesenta y setenta*. Su investigación actual se ocupa de la narrativa centroamericana más reciente y explora los temas de memoria e historia, duelo, violencia y afectos.

JOSÉ RAMÓN RUISÁNCHEZ es profesor de Literatura latinoamericana y Teoría crítica en el Departamento de Estudios Hispánicos de la Universidad de Houston. Sus áreas de especialidad son la narrativa latinoamericana del siglo XIX y la poesía latinoamericana del siglo XX. Recientemente ha publicado *Historias que regresan* (2012) y *Pozos* (2015) y coeditado junto a Anna Nogar e Ignacio Sánchez Prado *A History of Mexican Literature* (2016).

NANNE TIMMER imparte clases en la Universidad de Leiden y ha sido profesora en las universidades de Utrecht, de Amberes y en la Universidade Federal de Santa Catarina. La literatura cubana más contemporánea ha sido uno de sus principales objetos de estudio, como también los discursos de la nación y las narrativas posmodernas, a los que dedicó su disertación *Y los sueños, sueños son. Sujeto y Representación en tres novelas cubanas de los noventa* (2004). Además de las ficciones de la nación, también han recabado su atención los estudios interculturales –fronterizos en cuanto a disciplina, lengua y región–, los nuevos medios y el papel de los discursos sociales en la construcción de la ciudad –tal como refleja *Ciudad y escritura: imaginario de la ciudad latinoamericana a las puertas del siglo XXI* (2013). Ha publicado dos libros de poesía, *Einstein's Three Fingers* (2011) y *Logopedia* (2012).

www.ingramcontent.com/pod-product-compliance
Lightning Source LLC
Chambersburg PA
CBHW051209300426
44116CB00006B/495